Xpert.press

Springer
Berlin
Heidelberg
New York
Barcelona
Hongkong
London
Mailand
Paris
Singapur
Tokio

Jana Dittmann

Digitale Wasserzeichen

Grundlagen, Verfahren,
Anwendungsgebiete

Mit 38 Abbildungen, 38 Tabellen
und CD-ROM

Springer

Jana Dittmann
GMD-Forschungszentrum Informationstechnik
Institut für Integrierte Publikations-
und Informationssysteme (IPSI)
Dolivostraße 15, 64293 Darmstadt

Additional material to this book can be downloaded from http://extras.springer.com

ISBN 3-540-66661-3 Springer-Verlag Berlin Heidelberg New York

Die Deutsche Bibliothek - CIP-Einheitsaufnahme
Dittmann, Jana: Digitale Wasserzeichen: Grundlagen, Verfahren, Anwendungsgebiete/
Jana Dittmann. - Berlin; Heidelberg; New York; Barcelona; Hongkong; London;
Mailand; Paris; Singapur; Tokio: Springer, 2000
(Xpert.press)
ISBN 3-540-66661-3

Springer-Verlag ist ein Unternehmen der Fachverlagsgruppe BertelsmannSpringer.
© Springer-Verlag Berlin Heidelberg 2000

Umschlaggestaltung: Künkel + Lopka, Heidelberg
Satz: Datenkonvertierung durch perform, Heidelberg
SPIN: 10737497   33/3142 GF   543210

Vorwort

Digitale Wasserzeichen sind seit Anfang der 90er Jahre verstärkt Thema in der Wissenschaft und Wirtschaft, um die Authentizität von Mediendaten zur Durchsetzung von Urheberrechten zu gewährleisten und die Unversehrtheit (Integrität) der Mediendaten nachweisen zu können. Am Institut für Integrierte Publikations- und Informationssysteme (IPSI) im GMD-Forschungszentrum Informationstechnik GmbH in Darmstadt entstanden (und entstehen) durch die Arbeiten von Frau Dr.-Ing. Jana Dittmann signifikante wissenschaftliche Fortschritte. Wesentliche Ergebnisse werden in diesem Buch vorgestellt:

Die heute existierenden Verfahren sind bisher fast alle sehr anwendungsspezifisch und zeigen in hohem Maße uneinheitliche Verfahrensparameter sowie teilweise sehr geringe „Sicherheitsniveaus". Es fehlen einheitliche Definitionen von Qualitätsparametern, um u.a. die Verfahren vergleichbar zu machen. An dieser Stelle setzt die Arbeit an: Es wird ein medienunabhängiges Klassifikationsschema für Wasserzeichen vorgestellt, das als Grundlage für die erstmalige breitere Strukturierung des Gebietes dient. Dabei wird in systematischer Weise deutlich herausgearbeitet, welche praktischen Anwendungsgebiete digitale Wasserzeichen belegen und welche Anforderungen sie erfüllen müssen. Dies bildet die Grundlage für eine Qualitätsbewertung von Wasserzeichen.

Aus der Vielzahl der Wasserzeichen des Klassifikationsschemas behandelt Frau Dittmann in diesem Buch im Detail robuste Wasserzeichen zur Urheberidentifizierung und Kundenmarkierung sowie fragile Wasserzeichen zum Integritätsnachweis.

Es werden neue Vorgehensweisen zur zuverlässigen Detektion der Wasserzeichen (auch nach einer Medienverarbeitung) vorgestellt. Die Arbeiten für Bildmaterial auf Basis sogenannter selbst spannender Wasserzeichenmuster (SSP Self Spanning Pattern) zeigen vielversprechende Möglichkeiten. Bisherige Verfahren versuchen Medienoperatoren aufzuspüren und rückgängig zu machen, um das Wasserzeichen korrekt auslesen zu können. Der vorgestellte SSP-Ansatz verfolgt eine gänzlich neue Vorgehensweise. Da auf bild-inhärenten Eigenschaften gearbeitet und das Muster über diese Eigenschaften eingebracht wird, müssen Medienoperatoren nicht mehr erkannt und rückgängig gemacht werden.

Für sogenannte „Kundenmarkierungen" wird erstmals ein mathematisches Modell in ein Wasserzeichenverfahren für Bilddaten umgesetzt, das es erlaubt, sogar nach Koalitionsangriffen von mehreren Kunden, die das Wasserzeichen zerstören wollen, direkt auf die zusammenarbeitenden Kunden zu schließen.

Im Bereich fragile Wasserzeichen zur Manipulationsdetektion wird ein Verfahren dargestellt, das ein robustes Wasserzeichenverfahren als Träger nutzt und direkt auf dem Inhalt von Bilddaten arbeitet. Dieses Verfahren kann etwa Skalierung und Kompression von direkten Manipulationen, die zu deutlichen Veränderungen im Datenmaterial führen, unterscheiden.

Darmstadt, im April 2000   Ralf Steinmetz

Inhaltsverzeichnis

Abbildungsverzeichnis

Tabellenverzeichnis

1 Motivation und Einführung

Digitale Medien haben in den letzten Jahren ein gewaltiges Wachstum erfahren und sind dabei, die analogen Medien abzulösen. Im analogen Bereich können nur eine begrenzte Anzahl von hochqualitativen Kopien vom Original selbst erstellt werden. Die Bearbeitung des Datenmaterials ist aufwendig und hinterläßt Rückschlüsse auf die Veränderungen. Diese Nachteile, die in der digitalen Welt nicht mehr bestehen, sind Vorteile für die Gewährleistung von Urheberrechten und Überprüfung der Integrität des Datenmaterials. Das unerlaubte Kopieren hat seine Grenzen im verursachten Qualitätsverlust. Veränderungen am Datenmaterial sind leicht aufzuspüren. Digitale Kopien hingegen weisen im Allgemeinen keinen Qualitätsverlust auf und können mit digitaler Bildverarbeitung sozusagen beliebig verändert werden, ohne Rückschlüsse auf die Veränderungen zu erlauben. Für digitale Medien weitgehend ungelöst sind deshalb:

- die Gewährleistung von Authentizität der Daten, um die Identität des Besitzers oder Senders zu garantieren, und somit zur Sicherung der Urheberrechte beizutragen,
- der Nachweis der Integrität (Unversehrtheit und Unverfälschtheit), um Manipulationen zu erkennen.

Für digitale Kameras, die das Bild nicht mehr auf einem Film, sondern direkt auf Sekundärmedien wie Festplatten speichern, wird ausdrücklich damit geworben, daß sich abgespeicherte Bilder beliebig verändern lassen. Diese Vorteile werden bei der Sicherstellung der Integrität der Bild- und Tondaten zum Nachteil. Ohne spezielle Kenntnisse kann das Video bearbeitet und verändert werden, ohne daß nachvollzogen werden kann, welche Veränderungen vorgenommen wurden.

Eine Frage ist, wie kann man feststellen, wer der Urheber des Datenmaterials ist, ob das Datenmaterial unverfälscht vorliegt und ob Veränderungen vorgenommen wurden. Auch in digitalen Medien müssen die Urheberschaft kontrollierbar und Manipulationen aufspürbar sein. Beispielsweise zögern Archive, ihre Datenbestände öffentlich über das Web zur Verfügung zu stellen, da sie Furcht vor Copyrightverletzungen haben. Urheber müssen in die Lage versetzt werden, ihre Rechte durchzusetzen und Material eindeutig mit den Hersteller- oder Produzenteninformationen zu versehen. Es müssen Technologien existieren, mit denen Bild- und Tonmaterial so gesichert werden kann, daß die darin enthaltene Information als Gut von materiell-wirtschaftlichem sowie ideell-politischem Wert geschützt wird.

Viel diskutiert werden heute unterschiedliche kryptographische Sicherheitsmechanismen. Sie schützen die Daten zum Beispiel bei Übertragung über einen unsicheren Kanal mit Verschlüsselung. Ist das Datenmaterial nach der Übertragung jedoch auf Empfängerseite einmal entschlüsselt, liegt es ungeschützt vor und kann kopiert, verarbeitet sowie weiterverbreitet werden. Weiterhin kann man mit kryptographischen Verfahren digitale Signaturen zur Authentifizierung und zum Integritätsnachweis an das Datenmaterial anfügen, sie können aber meist sehr einfach wieder entfernt oder ausgewechselt werden. Des weiteren kann bei Mediendatenformaten nicht lediglich der Bitstrom als Eingabe für die kryptographische Authentifizierung und den Integritätsnachweis verwendet werden, da sich die Syntax, der Bitstrom, bei Multimedia-Datenformaten verändern kann, ohne die Semantik zu beeinflussen, sei es durch Übertragungsfehler, Kompression, Skalierung usw. Vielmehr muß die Semantik der Daten abgesichert werden.

Digitale Wasserzeichenverfahren, mit denen wir uns in diesem Buch beschäftigen, bieten an dieser Stelle eine ansprechende Alternative zu digitalen Signaturverfahren. In unserer Motivation werden wir die generellen Möglichkeiten und Problemfelder vorstellen, ohne konkret Definitionen zu geben, dazu sei auf Kapitel 2 und 3 verwiesen. Wir konzentrieren uns insgesamt in diesem Buch bewußt auf eine anwendungsspezifische Sichtweise und verzichten auf komplexe, mathematische Darstellungen. Die Leser, die an vertiefenden formalen Grundlagen interessiert sind, seien auf die kontinuierlich erscheinenden Workshopbände der Information Hiding Community verwiesen, die seit 1996 im zweijährigen Rhythmus stattfinden [And1996] oder in der Arbeit von Martin Kutter [Kut1999]. Hier finden sich theoretische Grundlagen und Ansätze, die für weiter vertiefende Studien überaus lohnend sind.

Digitale Wasserzeichen erlauben es, Authentizität (den Urheber und die Herkunft des Datenmaterials) oder Integrität (Unversehrtheit) nachzuweisen, indem Informationen direkt in das Datenmaterial eingefügt werden. Die eingebrachte Information ist dabei im Allgemeinen für das menschliche Auge oder Gehör nicht wahrnehmbar und so mit dem Datenmaterial verwoben, daß ein einfaches Entfernen unmöglich ist, ohne das Datenmaterial selbst zu beschädigen.

Die Forschung im Bereich digitaler Wasserzeichen hat sich in den letzten fünf Jahren etabliert und weist eine rasante Entwicklung auf. Die ersten Verfahren wurden vor allem für Bildmaterial entwickelt. In der Zwischenzeit gibt es Wasserzeichenverfahren für Bilder, Filme/Video und Audio oder 3D-Modelle. Man kann digitale Wasserzeichen zur Kennzeichnung des Urhebers, von kundenspezifischen Kopien, zur Verfolgung von illegalen Kopien, zum Aufdecken von Manipulationen und zum Einbringen von Beschreibungselementen in die Daten benutzen.

Die heute existierenden Verfahren sind sehr anwendungsspezifisch und haben uneinheitliche Verfahrensparameter sowie teilweise geringe Sicherheitsniveaus. Sie werden als Wasserzeichen oder Markierung bezeichnet. Etwas unpassend verwenden manche Autoren auch den Begriff Signatur. Wichtig ist dabei festzustellen, daß bisher keine einheitlichen Klassifikations- und Qualitätsmerkmale existieren, um die Verfahren vergleichbar zu machen. Prinzipiell gibt es wahrnehmbare und nicht-wahrnehmbare Wasserzeichen. Da die wahrnehmbaren Wasserzeichen leicht zu entfernen sind, beschäftigen wir uns hier nur mit nichtwahrnehmbaren Wasserzeichen.

Eine grobe Unterteilung der nicht-wahrnehmbaren Verfahren läßt sich in robuste Wasserzeichen zur Authentizitätsprüfung und in zerbrechliche Verfahren zum Integritätsnachweis vornehmen. Trotz der Vielfalt der existierenden Verfahren besteht weiterhin Forschungsbedarf in bestimmten Problemfeldern, die wir im folgenden Abschnitt näher erläutern.

1.1 Problembeschreibung

Die **Verfahren zur Authentizitätsprüfung auf Basis nicht-wahrnehmbarer robuster Wasserzeichen** sind am weitesten für Bildmaterial entwickelt. Die Verfahren zeigen, daß es möglich ist, Informationen über den Urheber zur Urheberidentifizierung mit einer Basisrobustheit in das Datenmaterial über Pixel- oder Koeffizientenmodifikationen einzubringen. Basisrobustheit bedeutet, daß die Verfahren das Wasserzeichen nach den am häufigsten auftretenden Bildverarbeitungen wie Formatkonvertierung, verlustbehaftete Kompression und einfache lineare geometrische Transformation zuverlässig auslesen können. Einige Verfahren bringen lediglich ein Informationsbit ein, welches das urheberspezifische Wasserzeichen darstellt, andere Verfahren können mehrere Informationsbits codieren und somit beispielsweise den kompletten Namen des Rechteinhabers einbringen. Verfahren, die im Abfrageprozeß das Original benötigen, weisen bisher die größte Robustheit auf, sind aber in ihrem Einsatzgebiet begrenzt.

Forschungsbedarf ergibt sich bei der Robustheit von Wasserzeichen bei kombinierten linearen Transformationen und nicht-linearen Verarbeitungsoperatoren. Verfahren, die im Abfrageprozeß nicht das Original benötigen, verlieren die Synchronisation der Markierungsstellen, und selbst bei Verfahren, die das Original benutzen, entsteht ein n-dimensionaler Suchraum, der nicht optimal durchsucht werden kann [Fri1998e]. Ursache ist die pseudozufällige Wahl der Markierungspositionen, die von der Größe des Dokumentes abhängen und exakt wiedergefunden werden müssen. Bei der Verbesserung der Robustheit entsteht ein Optimierungsproblem zwischen Robustheit und Nicht-Wahrnehmbarkeit sowie Laufzeiteffizienz, welches bisher nicht systematisch gelöst werden konnte. Es müssen ebenfalls Security-Aspekte betrachtet werden, um auch bei Kenntnis des Verfahrens das Wasserzeichen nicht zerstören zu können.

Will man neben der Herkunft des Datenmaterials auch die Authentizität des Empfängers, wie beispielsweise des Kunden, sicherstellen, werden unterschiedliche Kopien aus dem Original erzeugt, so daß ein spezieller Angriff auf die kundenspezifischen Wasserzeichen möglich wird: der Koalitionsangriff. Angreifer, die die Markierung zerstören wollen, um eine Verfolgung der illegalen Kopien unmöglich zu machen, können ihre unterschiedlichen Kopien vergleichen und die gefundenen Unterschiede manipulieren. In den meisten Fällen wird dadurch die eingebrachte Information zerstört und die Sicherheit das Wasserzeichen korrekt auszulesen ist gefährdet.

Für Audiodaten und 3D-Modelle sind nur vereinzelte und wenig erfolgreiche Ansätze zur Authentizitätsprüfung zu finden. Im Audiobereich bieten einige kommerzielle Anbieter Lösungen an, deren Verfahren jedoch nicht zugänglich und somit nicht öffentlich verifiziert werden können. Man läßt vermuten, daß deren Sicherheit auf der Geheimhaltung der Verfahrensabläufe beruht. Die veröffentlichten Verfahren aus der Forschung benötigen meist das Original im Abfrageprozeß oder haben Robustheitsprobleme bei verlustbehafteter Kompression und Formatkonvertierung. Im Bereich 3D-Modelle existieren bisher prinzipielle Untersuchungen, die jedoch zum Beispiel auf das viel verwendete VRML (Virtual Reality Modeling Language) nicht anwendbar sind und bei Formatkonvertierung die erzeugte Markierung nicht wiederfinden können.

Die **Verfahren zur Erkennung von Manipulationen (Integritätsverletzungen) auf Basis von nicht-wahrnehmbaren zerbrechlichen Wasserzeichen** stecken bisher in den Anfängen. Es gibt nur vereinzelte Arbeiten im Bildbereich. Die Ansätze bringen zerbrechliche Wasserzeichen auf Schwellwertbasis ein, die feststellen, ob das Wasserzeichen durch Manipulationen zerstört worden ist. Die Verfahren reagieren allerdings neben Manipulationen auch sehr sensibel auf Bildoperationen wie Kompression oder Skalierung, die keine eigentlichen Bildmanipulationen darstellen.

1.2 Der Ansatz

1.2.1 Aufstellung eines Klassifikationsschemas

Die Vielzahl der Wasserzeichenverfahren ist bisher nicht medienübergreifend, d.h. für Bild, Ton und 3D-Szenen einheitlich, klassifiziert worden. Daher werden wir im ersten Schritt auf der Basis der in der Praxis und Literatur vorgefundenen Verfahren, Konzepte und Ideen ein Klassifikationsschema für Wasserzeichen aufstellen. Wie wir in Untersuchungen festgestellt haben, sind die Verfahren anwendungsspezifisch, so daß wir eine Klassifizierung in erster Ebene nach dem Anwendungsgebiet vornehmen, und in zweiter Ebene ordnen wir die Verfahrensparameter zu. Die Verfahrensparameter bilden die Grundlage für eine Qualitätsbewertung und für einen verbesserten Verfahrensentwurf. Das Klassifikationsschema ermöglicht es, Wasserzeichenverfahren einzuordnen und zu bewerten, wodurch eine Vergleichbarkeit und Transparenz erreicht wird. Da es bei den Darstellungen der Verfahren in der Literatur und auch Praxis meistens an der Detailgenauigkeit der Beschreibungen und Testszenarien fehlt, kann nur für eine kleine Auswahl von existierenden Verfahren eine Bestimmung der Verfahrensparameter durchgeführt werden.

1.2.2 Erforschung verbesserter Wasserzeichenverfahren auf der Grundlage des Klassifikationsschemas

Im zweiten Schritt wollen wir verbesserte Vorgehensmodelle für robuste sowie zerbrechliche Wasserzeichenverfahren diskutieren und zeigen, wie man beim Verfahrensentwurf vorgeht. Wir verzichten dabei bewußt wie schon erwähnt auf detaillierte mathematische Beschreibungen, um der Anwendersicht Vorrang zu geben. Auf der Grundlage bisheriger Verfahren werden wir für robuste Wasserzeichen den Robustheitsaspekt betrachten und für zerbrechliche Wasserzeichen den Inhaltsaspekt betonen. Arbeiten zur Analyse, wieviel Wasserzeicheninformationen aufgenommen werden können unter Beachtung von Wahrnehmbarkeitsaspekten, die wir in diesem Buch nur am Rande betrachten, können detailliert unter [Ram1999] nachgelesen werden.

1.2.2.1 Neue Ansätze für robuste Wasserzeichen

Wir stellen einen neuen robusten Ansatz zur Urheberidentifzierung für Bildmaterial vor, der bildinhärente Eigenschaften, die Bildkanten, für die Markierungspositionen benutzt, und somit robust gegen kombinierte lineare Verarbeitungsoperationen ist und gleichzeitig Nicht-Wahrnehmbarkeit garantiert. Wir umgehen den Nachteil bisheriger Verfahren, nach Verarbeitungsoperationen auf die Markierungspositionen zurückrechnen zu müssen. Das Verfahren erweitern wir für Videomaterial. Weiterhin stellen wir ein Verfahren für Audio vor, welches den Videoteil ergänzen kann und ohne Original im Abfrageprozeß arbeitet, sowie direkt auf komprimiertes Material angewendet werden kann. Im Bereich 3D-Modelle zeigen wir, in welchen Datenelementen robuste Wasserzeichen eingebracht werden können. Wir stellen einen Ansatz vor, der direkt auf VRML-Basis arbeitet.

Durch die vorgeschlagenen Verfahren können Fortschritte in der Robustheit gegenüber Angriffen in Form von linearen und nicht-linearen Transformationen erreicht werden, ohne im Abfragealgorithmus das Original zu benötigen.

Um dem Koalitionsangriff zu begegnen, der bei der kundenspezifischen Kennzeichnung des Datenmaterials mittels Wasserzeichenverfahren (im Folgenden auch als digitale Fingerabdrücke bezeichnet) möglich ist, stellen wir am Beispiel von Einzelbildern ein Wasserzeichenverfahren vor, das die Auswertung von Koalitionsangriffen ermöglicht. Das Problem wurde bereits von D. Boneh und J. Shaw [BoSh1995] beschrieben. Bis heute wurden jedoch keine Wasserzeichenalgorithmen entwickelt, die gezielt ein mathematisches Modell zur Erkennung von Koalitionsangriffen umsetzen. Wir verwenden das von Jörg Schwenk und Johannes Ueberberg in [DBS+1999] vorgestellte Modell auf endlichen Geometrien und entwickeln ein passendes Wasserzeichenverfahren, welches den Koalitionsangriff auswerten läßt und robust gegen Transformationen ist, indem das Original im Abfrageprozeß verwendet wird.

1.2.2.2 Neue Ansätze für fragile Wasserzeichen

Die Forschung im Bereich Wasserzeichentechniken für den Integritätsnachweis ist in den Anfängen, vereinzelte Arbeiten gibt es im Bildbereich. Statt zerbrechliche Wasserzeichen einzubringen, die auf Basis von Schwellwerten arbeiten, stellen wir einen Ansatz vor, der auf Basis robuster Wasserzeichen arbeitet, um die Sensibilität gegenüber Kompression oder Skalierung, die keine Bildmanipulationen darstellen, zu verlieren. Wir nutzen die bereits gut evaluierten Eigenschaften von robusten Wasserzeichen und entwickeln einen Ansatz, der den Bildinhalt auf

Kantenbasis als Eingabeparameter für das Wasserzeichen nutzt. Über das Kantenmuster wird auf das Nicht- bzw. Vorhandensein eines Wasserzeichenmusters geschlossen. Wird das Muster gefunden, kann im Allgemeinen auf Integrität geschlossen werden. Ist das Kantenschemata verändert, kann das Wasserzeichen, welches Unversehrtheit anzeigt, nicht gefunden werden. Das von uns vorgestellte Verfahren für nicht-wahrnehmbare zerbrechliche Wasserzeichen reagiert auf wesentliche Inhaltsänderungen und wird deshalb als *content fragile Watermark* bezeichnet. Es kann bei Integritätsverletzungen nicht gefunden werden, bei zugelassenen Bildveränderungen, wie Skalierung oder Kompression, hingegen ist es robust und wird ausgelesen.

1.2.2.3 Anwendungsszenarien

Unsichtbar robuste Verfahren zur Urheberidentifizierung optimieren wir für Bildmaterial, Video, Audio und 3D-Modelle hinsichtlich kombinierten linearen Transformationen und Wahrnehmbarkeit, ohne das Original im Abfrageprozeß zu benötigen. Die Verfahren für digitale Fingerabdrücke und fragile Wasserzeichenverfahren entwickeln wir beispielhaft für Bilddaten. Die Verfahren sind prototypisch teils in C/C++ und teils in Java implementiert. Schwerpunkt ist nicht die Effizienz, sondern die Analyse der Möglichkeiten und Grenzen der Verfahren. Weiterhin sind die öffentliche Verifikation des Wasserzeichens und organisatorische Rahmenbedingungen nicht Schwerpunkt dieses Buches.

1.3 Gliederung des Buches

Das Buch gliedert sich wie folgt in 9 Kapitel.

1.3.1 Grundlegende Aspekte zur Sicherheit in Multimediaapplikationen

In Kapitel 2 beschäftigen wir uns mit dem Begriff Multimedia, nennen die wichtigsten von uns betrachteten Datenformate und erörtern die grundlegenden Sicherheitsaspekte von Multimediaapplikationen. Wir stellen die grundlegenden Lösungsmöglichkeiten vor, um den Sicherheitsanforderungen nachzukommen. Aus den Lösungsmöglichkeiten greifen wir das Thema digitale Wasserzeichen heraus, welches in den folgenden Kapiteln weiter betrachtet wird.

1.3.2 Grundlagen digitaler Wasserzeichen und das Klassifikationsschema

In Kapitel 3 stellen wir auf der Basis der in der Praxis und Literatur vorgefundenen Verfahren, Konzepte und Ideen generelle Verfahrensanforderungen und -prinzipien sowie Angriffsmöglichkeiten für digitale Wasserzeichen und Möglichkeiten zur

Durchführung von Robutsheitstests vor. Das Kapitel erhebt keinen Anspruch auf Vollständigkeit, es werden beispielhaft generelle Prinzipien erklärt. Weiterhin führen wir eine Definition und Terminologie ein und entwickeln ein Klassifikationsschema, in welches bestehende und zukünftige Verfahren eingeordnet werden können. In das Klassifikationsschema nehmen wir Qualitätsparameter auf, die als Grundlage für eine Vergleichbarkeit der Verfahren dienen.

1.3.3 Neuartige Wasserzeichenverfahren

In den Kapiteln 4, 5 und 6 betrachten wir verschiedene Ausprägungen von Wasserzeichenverfahren, beschreiben in Bezug auf bestehende Verfahren neue Ideen und zeigen mögliche Verfahrensfortschritte. Das Buch behandelt in diesen Kapiteln folgende Verfahren:

– Unsichtbare/unhörbare robuste Wasserzeichen zur Urheberidentifizierung in Kapitel 4.
– Digitale Fingerabdrücke zur Kundenidentifizierung in Kapitel 5.
– Unsichtbare fragile Wasserzeichen zum Integritätsnachweis in Kapitel 6.

Basis für den Entwurf der Verfahren bilden die Betrachtung und Analyse einiger wesentlicher, in der Literatur zu findenden Wasserzeichenverfahren.

1.3.4 Anwendungen, offene Probleme

In Kapitel 7 zeigen wir offene Probleme sowie den weiteren Forschungsbedarf auf. In Kapitel 8 stellen wir an ausgewählten Beispielen Wasserzeichen in ihrer Anwendung dar, gefolgt von Kapitel 9 mit einem zusammenfassenden Ausblick. Abschließend folgt das Literaturverzeichnis und der Anhang.

2 Allgemeine Sicherheitsanforderungen in Multimedia-Applikationen

Digitale Medien und Multimedia-Applikationen haben in den letzten Jahren ein gewaltiges Wachstum erfahren und verstärkt die traditionellen analogen Medien abgelöst. Es wird erwartet, daß digitale Photos, digitale Videos und digitales Audio allmählich ihre analogen Gegenstücke ersetzen werden. Neben den Vorteilen der digitalen Verarbeitung und Speicherung ergeben sich Probleme im Bereich des Urheberrechts. Urheber sind meist nicht in der Lage, illegale Kopien zu identifizieren und die illegale Weiterverbreitung zu unterbinden. Die digitale Bildverarbeitung ermöglicht das leichte Verändern der Daten und erschwert die Prüfung auf Unversehrtheit sowie auf Originalität.

Bereits heute nutzen viele Internetnutzer digitales Bildmaterial illegal zu eigenen Zwecken und fügen den Urhebern, Produzenten oder Verlegern großen finanziellen Schaden zu. Weiterhin besitzt digitales Datenmaterial wie digitales Bildmaterial vor Gericht keine Beweiskraft, da keine zuverlässigen Mechanismen zur Authentifizierung und Fälschungssicherheit (Integritätsnachweis) existieren. Bevor wir uns mit der Terminologie und Verfahrensprinzipien von digitalen Wasserzeichen beschäftigen, grenzen wir in diesem Kapitel den Begriff Multimedia ab und erläutern die wesentlichen Sicherheitsanforderungen sowie Realisierungsmöglichkeiten.

2.1 Begriff „Multimedia"

Multimedia bedeutet aus Benutzersicht, daß die Informationen aus mehreren Medienpräsentationen bestehen. Informationen können neben einer textuellen und bildlichen Darstellung auch als Audiosignale oder Bewegtbilder dargestellt werden. Hiermit lassen sich beispielsweise Bewegungsabläufe und Handlungsabläufe oder lexikalische Beschreibungen wesentlich besser als nur mit Text und ausschließlich mit Einzelbildern illustrieren, da sie auf natürliche Art und Weise dargestellt werden können.

Multimedia setzt sich aus folgenden Medien zusammen:

- Diskrete Medien, wie Text, Einzelbild
- Kontinuierliche Medien, wie Audio und Video

Die Integration dieser Medien ermöglicht interaktive Präsentationen der Informationen. Außerdem können die digitalen Daten auch über Rechnernetze, bzw.

über Telekommunikationsnetze übertragen werden. Hiermit ergeben sich Anwendungen im Bereich der Informationsverteilung und des kooperativen Arbeitens. Multimedia ermöglicht ein Spektrum neuer Anwendungen, von denen sich viele heute noch in der Entstehungsphase befinden.

Erst die Kombination von Medien erlaubt die Verwendung des Multimediabegriffs. Wobei im engeren Sinne nur dann von einem Multimediasystem gesprochen werden kann, wenn neben der diskreten Darstellung auch ein kontinuierliches Medium enthalten ist. Im weiteren Sinne kann aber auch eine Kombination von Text und Bild als Multimedia verstanden werden, sobald sie gemeinsam verarbeitet werden. Steinmetz [Ste1999] widmet sich umfassend dem Multimediabereich.

Sicherheitsmechanismen müssen prinzipiell auf jedes Medium einzeln angewandt werden. Soll die Kombination von Medien als Gesamtheit geschützt werden, müssen die Informationen über die Kombination der Medien in den Schutz mit einbezogen werden. In diesem Buch werden Wasserzeichenverfahren für die Einzelkomponenten eines Multimediasystems behandelt, auf den Schutz der Kombination wird nicht eingegangen.

Folgende Medien werden wir beim Entwurf von Wasserzeichenverfahren berücksichtigen:

- Einzelbild
- Bewegtbild (Video)
- Ton (Audio)
- 3D-Präsentationen (3D-Modelle)

Folgende Datenformate werden von uns benutzt:

- Bildformate: PPM (Portable Pixel Map), JPEG (Joint Photographic Expert Group)
- Videoformat: MPEG (Moving Pictures Expert Group)
- Audioformat: MPEG (Moving Pictures Expert Group), PCM (Puls Code Modulation)
- 3D-Präsentationen: VRML (Virtual Reality Modelling Language)

2.2 Security – Allgemeine Sicherheitsanforderungen

Unter Sicherheit (Sicherheit) verstehen wir die Abwesenheit von Gefahr. In der Literatur sind verschiedene konkretere Defintionen zu finden. Wir beschränken uns in diesem Buch auf IT-Sicherheit (IT-Security) und verstehen darunter Maßnahmen und Mechanismen, die Bedrohungen wie beabsichtigte Angriffe auf Rechner, auf gespeicherte und übertragene Daten sowie auf Kommunikationsbeziehungen anzeigen, verhindern oder verfolgbar machen. Das können technische oder organisatorische Maßnahmen sein. Technische Absicherungen greifen entweder auf der Netz- oder der Anwendungsebene und können durch Konfiguration und/oder Einsatz kryptologischer Verfahren umgesetzt werden. Organisatorische

Maßnahmen sind beispielsweise das Vieraugenprinzip, welche hier nicht behandelt werden.

Hinweis: Unserer Auffassung nach versucht Safety hingegen die Auswirkungen unbeabsichtigter Ereignisse, die zu einem Ausfall oder Beschädigung von Rechnern, gespeicherten oder übertragenen Daten und Kommunikationsbeziehungen führen, zu vermindern. In den Bereich fallen die Begriffe Datensicherung, Datenrecovery oder Erhöhung der Rechnerausfallsicherheit. Unbeabsichtigte Ereignisse können zum Beispiel Sturm-, Brand- oder Wasserschäden sein, aber auch Stromausfall sowie Hardware- oder Softwaredefekte. Andere Abgrenzungen zu Security und Safety sind in [MuPf1997] zu finden.

Folgende Tabelle zeigt die wichtigsten Sicherheitsanforderungen im Überblick, wobei die Verfügbarkeit als Sicherheitsanforderung von uns in diesem Buch nicht betrachtet wird.

Tabelle 1: Die wichtigsten Sicherheitsanforderungen

Sicherheitsanforderungen	Beschreibung
Zugriffskontrolle	Kontrolle des Systemzuganges und Zugriffsbeschränkungen auf Systemfunktionen und Datenbestände
Authentizität	Unterscheidung in Authentizität der Kommunikation und der Daten, um die Identität der Sender, Empfänger oder der Daten festzustellen
Vertraulichkeit	Geheimhaltung von Informationen gegenüber Unbefugten
Integrität	Manipulationen an Daten können erkannt werden / Prüfung auf Veränderung
Verbindlichkeit	Sicherung der Authentizität und Integrität der Daten, so daß die Verbindlichkeit der Kommunikation und der Daten gewährleistet wird
Nicht-Abstreitbarkeit	Beweis gegenüber Beteiligten und Unbeteiligten, ob ein bestimmtes Ereignis eingetreten ist bzw. eine bestimmte Aktion ausgeführt wurde oder nicht
Urheberrechte	Schutz des geistigen Eigentums, Eigentümer- und Benutzerkennzeichnung, Identifizierung von Verbreitern illegaler Kopien
Persönlichkeitsschutz	Nichtnachvollziehbarkeit des Kommunikationsverhaltens und des Datenaustausches, aus dem Bereich des rechtlichen Datenschutzes, Schutz personenbezogener Daten

2.3 Konzepte für das Sicherheitsmanagement

Nach der Formulierung der wichtigsten Sicherheitsanforderungen werden wir Verfahren zur Umsetzung der Anforderungen erörtern. Sicherheitsdienste in der Informationstechnik basieren hauptsächlich auf Mechanismen der Kryptologie, der Wissenschaft zur Geheimhaltung von Nachrichten und den algorithmischen Methoden zur Informationssicherung. Man unterteilt die **Kryptologie** in die **Kryptographie**, die **Kryptoanalyse** und die **Steganographie**, [FSBS1998]. Wobei anzumerken ist, daß teilweise einige andere Autoren die Steganographie als eigenständige Disziplin und nicht der Kryptologie zugeordnet sehen.

Kryptographie ist die Lehre von den Prinzipien und Methoden der Transformationen der Daten zur Erfüllung der Sicherheitsaspekte: Vertraulichkeit, Zugriffsschutz und Authentizität, Integrität und Verbindlichkeit, Nichtabstreitbarkeit sowie Persönlichkeitsschutz.

Die Kryptoanalyse ist die Wissenschaft von den Methoden der Rücktransformation von Daten, meist ohne Kenntnis von den verwendeten Schlüsseln. Sie beschäftigt sich mit den Angriffen auf die kryptographischen Verfahren.

Steganographie kommt aus dem Griechischen, bedeutet Verdeckte Kommunikation und beschäftigt sich mit Verfahren, die die Existenz der geheimen Kommunikation verbergen, so daß Sicherheitsaspekte wie Vertraulichkeit, Zugriffsschutz und Authentizität gewährleistet werden können. Steganographie bildet die Grundlage für digitale Wasserzeichen zur Urheberauthentifizierung und zum Integritätsnachweis, welche wir in den folgenden Kapiteln genauer betrachten werden.

2.3.1 Kryptographie

Kryptographie ist die Lehre von den Prinzipien und Methoden der Transformation der Daten, zu denen die Verfahren Verschlüsselung, Entschlüsselung, Authentifizierung, Identifizierung, Erstellung und Verifikation der digitalen Signatur zählen. Kryptosysteme bestehen aus umkehrbaren Funktionen und einer Menge von Schlüsseln, durch die diese Funktionen parametrisiert werden. Sie dienen zur Geheimhaltung, Authentifizierung oder Identifizierung von übertragenen oder gespeicherten Informationen.

Die Geheimhaltung wird durch Transformation der Informationsbits erzielt. Die transformierten Informationsbits weisen für Dritte keine konstruierbare semantische, statistische oder strukturelle Beziehung zu den Originaldaten auf. Die Authentifizierung und Identifizierung wird ebenfalls durch Transformation erzielt. Das Ergebnis der Transformation wird meist komprimiert der Information direkt angefügt. Zur Überprüfung werden die Informationsbits und das angefügte Ergebnis der Transformation benötigt.

Man unterscheidet hinsichtlich der erlaubten und möglichen Verteilung der Schlüssel zwischen **symmetrischen und asymmetrischen Kryptosystemen**. Erstere werden oftmals auch konventionelle oder klassische Kryptosysteme, Private-Key-Verfahren, letztere Kryptosysteme mit öffentlichen Schlüsseln, Public-Key-Verfahren, genannt. Die klassischen Kryptosysteme beschäftigen sich vor allem mit der Geheimhaltung der Nachrichten und dem Zugriffschutz und kann auch symmetrische Authentizität nachweisen. Die asymmetrischen Kryptosysteme können mehr: Hinzu kommt die Funktionalität der Authentizität und der digitalen Signatur zum Nachweis der Urheberschaft oder der Empfangsbestätigung gegenüber Dritten. Asymmetrische Verfahren haben meist eine geringere Laufzeiteffizienz als symmetrische Verfahren. Signiert man weiterhin das gesamte Datenmaterial, so entstehen Signaturen, die so lang sind wie das Dokument selbst. Aus diesen Gründen werden **kryptographische Hashfunktionen** genutzt, die kontrahieren und zusätzlich Integrität prüfen lassen.

Die Verschlüsselungsmethoden sind in der Praxis hauptsächlich auf herkömmlichen Textdaten angewendet worden und haben dort sehr gute Ergebnisse hinsichtlich Sicherheit und Performanz erzielen können. Mediendaten, vor allem Video und Audio, unterscheiden sich jedoch aus folgenden Gründen von herkömmlichen Textdokumenten, so daß die Verschlüsselungsverfahren an das Medienmaterial angepaßt werden müssen:

- Bei digitalem Video oder Audio fallen um Dimensionen größere Datenmengen an als bei Textdokumenten, so daß ein Schutz der Daten vor unberechtigtem Zugriff mit herkömmlichen Methoden der Kryptographie bei den gegenwärtigen Rechnerleistungen und Übertragungsraten der Netzwerke bei gleichzeitiger Echtzeitanforderung von verteilten Multimedia-Applikationen nicht realisierbar ist.
- Die Verschlüsselung des gesamten komprimierten Videos mit bekannten Verschlüsselungsalgorithmen bietet Angriffsmöglichkeiten, das Original ohne Kenntnis des Schlüssels zu berechnen, da nach der Kompression einige Resynchronisationsdaten im Video bzw. Audio eingebettet sind, die Rückschlüsse möglich machen.
- Die Verschlüsselung nach der Kompression verursacht Probleme, wenn eine Umcodierung wie Wechsel der verfügbaren Bandbreite nötig wird, da der Transcoder mit dem geheimen Schlüssel versorgt werden muß.
- Beim Versand von Audio- und Videodaten ergeben sich weitere Probleme. Tritt bei der Datenübertragung ein Bitfehler auf, der sich bis in die Anwendungsebene zieht und sind Mechanismen für den Integritätsschutz verwendet worden, wird dem Empfänger eine Schutzverletzung angezeigt. Es ist für ihn nicht erkenntlich, ob dies durch eine fehlerhafte Übertragung oder durch einen Angriff hervorgerufen worden ist. Bei multimedialen Daten ist ein Mechanismus für Integrität wenig sinnvoll, wenn ein Prüfergebnis erstellt wird, welches von der gesamten Datenmenge abhängig ist. Wurde das gesamte Datenmaterial verschlüsselt und treten Übertragungsfehler auf, kann das gesamte Datenmaterial nicht korrekt entschlüsselt werden, obwohl nur partielle Fehler auftraten.

In [Kun1998], [Gri1998], [DiSt1997] und [QiNa1997] werden abgestufte Sicherheitskonzepte vorgestellt, die hinsichtlich Effizienz und Sicherheitsniveau anpaßbar sind und als partielle Verschlüsselungsmethoden für Video bezeichnet werden. Angepaßte Verfahren zur Authentizitätsprüfung werden zum Beispiel von [LiCh1998] angesprochen.

Kryptographie schützt zwar die Daten mit Verschlüsselung vor fremden Einblick. Ist das Datenmaterial jedoch auf Empfängerseite einmal entschlüsselt, dann liegt es ungeschützt vor und kann kopiert, verarbeitet sowie weiterverbreitet werden. Weiterhin kann man mit kryptographischen Verfahren zwar digitale Signaturen zur Authentifizierung und zum Integritätsnachweis an das Datenmaterial anfügen, sie können aber sehr einfach wieder entfernt oder ausgewechselt werden. Des weiteren kann bei Multimedia-Datenformaten nicht lediglich der Bitstrom als Eingabe für die kryptographische Authentifizierung und den Integritätsnachweis verwendet werden, da sich die Syntax, der Bitstrom, bei Multimedia-Datenformaten verändern kann, ohne die Semantik zu beeinflussen, sei es durch Übertragungsfehler, Kompression, Skalierung usw. Vielmehr muß auf die Semantik der Daten eine Absicherung vorgenommen werden.

2.3.2 Steganographie

Steganographie (auch als data hiding oder secure cover communication bezeichnet) steht in enger Beziehung zur Kryptographie. Das wesentliche Ziel der Kryptographie ist es, Nachrichten (Informationen) unverständlich zu machen, so daß sie ohne Anwendung von Schlüsseln nicht zurückgewonnen werden können. In einigen Anwendungsfällen kann es jedoch von Interesse sein, die Präsenz der Kommunikation, der Nachricht selbst, zu verbergen. Dieses Problem wird von steganographischen Verfahren behandelt. Historisch gesehen zählen zu den ersten steganographischen Techniken das unsichtbare Schreiben mit spezieller Tinte oder mit Chemikalien. Weitere Ansätze verstecken Nachrichten im Text, indem bestimmte Buchstaben zu neuen Wörtern zusammengesetzt werden, in denen die geheime Nachricht enthalten ist. Ein historischer Abriß zu verdeckten Kommunikationsmöglichkeiten ist in [Kob1997] zu finden. Heute liegt es nahe, digitale Dateien mit einem bestimmten Grad an Irrelevanz und Redundanz zu nutzen, um Daten zu verstecken. Digitales Bild- und Tonmaterial ist als Trägerdokument der geheimen Nachricht ideal geeignet. Die einzubringende Nachricht darf im Trägerdokument (Carrier oder Cover), in das sie eingebracht wird, nicht aufgespürt werden können. Dies ist eine der größten Anforderungen an eine versteckte, sichere Kommunikation. Die Nachricht kann geheime Botschaften oder wichtige Informationen über das Trägerdokument enthalten, wie Copyright-Hinweise, Authentifizierungsinformationen, Stichwörter, Annotationen, Datum und Uhrzeit der Erstellung, Seriennummern der Aufzeichnungsgeräte. Das generelle Szenario ist in der folgenden Abbildung ersichtlich.

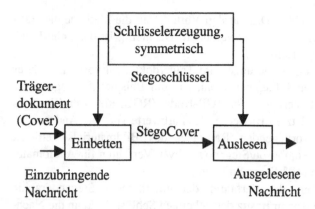

Abbildung 1: Steganographische Grundprinzipien: Einbetten und Auslesen mit symmetrischem Schlüssel

Jede steganographische Technik besteht aus einem Einbettungsalgorithmus und einem Abfragealgorithmus, [Pfi1996a]. Die Sicherheit älterer Verfahren basiert auf der Geheimhaltung der Verfahren selbst. Da die Verfahren jedoch meist nach einiger Zeit aufgedeckt werden, sind heutige Verfahren öffentlich bekannt und verwenden als Sicherheitsparameter einen geheimen Schlüssel.

Der Einbettungsalgorithmus bringt die geheime Nachricht unter Nutzung eines geheimen Schlüssels in das Trägerdokument ein, so daß nur von denjenigen, die den geheimen Schlüssel kennen, die Nachricht wieder im Abfragealgorithmus ausgelesen werden kann. D.h. steganographische Verfahren sind vom Prinzip her symmetrische Algorithmen, die denselben Schlüssel beim Einbringen und Auslesen der Information benutzen. Sie können die Sicherheitsaspekte Vertraulichkeit zwischen Kommunikationspartnern und symmetrische Authentizität gewährleisten. Asymmetrische Verfahren unter Nutzung von privaten und öffentlichen Parametern, wie sie in der Kryptographie bei der digitalen Unterschrift oder zum Nachweis gegenüber Dritten zur Verwendung kommen, sind in der Steganographie bisher nicht möglich [Fri1998e].

Folgende Anforderungen werden an steganographische Verfahren gestellt, die eine nicht-sichtbare Kommunikation gewährleisten sollen:

Die Präsenz der Nachricht ist nicht detektierbar, d.h. das Trägerdokument muß auch bei verschiedenartigsten statistischen Analysen mit und ohne geheime Nachricht identisch erscheinen.

Die Kapazität, d.h. die Größe der Nachricht, die vom Trägerdokument aufgenommen werden kann, soll maximiert werden unter Beachtung der ersten Anforderung.

Ein sicheres steganographisches Verfahren kann in Analogie zum One-Time-Pad aus der Kryptographie konstruiert werden [Sch1996]. Um eine 8-Bit-Nachricht in ein Bild einzubringen, wird das gesamte Bild mit einer paßwortabhängigen Funktion durchsucht, bis die 8-Bit-Nachricht im Bild entdeckt wird. Mittels des Paßwortes kann das Tupel jeder Zeit an der Stelle wieder gefunden werden, Details siehe [Fri1998e]. Das hat den Vorteil, daß die Methode die statistischen Eigenschaften des Bildes nicht verändert. Nachteilig ist das hohe Laufzeitverhalten und die geringe Kapazität.

Ein anderes Verfahren, das Änderungen am Trägerdokument vornimmt, dafür aber sehr große Nachrichten aufnehmen kann, ist zum Beispiel das sogenannte LSB (Least Significant Bit) Verfahren für RGB-Bilder (RGB: Rot Grün Blau). Es nimmt Änderungen an den letzten Bitwerten der Farbwerte vor. Die Änderungen werden vom allgemein vorliegenden Rauschen des Bildmaterials verdeckt (http://www.isse.gmu.edu/ ~njohnson/Steganography/). Verfahren für Audiomaterial sind beispielsweise die MP3-Stego Software.

Zusammenfassend sichern die Verfahren der traditionellen Steganographie Vertraulichkeit. Ist eine Person in Besitz des geheimen Schlüssels, kann die Nachricht aufgedeckt werden. Durch den Besitz des Schlüssel und durch die Fähigkeit, die Informationen korrekt auszulesen, kann auch Authentizität nachgewiesen werden. D.h. derjenige, der die Informationen eingebracht hat, kann die Informationen wieder auslesen und wird über den Schlüssel erkennbar und kann authentifiziert werden. Die grundlegende Eigenschaft der Symmetrie der Verfahren bedeutet ebenfalls, daß die Fähigkeit, die Information auszulesen, die Fähigkeit, die Information zu löschen, impliziert.

2.3.3 Digitale Wasserzeichen

Wasserzeichen spielen in der Geschichte der Menschheit eine wichtige Rolle, um die Echtheit, Originalität sowie die Urheberschaft nachzuweisen, d.h. es handelt sich um die Sicherheitsaspekte Authentizität und Integrität. Angefangen von einfachen bis hin zu anspruchsvollen, kunstvollen Formen werden Wasserzeichen meist in Papier oder auch Teppiche eingebracht. Die eingesetzten Verfahren haben sich ständig weiterentwickelt und an den Stand der Technik angepaßt, um Urheberrechte zu sichern und Fälschungen auszuschließen. Am Beispiel des Geldscheines wird erkennbar, daß ein heutiges Wasserzeichen nicht nur als in der Durchsicht erscheinendes Muster zu werten ist, sondern als komplexes Zusammenspiel verschiedener Merkmale, wie zum Beispiel Griffestigkeit, Fluoreszenz oder Reliefbildung zu sehen ist.

Der Einsatz der digitalen Technik beeinflußt die Möglichkeiten, die Echtheit, die Originalität oder die Urheberrechte zu garantieren. Die bislang verwendeten Wasserzeichen, die auf materielle Träger ausgerichtet sind, mußten verändert und an digitale Medien angepaßt werden: es entsteht das digitale Wasserzeichen. Die Wasserzeicheninformationen müssen fest mit den Daten verwoben sein, da Informationen, die lediglich an die Daten angehängt werden, problemlos wieder entfernt werden können. Die Idee des digitalen Wasserzeichens findet seinen Ursprung in der Steganographie. Digitale Wasserzeichenverfahren bringen Informationen zur Urheberauthentifizierung und zur Echtheitsprüfung in digitale Daten direkt ein, sie werden sozusagen im Datenmaterial selbst versteckt. Der Entwurf von Wasserzeichenverfahren setzte Wissen in den Bereichen Medienverarbeitung (wie Bild-, Ton und 3D-Verarbeitung), Kryptologie sowie Kompressionstechniken voraus und ist interdisziplinär. Seit Anfang der 90-er Jahre findet man eine Vielzahl von Publikationen und Lösungen.

An dieser Stelle wollen wir nicht genauer auf die Verfahrensgrundlagen eingehen, da sie Thema dieses Buches sind und in den folgenden Kapitel in der Tiefe von uns behandelt werden.

Erstes Ziel ist es, Wasserzeichen auf Basis der in der Literatur und der Praxis vorgefundenen Verfahren, Konzepte und Ideen zu klassifizieren, siehe Kapitel 3. Die Grundlage der Klassifikation sind in erster Ebene die Anwendungsgebiete, d.h. der Sicherheitsaspekt, der garantiert werden soll, und in zweiter Ebene die Verfahrenseigenschaften sowie in dritter Ebene die Angriffe.

Zweites Ziel ist, die entwickelten Verfahren, die in das Schema eingeordnet werden, in Bezug zu ausgewählten bestehenden Verfahren vorzustellen. Wir werden Verfahrensfortschritte und Probleme, die bisher ungelöst sind, aufzeigen und speziell folgende Problemstellungen herausgreifen, für die wir neue Algorithmen entwickelt haben:

- Verbesserung der Robustheit (Widerstandsfähigkeit) des Wasserzeichens gegen kombinierte lineare und nicht-lineare Transformationen des Datenmaterials, in welches das Wasserzeichen eingebracht wurde, Kapitel 4.
- Berücksichtigung der Koalitionsattacke bei digitalen Fingerabdrücken zur kundenspezifischen Kennzeichnung des Datenmaterials, Kapitel 5.
- Entwurf von zerbrechlichen Wasserzeichen auf Basis von robusten Wasserzeichen, die bei Inhaltsänderungen nicht mehr aufzufinden sind und eine Integritätsverletzung anzeigen, Kombination von robusten und zerbrechlichen Wasserzeichen, Kapitel 6.

Die Aspekte Security und Kapazität unter Berücksichtigung der Wahrnehmungsaspekte, Laufzeiteffizienz und Echtzeit werden wir nicht näher betrachten. Optimierungen in diesem Bereich lassen sich unter [HSG1998], [Ram1999] oder [KDHM1999] finden.

3 Digitale Wasserzeichen

Zuerst werden wir eine Definition und Terminologie aufstellen sowie generelle Verfahrensgrundlagen erläutern. Aufbauend auf diesen Grundlagen stellen wir in diesem Kapitel eine Klassifikation vor, auf deren Basis eine Unterteilung der Verfahren vorgenommen werden kann. In erster Ebene werden wir nach dem Anwendungsgebiet klassifizieren und in zweiter Ebene nach den Verfahrensmerkmalen, die als Qualitätsparameter dienen, um die Verfahren vergleichbar zu machen. Zusätzlich ordnen wir den Verfahren Angriffsmöglichkeiten zu. Auf der Basis existierender Ansätze schlagen wir in diesem Kapitel erstmals ein medienunabhängiges Klassifikationsschema vor, in das sich die Wasserzeichenverfahren einordnen lassen.

3.1 Grundlagen digitaler Wasserzeichen

3.1.1 Definition und Terminologie

Unter einem nicht wahrnehmbaren, digitalen Wasserzeichen verstehen wir ein transparentes, nicht wahrnehmbares Muster, welches in das Datenmaterial (hier betrachtet Bild, Video, Audio, 3D-Modelle) mit einem Einbettungsalgorithmus eingebracht wird. Jeder Wasserzeichenalgorithmus besteht in Analogie zur Steganographie aus:

1. Einem Einbettungsprozeß E: Watermark Embedding
2. Einem Abfrageprozeß/Ausleseprozeß R: Watermark Retrieval

Der *Einbettungsprozeß E* fügt die Wasserzeicheninformation W (Watermark Message) in das Datenmaterial C (Cover/Carrier oder auch Original) ein, zum Beispiel in ein Bild, und es entsteht das Datenmaterial mit einem Wasserzeichen C_w (Watermarked Cover/Carrier). Man spricht auch davon, daß eine Markierung aufgebracht wird. Die Wasserzeicheninformation wird dabei in ein Wasserzeichenmuster, meist ein Pseudo-Rauschsignal (pseudo noise signal, Pseudorauschmuster), transferiert und als Muster eingebracht.

Da bisherige steganographische Verfahren und somit auch Wasserzeichenverfahren symmetrisch sind, muß ein Sicherheitsparameter K benutzt werden, damit das Wasserzeichen nicht von Angreifern manipuliert oder gelöscht werden kann. Das Verfahren selbst langfristig geheim zu halten, erweist sich als schwierig, da zum Beispiel zur Verifikation ausführbarer Code zur Verfügung gestellt werden muß. Durch Codeanalysen kann man dann meist auf das Verfahren schließen, so daß K ein geheimer Schlüssel ist, der benutzt wird und von dem das Wasserzeichen abhängt. Sollten in Zukunft Public-Key-ähnliche Verfahren entwickelt werden, so wäre K ein geheimer Schlüssel K *private* beim Einbringen und K ein öffentlicher Schlüssel K *public* beim Auslesen. Es ergibt sich folgender genereller Zusammenhang:

$$C_w = E(C, W, K) \quad (3.1)$$

In der Praxis benötigen die Verfahren meist weitere zusätzliche Parameter wie Wasserzeichenstärke oder Initialisierungswerte. Da bisherige Verfahren auf steganographischen Verfahren aufbauen, die symmetrisch arbeiten, kann nur unter Nutzung des gleichen Verfahrens und des passenden Schlüssels der *Abfrageprozeß R* die Informationen aus dem Datenmaterial wieder auslesen:

$$W = R(C_w, K) \quad (3.2)$$

Der Abfrageprozeß bekommt das Watermarked Cover sowie den geheimen Schlüssel übergeben und gibt die Wasserzeicheninformation aus. Da Wasserzeichen aus dem Datenmaterial nicht entfernbar sein sollen, kann mit dem Abfrageprozeß R auch bei Kenntnis des Schlüssels das Original nicht wieder hergestellt werden. Die Wasserzeicheninformation kann lediglich ausgelesen, auf das Original kann jedoch nicht geschlossen werden. Abhängig vom konkreten Wasserzeichenverfahren werden meist statistische Analysen wie Korrelations- oder Hypothesentests im Abfrageprozeß R durchgeführt, die feststellen, ob die Information, die durch E eingebracht wurde, im Datenmaterial C vorhanden ist. R nutzt dabei die Regeln von E, wo und wie das Wasserzeichen eingebracht wurde. Manche Verfahren benötigen neben dem Prüfmaterial das Original, so daß ein dritter Parameter C hinzukommen kann, siehe auch 3.2.2.

Wir schlagen für ein nicht-wahrnehmbares Wasserzeichen folgende allgemeine Definition und Terminologie vor:

Ein nicht wahrnehmbares Wasserzeichen stellt ein transparentes, nichtwahrnehmbares Muster dar, welches in das Datenmaterial eingebracht wird. Dieses Muster wird dazu benutzt, entweder das Vorhandensein einer Kennzeichnung anzuzeigen oder Informationen zu codieren. Das Wasserzeichenverfahren nutzt geheime Informationen, wie zum Beispiel Schlüssel, und besteht aus einem Einbettungsprozeß (Einbettungs- oder auch Markierungsalgorithmus) und einem Abfrageprozeß (Abfragealgorithmus, Auslesen der Markierung). Das Wasserzeichenmuster ist meist ein Pseudorauschmuster und codiert die Wasserzeicheninformation.

Das eingebrachte Muster repräsentiert die eingebrachte Information. Typischerweise kann das Muster folgende Informationen darstellen:

- Identifizierung des Urhebers über ein Schlüssel abhängiges Muster, d.h. der Nachweis der Urheberschaft wird über das Vorhandensein und die Präsenz des Wasserzeichenmusters angezeigt und somit der Urheber identifiziert
- Codierung von Informationen, meist binär codiert, im Allgemeinen von: Urheberdaten, zur Kennzeichnung der Urheberrechte, Kundendaten, zur Kennzeichnung legaler und zur Verfolgung illegaler Kopien, oder jeder Art von beschreibenden Daten (Metadaten).

Da es sich, wie bereits erwähnt und hier ausschließlich betrachtet, um öffentlich bekannte Wasserzeichenverfahren handelt, wird bei textuellen Wasserzeichen der einzubringende Bitstrom vor dem Einbetten in das Cover mit dem Schlüssel verschlüsselt, um etwaige Angriffe auf das Wasserzeichen zu erschweren.

Die folgende Abbildung zeigt uns, welche Änderungen das Wasserzeichenmuster bei einem Bild vorgenommen hat. Das linke Bild zeigt das Original (Original entnommen aus dem Beitrag von Edward Delp in [DHS+1998]), das mittlere Bild das mit einem Wasserzeichen stark markierte Bild, das rechte die im Bild vorgenommenen Änderungen (hier im Blaukanal), die im markierten Bild nicht sichtbar werden [DNSS1998].

Abbildung 2: Wasserzeichenmuster in einem Foto

3.1.2 Verfahrensgrundlagen

Prinzipiell basieren Wasserzeichenverfahren auf den beiden steganographischen Vorgehensweisen:

- **substitutionale Steganographie**: Ersetzen einer verrauschten oder für das Auge bzw. Gehör nicht wahrzunehmenden Komponente des digitalen Materials durch eine meist verschlüsselte geheime Nachricht
- **konstruktive Steganographie**: nicht durch Ersatz von Rauschkomponenten eingefügt, sondern durch Nachbildung von Signalen, basierend auf dem Modell des Originalgeräuschs.

Verfahren auf Basis von konstruktiver Steganographie sind geeigneter, um Robustheit und Sicherheit zu erreichen, da das Wasserzeichen die Originaldaten lediglich leicht abändert und modelliert, ohne komplette Ersetzungen zu erzwingen. Für beide Anwendungsfälle existieren bisher Verfahren, die auf zwei generellen Techniken beruhen, um die Wasserzeicheninformation einzubringen:

- man modifiziert direkt im Datenmaterial, beispielsweise im Bildbereich (spatial domain) auf den Farb- und Helligkeitskomponenten, wodurch man auch von Bildraumverfahren spricht, oder
- man führt Transformationscodierungen durch, wie beispielsweise eine DCT (Discrete Cosine Transform, Diskrete Cosinus Transformation), FFT (Fast Fourier Transform) oder DWT (Discret Wavelet Transform), und bringt die Information in die transformierten Komponenten des Datenmaterials ein, wobei danach wieder zurücktransformiert wird. Diese Verfahren werden als Frequenzraumverfahren bezeichnet.

Die Wasserzeicheninformation wird wie bereits erwähnt meist in ein Zufalls-Rauschsignal (pseudo-noise signal) transformiert, welches signal-adaptiv oder nicht-signal-adaptiv ist, je nachdem, wie der Wahrnehmungsaspekt berücksichtigt wird. Das Zufalls-Rauschsignal ist meist entweder binär, Gauss oder uniform verteilt. Im allgemeinen wird vor der Einbettung des Wasserzeichens analysiert welche Eigenschaften das Datenmaterial aufweist, um die Informationen transparent einbringen zu können. Hier werden psychovisuelle und psychoakustische Modelle herangezogen.

Im Falle substitutionaler Steganographie wird analysiert, welche Komponenten im Datenmaterial vorhanden sind. Anschließend werden in geeignet ausgewählten Positionen die Ursprungsdaten mit der transformierten Wasserzeicheninformation ersetzt. Sollen statt eines spezifischen Rauschmusters, das den Urheber eindeutig identifiziert, mehrere Informationsbits eingebracht werden, wird die Wasserzeichennachricht meist zuerst mit dem Schlüssel verschlüsselt, um analytische und statistische Angriffe auszuschließen. Unter Beachtung der psychovisuellen und der psychoakustischen Perspektive, d.h. der Maskierung und Verdeckungseffekte, werden die selektierten Rauschkomponenten durch die verschlüsselte Wasserzeicheninformation direkt ersetzt oder manipuliert. Die Markierungspositionen werden meist pseudozufällig über den benutzten Schlüssel bestimmt. Da Rauschkomponenten bei der Kompression abgeschnitten werden können, muß man, um Robustheit gegenüber Kompression zu erlangen, das Wasserzeichen in solchen Rauschkomponenten einfügen, die gerade nicht mehr von der Kompression eliminiert werden, aber gleichzeitig auch nicht wahrgenommen werden können. Es erfolgt eine Abwägung, wieweit man in nicht-hörbaren oder nicht-sichtbaren Bereichen markiert. Eine Annäherung an den wahrnehmbaren Bereich unter Beachtung von Sichtbarkeits- bzw. Hörbarkeitseigenschaften erfolgt hierbei zur Optimierung der Robustheit gegenüber Kompression. Meßverfahren zur Beurteilung der visuellen oder psychoakustischen Qualität sind nicht Schwerpunkt unserer Diskussionen. Einige Methoden werden unter 4.1. vorgestellt.

Konstruktive Steganographie dagegen modifiziert das Original. Es treten im Allgemeinen weniger Probleme bei Kompression auf. An bestimmten Teilbereichen des Datenmaterials, den Markierungspunkten, werden Modifikationen vorgenommen, die die Semantik des Originals nicht zerstören dürfen. Eingebracht wird die mit dem Schlüssel verschlüsselte Wasserzeicheninformation. Um das Wasserzeichen auszulesen, muß die erzeugte Veränderung gemessen werden.

Um bei beiden steganographischen Vorgehensweisen Robustheit, z.B. gegen Ausschnittbildung, zu erreichen, wird die einzubringende Information redundant eingebracht, so daß in Teilbereichen immer noch die komplette Information vorliegt. Zur Toleranz gegen auftretende Fehler können fehlerkorrigierende Codes eingesetzt werden.

Sehr verbreitet ist die „spread spectrum"-Variante [CKLS1996b]. Das Trägersignal wird im Allgemeinen in mehrere Frequenzbänder aufgeteilt. Eine Teilmenge dieser Bänder wird dazu verwendet, die Datensignale des Wasserzeichens zu transportieren. Die Auswahl der Bänder ist meist zufällig. Da das Wasserzeichen auf mehrere Bänder verteilt wird, kann ein relativ starkes Signal eingebettet werden, ohne das Trägersignal zu stören. Andererseits muß ein Angreifer das gesamte Trägersignal stören, um sicher zu sein, das Wasserzeichen beschädigt zu haben, da ihm die Auswahl der Bänder nicht bekannt ist. Noch sicherer wird die spread spectrum Technik durch die Verwendung von Zufalls-Signalen, den schon erwähnten „pseudo-noise Signalen", die für Dritte eine Art Rauschen darstellen, aus dem sich erst mit der Kenntnis von speziellen Schlüsseln ein Datenstrom ableiten läßt. Meist wird dieses „Pseudo-Rauschen" durch einen speziell initiierten Rauschgenerator erstellt.

Einige Visualisierungen, wo und welche Veränderungen in Bildmaterial durch Wasserzeichen verursacht werden, sind unter [DNSS1998] zu finden.

Soll die Information ausgelesen werden, wird die Schlüsselinformation benutzt und es müssen die gleichen Markierungspunkte wieder gefunden werden.

Heutige Wasserzeichenverfahren bieten im Allgemeinen zwei Alternativen: wird das Original im Abfrageprozeß verwendet, erfolgt zuerst eine Subtraktion des Originals vom zu überprüfenden Datenmaterial, und anschließend wird der Abfrageprozeß gestartet. Wird das Original nicht verwendet, erfolgt sofort der Abfrageprozeß. Wurde ein spezifisches Rauschmuster eingebracht und stimmt das ausgelesene Muster mit dem eingebrachten überein, kann der Urheber nachgewiesen werden. Wurde stattdessen ein binärer Text eingebracht, wird, falls ein fehlerkorrigierender Code verwendet wurde, zuerst die Fehlerkorrektur vorgenommen. Anschließend erfolgt die Entschlüsselung mit dem geheimen Schlüssel und die Wasserzeicheninformation wird ausgegeben. Zum Identifikationsproblem des Urhebers, sei auf das Kapitel 7.11 verwiesen. Sogenannte Copyrightinfrastukturen sind ebenfalls nicht Schwerpunkt unserer Diskussion, sind aber neben der technischen Sicherheit der Wasserzeichenverfahren wesentliche Voraussetzung für die Anwendbarkeit.

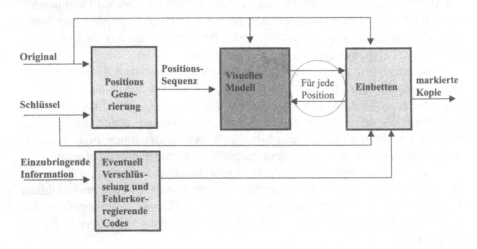

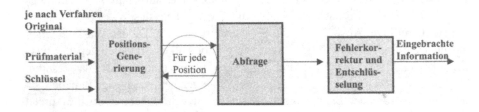

Abbildung 3: A) Genereller Einbettungs- und B) Abfrageprozeß

3.1.3 Verfahrensparameter

Jede Wasserzeichentechnik hat bestimmte Eigenschaften, welche von der Applikation abhängig sind, zum Beispiel:

– Wer extrahiert das Wasserzeichen? Soll das Wasserzeichen nur von einer Person, wie dem Urheber selbst, oder von einer Gruppe von Personen verifiziert werden können oder ist es öffentlich zugänglich?
– Wieviel Empfänger gibt es? Soll empfängerbezogen markiert werden?

– Sollen in das Datenmaterial mehrere Wasserzeichen eingebracht werden (Multiple Wasserzeichen)?

– Soll eine speziell gesicherte Hardware verwendet werden, um eine öffentliche Verifizierung zu ermöglichen?

– Ist die Geschwindigkeit beim Einbringen oder Auslesen der Wasserzeicheninformation wichtig?

Abhängig davon, welche Eigenschaften gewünscht sind, hat das Design des Wasserzeichenverfahrens zu erfolgen. Als wichtigste Eigenschaften eines Wasserzeichenverfahrens betrachten wir:

3.1.3.1 Robustheit

– **Robustheit**: Die eingebrachte Wasserzeicheninformation W (Watermark Message) ist robust, wenn die Information zuverlässig aus dem Datenmaterial ausgelesen werden kann, auch wenn das Datenmaterial modifiziert (aber nicht vollständig zerstört) wurde. Robustheit bezeichnet somit die Widerstandsfähigkeit der in ein Datenmaterial eingebrachten Wasserzeicheninformation gegenüber zufälligen Veränderungen des Datenmaterials oder Medienverarbeitungen. Diese Veränderungen können beabsichtigt oder unbeabsichtigt auftreten. Beispiele für Operationen, bei denen Robustheit gefordert wird, sind:

- lineare und nicht-lineare Filterung,
- verlustbehaftete Kompression,
- zufällige Abweichungen, wie Kontrast- oder Lautstärkenabweichungen,
- Resampling,
- Skalierung,
- Rotation,
- lineare und nicht-lineare Deformationen (wie in StirMark, siehe Kapitel 3.2.3),
- Hinzufügen von Rauschen,
- Ab- und Ausschneiden von Datenbereichen (Bildteile, Audiosamples, 3D-Kanten),
- Analog-Digital-Wandlung (z.B. Ausdruck und erneutes Scannen, solange keine Medienbrüche wie im 3D auftreten),
- Permutationen von Datenbereichen in enger Umgebung (z.B. Pixelpermutationen im Bild),
- Überspringen von Datenbereichen (z.B. Zeilen und Spalten im Bild),
- Hinzufügen von Daten (z.B. Pixelzeile oder -spalten bzw. Audiosamples),
- Durchschnittsbildungen (temporal averaging),
- Formatkonvertierungen.

Robustheit beinhaltet keine Angriffe, die auf der Kenntnis des Einbettungs- und Abfrageprozesses basieren (siehe Parameter Security auf der folgenden Seite), sondern steht für die Resistenz gegen blinde, d.h. nicht gezielte Modifikationen, allgemeine Operationen auf dem Datenmaterial (Bild-, Tonverarbeitung oder 3D-Modellierungen) oder gegenüber Fehlern bei der Datenübertragung.

3.1.3.2 Nicht-Detektierbarkeit

– Nicht-Detektierbarkeit: Diese Eigenschaft wird vor allem bei sicherer, verdeckter Kommunikation (secure cover communication), dem geheimen versteckten Kommunizieren zweier oder mehrerer Partner, verlangt. Die einzubringende Information ist nicht detektierbar, wenn das Datenmaterial mit der eingebrachten Wasserzeicheninformation konsistent zu dem Ursprungsdatenmaterial ist. Wenn z.B. ein Wasserzeichenverfahren die Rauschkomponenten des Bildes benutzt, um die Wasserzeicheninformation einzubringen, dürfen keine statistisch signifikanten Änderungen im Cover entstehen. Falls ein Angreifer ungefähr auf das Original schließen kann, ist er in der Lage, die Präsenz eines Wasserzeichens zu bestimmen. Allerdings bedeutet die Möglichkeit, auf die Präsenz eines Wasserzeichens zu schließen, nicht automatisch, daß der Angreifer auch in der Lage ist, das Wasserzeichen auszuspähen.

3.1.3.3 Nicht-Wahrnehmbarkeit

– **Nicht-Wahrnehmbarkeit (Unsichtbarkeit/Unhörbarkeit)**: Diese Eigenschaft bezieht sich auf die Eigenschaften des menschlichen Wahrnehmungssystems, erzeugt das eingebrachte Muster akustisch oder optisch wahrnehmbare Veränderungen? Die eingebrachte Information W ist nicht wahrnehmbar und somit transparent, wenn ein durchschnittliches Seh- bzw. Hörvermögen nicht zwischen markiertem Datenmaterial und Original unterscheiden kann. Ein allgemein verbreitetes und anerkanntes Verfahren, Nicht-Wahrnehmbarkeit festzustellen, besteht darin, daß einer Gruppe von Testpersonen zufällig aus einer großen Anzahl von Testmaterial Original oder markiertes Datenmaterial präsentiert werden. Eine Erfolgsrate von 50% läßt darauf schließen, daß keine Unterschiede festgestellt worden sind. Vergleicht man Original und markiertes Datenmaterial nebeneinander, was lediglich bei Einzelbildern oder 3D-Modellen möglich ist, werden strengere Qualitätsansprüche gestellt, da es der Versuchsperson einfacher wird, Änderungen festzustellen.

3.1.3.4 Security

– **Security**: Der Wasserzeichenalgorithmus wird als sicher (secure) eingestuft, wenn die eingebrachte Information nicht zerstört, aufgespürt oder gefälscht werden kann, wobei der Angreifer volle Kenntnis des Wasserzeichenverfahrens hat, ihm mindestens ein markiertes Datenmaterial vorliegt, ihm jedoch der geheime Schlüssel unbekannt ist. Die Eigenschaft Security beschreibt im Gegensatz zur Robustheit die Sicherheit gegen gezielte (nicht-blinde) Angriffe auf das Wasserzeichen selbst. Meist sind diese Angriffe beabsichtigt.
Beispielsweise darf es nicht möglich werden, Fälschungen anzufertigen, siehe Kapitel 3.2.3 Fälschungssicherheit. Unter Security wird auch die Invertierbarkeit ver-

standen, so daß bei Doppelt- oder Mehrfach-Markierung nicht auf den rechtmäßigen Urheber geschlossen werden kann, siehe auch Kapitel 3.2.3 IBM Attacke. Konstruiert man ein Wasserzeichen, das vom Original abhängt, kann dieses Problem gelöst werden.

Unter den Securityaspekt fällt auch die Möglichkeit von Koalitionsangriffen, wenn mehrere Kopien eines Originals mit unterschiedlichen Wasserzeicheninformationen vorliegen. Relevant ist das vor allem bei kundenspezifischen Kopien, den digitalen Fingerabdrücken als Spezialfall der Wasserzeichen, siehe Kapitel 3.2.3 und Lösungen in Kapitel 5.

Innerhalb des Securityaspektes spielt auch die Frage nach der Fehlerkennung eine Rolle, ob ein Wasserzeichen ausgelesen werden kann, obwohl keine Wasserzeicheninformation eingefügt wurde.

3.1.3.5 Komplexität

– **Komplexität**: Beschreibt den Aufwand, der erbracht werden muß, die Wasserzeicheninformation einzubringen und wieder auszulesen. Bedeutend ist dieser Parameter bei Echtzeitansprüchen. Der Parameter beschreibt außerdem, ob zum Auslesen der Markierung im Abfrageprozeß das Originalbild verwendet werden muß oder nicht.

3.1.3.6 Kapazität

– **Kapazität**: Dieser Parameter mißt, wieviel Informationen in das Original eingebracht werden können und wieviel Wasserzeichen parallel im Datenmaterial zugelassen bzw. möglich sind.

3.1.3.7 Geheime/öffentliche Verifikation

– **Geheime/öffentliche Verifikation:** Dieser Parameter sagt aus, ob nur der Urheber oder eine dedizierte Personengruppe das Wasserzeichen aufdecken können (geheim) oder ob die Verifikation öffentlich erfolgen kann bzw. soll. Da digitale Wasserzeichen auf steganographischen Verfahren beruhen und diese bisher symmetrisch arbeiten, ist es sehr schwer, ein sicheres öffentliches Wasserzeichen zu konstruieren. Der verwendete Schlüssel muß bei der Abfrage als Eingabeparameter verwendet werden. Wird er öffentlich bekannt, kann das Wasserzeichen gelöscht werden. Damit er geheim bleibt, werden sichere öffentliche Blackbox-Wasserzeichendetektoren verwendet. An diese Detektoren werden folgende Anforderungen gestellt:
  – **Sicherer öffentlicher Blackbox-Wasserzeichendetektor:** Der Abfragealgorithmus ist in einer „tamper-proof" Blackbox, einer separaten Hardware implementiert. Es wird angenommen, daß es nicht möglich ist, auf den geheimen Schlüssel oder das Wasserzeichen durch Reverse-Engineering der Box zu schließen. Zusätzlich gelten für das Wasserzeichenverfahren alle anderen genannten Parameter. Im Moment ist es unklar, ob es möglich ist, einen perfekt sicheren Blackbox Detektor zu bauen. Korrelationsangriffe, die

versuchen, in ähnlichen Bildern Regelmäßigkeiten zu finden, um auf das Wasserzeichen zu schließen, sind derzeit häufig möglich [Fri1998e].

- **Sicherer öffentlicher Wasserzeichendetektor:** Ein strengeres Konzept nimmt an, daß alle Details vom Detektor bekannt sind, so daß man neben Blackbox-Hardwarelösungen auch einfache Softwarelösungen erstellen könnte. Ein solches öffentlich verifizierbares Wasserzeichen existiert nach unserem Wissen bisher nicht.

3.1.3.8 Konkurrenz der Eigenschaften/Parameter

Die aufgeführten Parameter an Wasserzeichenverfahren konkurrieren miteinander und können nicht zur selben Zeit optimiert werden. Wenn eine große Menge an Informationen eingebracht werden soll (was eine Anwendung der ursprünglichen Steganographie ist), können nicht gleichzeitig Nicht-Detektierbarkeit, Nicht-Wahrnehmbarkeit und Robustheit optimiert werden. Ist Robustheit und Nicht-Wahrnehmbarkeit gefragt, können meist nur wenige Bits eingebracht werden. Abhängig vom Datenmaterial müssen dann visuell oder akustisch sensible Bereiche ausgelassen werden, um nicht-wahrnehmbar zu sein und zusätzlich muß die Information beispielsweise redundant eingebracht werden, da wir Robustheit gegen Ausschnittbildung erreichen wollen. Als erstes Ziel der Wasserzeichenverfahren sehen wir die Optimierung und Anpassung der folgenden Parameter:

Opt(Kapazität, Robustheit, Nicht-Wahrnehmbarkeit) (3.3)

Diese drei Parameter stellen neben der Security des Verfahrens die grundsätzlichen Anforderungen an Wasserzeichen dar. Je nach Anforderung der Applikation muß anschließend die Optimierung weiterer Verfahrensparameter erfolgen.

3.1.4 Durchführung von Qualitätstests zur Robustheit: Benchmarking

In der Praxis erweist es sich als sehr schwierig, die in der Literatur und Praxis vorgestellten Verfahren auf ihre Robustheit zu testen und zu vergleichen. Meist sind die Verfahren nicht frei verfügbar und die behaupteten Eigenschaften basieren meist nicht auf einheitlichen Testfolgen und Vergleichskriterien. Petitcolas und Anderson greifen in ihrem Beitrag [PeAn1999] dieses Problem auf und stellen ein Benchmarking-Verfahren zur Robustheitsevaluation vor, auf dessen Basis Verfahren verglichen werden können. Der Beitrag zeigt einerseits die Notwendigkeit von einheitlichen Verfahren auf, andererseits spricht er auch die Schwierigkeit an, einheitliche und vollständige Testszenarien aufzubauen, um Vergleichbarkeit zu erreichen und die Prüfsicherheit der Verfahren festzustellen.

Folgendes Testszenario zur Robustheitsevaluierung wird von uns in Anlehnung an [PeAn1999] vorgeschlagen:

1. Auswahl des Datenmaterials C z.B. Bilddaten C $\in$ {picture}

2. Markierung des Datenmaterials

$C_W = E(C, W, K)$, um die Transparenz zu beeinflussen benötigen die Verfahren meist einen Parameter *WatermarkStrength* für das Wahrnehmungsmodell, man wählt meist das WatermarkStrength mit minimalem Qualitätsverlust von $Quality(C_W, C) > Quality_{min}$

3. Auf dem markierten Datenmaterial werden nun Testtransformationen bzw. blinde Attacken (siehe Parameter Robustheit) ausgeführt, mit denen die Robustheit des Verfahrens verifiziert werden soll:

$C_W \in \{$watermarked data$\}$,

$J = Attack(C_W)$

4. Für alle markierten Daten werden nun die Testtransformationen durchgeführt: $(J, Attack) \in \{$ (attacked watermarked data, attack) $\}$ und untersucht, ob das Wasserzeichen verläßlich detektiert werden kann. Meist wird nach der Abfrage des Wasserzeichens eine Fehlerkorrektur durchgeführt und anschließend das Testergebnis in eine Ergebnistabelle protokolliert:

$W' = $ ErrorCorrection $R(J, K))$

if $W' = W$ then *Score* = 1 else *Score* = 0

AddEntry(*ResultsTable, Attack, Score*)

Die Beschreibung des Vorgehens reicht jedoch für Tests, die vergleichbare Ergebnisse liefern sollen, nicht aus und es muß bezüglich der verwendeten Parameter verfeinert werden:

- *C*: Wie sieht das Testdatenmaterial aus? Welche Charakteristik hat das Datenmaterial und wie umfangreich ist das Datenmaterial?
- *W*: was für ein Wasserzeichen soll eingebracht werden, wieviele Bits, welche Wasserzeichenstärke? Ist die Anzahl der Bits abhängig von der Größe des Datenmaterials? Welche Intialparameter hat das konkrete Verfahren noch?
- *Quality*: Welcher Maßstab wird bei der Qualitätsbewertung angesetzt?
- *J*: Welche Angriffe werden durchgeführt?

Werden bei den Tests dieselben oder vergleichbare Verfahrensparameter benutzt, können die Ergebnisse miteinander verglichen werden und eine Vergleichbarkeit der Verfahren ist gewährleistet.

Allerdings können die Tests nur einen Ausschnitt möglicher Angriffe auf die Robustheit widerspiegeln. Die Testtransformationen stellen somit einen Auszug aus einer Vielfalt von Angriffen dar. Selbst wenn die Verfahren alle Testtransformationen überstehen, kann es leicht möglich sein, daß eine weitere, bisher nicht betrachtete Transformation die Wasserzeicheninformation unauslesbar macht und die Aussagen über die Robustheit widerlegt werden.

3.2 Klassifizierung der Wasserzeichen

In der Literatur finden wir sehr unterschiedliche Ansätze für Wasserzeichen. Um sie vergleichen zu können, schlagen wir als erstes Klassifikationsmerkmal das

Anwendungsgebiet, d.h. eine Unterscheidung nach der Art der eingebrachten Information, vor. Innerhalb dieses Klassifikationsmerkmals werden wir die Verfahren in zweiter Ebene nach den optimierten Verfahrensparametern unterteilen und in der dritten Ebene nach deren Anfälligkeit gegen Attacken.

3.2.1 Klassifikationsmerkmal erste Ebene: Anwendungsgebiet

Für die Vielzahl existierender Wasserzeichenverfahren identifizieren wir folgende Anwendungsgebiete, wobei ein konkretes Verfahren auch zu mehreren Anwendungsgebieten zählen kann:

- **Verfahren zur Urheberidentifizierung (Authentifizierung):** Robust Authentication Watermark
  Autoren, Urheber, Produzenten etc. fügen in das Datenmaterial eine eindeutige Markierung ein, um die Urheberschaft oder das Copyright zu sichern. Der Urheber behält das Original in Verwahrsam und verbreitet das markierte Datenmaterial mit dem Urheber- oder Copyrightvermerk.
- **Verfahren zur Kundenidentifizierung (Authentifizierung):** Fingerprint Watermark
  Wird das Datenmaterial an unterschiedliche Personen ausgeliefert, will man häufig ein kundenspezifisches Merkmal in das Datenmaterial integrieren, um einerseits legale Kundenkopien zu identifizieren und andererseits illegale Kopien zum Erzeuger zurückverfolgen zu können (traitor tracing). Es werden sogenannte Fingerabdrücke, eindeutige Kundenidentifizierungen, in das Datenmaterial eingefügt.
- **Verfahren zur Annotation des Datenmaterials:** Caption Watermark, Annotation Watermark
  Mit dieser Markierung können Beschreibungen zum Datenmaterial, wie Szenen- und Verwendungsbeschreibungen (Metadaten), aber auch Lizenzhinweise usw. in das Datenmaterial selbst eingebracht werden.
- **Verfahren zur Durchsetzung des Kopierschutzes oder Übertragungskontrolle:** Copy Control Watermark, Broadcast Watermark
  Diese Markierung dient dazu, daß eine Applikation entscheiden kann, ob das Datenmaterial angeschaut und/oder kopiert werden darf bzw. protokolliert kann, ob ein gewisser Dienst in Anspruch genommen wurde.
- **Verfahren zum Nachweis der Unversehrtheit (Integritätsnachweis):** Integrity Watermark oder Verification Watermark
  Als Wasserzeichen können Informationen in das Bild eingebracht werden, die erlauben festzustellen, ob das Datenmaterial manipuliert worden ist oder ob bestimmte Zusatzinformationen zum Datenmaterial korrekt sind. Wichtig ist, daß die Wasserzeicheninformation die Semantik des Datenmaterials widerspiegelt. Diese Art von Wasserzeichen werden auch als **unsichtbar-zerbrechliche Wasserzeichen** bezeichnet. Bei einem Verification Watermark können auch Umstände oder weitere Eigenschaften des Datenmaterials als Wasserzeichen integriert werden, die später verifiziert werden sollen.

3.2.2 Klassifikationsmerkmal zweite Ebene: Verfahrensparameter

Die Klassifikation in erster Ebene ordnen wir in einer zweiten Ebene wesentliche Verfahrensparameter zu. Aus den in der Literatur vorgefundenen Verfahrensparameter definieren wir die für uns wichtigsten:

(1) Nach dem Wahrnehmungsaspekt (Sichtbarkeit/Hörbarkeit **bzw. Transparenz**)

– wahrnehmbare Wasserzeichen
– nicht-wahrnehmbare Wasserzeichen, adaptive Wasserzeichen, die sich an der Wahrnehmung des Menschen orientieren und entsprechend an das Datenmaterial angepaßte Wasserzeichen aufbringen

(2) Nach der Robustheit:

– robuste Wasserzeichen
– fragile, zerbrechliche Wasserzeichen

(3) Nach der Verifizierbarkeit der Markierung

– Geheim, nur vom Markierer oder einer bestimmten Gruppe von Personen (Private Watermarking, manchmal auch als symmetrisches Wasserzeichen bezeichnet)
– Öffentlich (Public Watermarking, manchmal auch als asymmetrisches Wasserzeichen bezeichnet)

(4) Nach der Verwendung des Originals im Abfrageprozeß (Komplexität)

– Blinde Verfahren (Oblivious Watermarking) benötigen im Abfrageprozeß kein Original

$$W=R(C_w, K) \quad (3.4)$$

– Nicht-blinde Verfahren (Non-oblivious Watermarking) benötigen das Original, sie werden in der Literatur teilweise auch als private Verfahren bezeichnet, da bei Verwendung des Originals Geheimhaltung gefordert ist. Um die Verwechslung mit der Art und Weise der Verifizierbarkeit zu vermeiden, wird von dieser Terminologie Abstand genommen und der Begriff nicht-blind benutzt

$$W=R(C, C_w, K) \quad (3.5)$$

(5) Nach der Kapazität

– Einbringen eines identifizierenden Musters
– Einbringen von Text

(6) Nach der Abhängigkeit vom Original (Invertierbarkeit, Security)
Dieser Aspekt wird in diesem Buch nicht weiter betrachtet:

- Einbringen von Wasserzeichen, die vom Original abhängen, so daß Nicht-Invertierbarkeit entsteht (siehe Abschnitt 3.2.3 IBM-Angriff)
- Einbringen von Wasserzeichen, die nicht vom Original abhängen

Der Nutzen von wahrnehmbaren (sichtbaren/hörbaren) Wasserzeichen ist offensichtlich. Sie werden benötigt, um zum Beispiel ein nicht autorisiertes Kopieren von digitalen Bildern/Filmen zu demotivieren, indem ein nicht oder nur schwer zu entfernendes, deutlich sichtbares Copyright-Symbol eingebracht wird. Beispiele für derartige Wasserzeichen finden sich in Fernsehaufzeichnungen als Symbol des Fernsehsenders in der Bildecke oder ein großes „C" auf jedem Bild der Bilddatenbank von Corbis, www.corbis.com. Ein sichtbares Wasserzeichen muß sowohl in jedem Farbbereich als auch in einem monochromen Bild deutlich sichtbar sein und einen großen Teil bzw. die wichtigen Teile des Bildes abdecken. Das Wasserzeichen sollte zwar verändernd und qualitätsmindernd auf das Bild wirken, jedoch gleichzeitig eine genaue Studie des Bildes und Kaufobjektes nicht verhindern. Das Wasserzeichen zu entfernen muß ebenso teuer sein, wie die Rechte am Bild selbst zu erstehen, was mit den heutigen Technikmöglichkeiten schwer zu realisieren ist.

In diesem Buch werden keine wahrnehmbaren Wasserzeichen behandelt, sondern ausschließlich nicht-wahrnehmbare Wasserzeichenverfahren. Der Nutzen dieser Wasserzeichen setzt ein, wo der Nutzen der sichtbaren Wasserzeichen endet: wenn der Kunde sich zum Beispiel entschlossen hat, das digitale Bild zu kaufen. Dann wird das sichtbare Wasserzeichen entfernt und die Kontrolle des Verkäufers endet. Hier kann ein nicht wahrnehmbares robustes Wasserzeichen zum weiteren Schutz der Urheberrechte dienen.

3.2.2.1 Verfahrensattribute der ersten Ebene

Folgende Verfahrensparameter betrachten wir für die erste Ebene der Klassifizierung nach dem Anwendungsgebiet als relevant:

Tabelle 2: Wasserzeichenverfahren und ihre Verfahrensanforderungen

Wasserzeichenart nach der ersten Ebene der Klassifizierung	Verfahrensanforderungen
Verfahren zur Urheberidentifizierung (Authentifizierung): Robust Authentication Watermark	• nicht wahrnehmbar und adaptiv • hohe Robustheit • meist keine öffentlich verifizierbare Markierung • blinde oder nicht-blinde Verfahren • Muster oder Text über Muster werden eingebracht

Verfahren zur Kundenidentifizierung (Authentifizierung), Einfügen von sogenannten Fingerabdrücken: Fingerprint Watermark

- Wie Urheberidentifizierung, zusätzlich Securityaspekt: Koalitionsangriff

Verfahren zur Annotation des Datenmaterials: Caption Watermark

- nicht wahrnehmbar
- mittlere Robustheit
- meist öffentlich verifizierbare Markierung
- blinde Verfahren
- Text über Muster wird eingebracht

Verfahren zur Durchsetzung des Kopierschutzes: Copy Control Watermark

- nicht wahrnehmbar und adaptiv
- hohe Robustheit,
- meist über Blackbox öffentlich verifizierbare Markierung
- blinde Verfahren
- Muster oder Text über Muster werden eingebracht

Verfahren zum Nachweis der Unversehrtheit (Integritätsnachweis), auch als unsichtbar-zerbrechliche Wasserzeichen bezeichnet: Fragile Watermark

- nicht wahrnehmbar und adaptiv
- hohe Robustheit, solange semantische Integrität nicht verletzt wird
- meist keine öffentlich verifizierbare Markierung
- blinde Verfahren
- Muster werden eingebracht

Der Securityaspekt wird dabei bei allen Verfahren nicht genauer betrachtet. Im Buch beschäftigen wir uns in den Kapiteln 4, 5 und 6 eingehend mit Verfahren zur Urheberidentifizierung und Kundenidentifizierung sowie mit Verfahren zum Nachweis der Integrität. Die Verfahren zur Urheberidentifizierung können in leicht abgewandelter Form auch für Caption Watermarks verwendet werden, wenn man die Kapazität unter Einbußen bei der Robustheit verringert. Copy Control Watermarks stellen zusätzliche Anforderungen an die Komplexität und können unter [MCB1998, Kal1999] nachgelesen werden.

3.2.3 Klassifikationsmerkmal: Resistenz gegen Attacken

In der Literatur werden eine Reihe von Angriffen auf Wasserzeichenverfahren beschrieben. Folgende Klassifizierung der Angriffe und ihrer Wirkungen nehmen wir vor:

- Angriffe auf die Robustheit (a)
- Angriffe auf die Eindeutigkeit des Urhebers (Security, b)
- Angriffe auf das Wasserzeichen selbst (Security, c,d)
- Angriffe auf die Übertragbarkeit des Wasserzeichens auf andere Dokumente (Security, e)
- Angriffe auf unterschiedliche Kopien (Security, f).

Gleichzeitig besteht eine starke Wechselwirkung zwischen Robustheit zur Urheberidentifizierung und Manipulationserkennung, so daß es schwierig wird, neben Authentizität gleichzeitig Integrität nachzuweisen, siehe Problematik g).

a) Robustheit

Wie wir im vorherigen Kapitel deutlich gemacht haben, bestimmen heute vor allem drei Parameter die Wasserzeichenverfahren:

- Wahrnehmbarkeit: verursachter visueller oder akustischer Qualitätsverlust durch das Wasserzeichen
- Kapazität: Einzubringende Datenrate/Informationsgehalt des Wasserzeichens
- Robustheit des Wasserzeichens

Die Verfahren für digitale Wasserzeichen für Bild- und Tonmaterial gewinnen stetig an Robustheit. Ein Robustheitstest für Bilddatenverfahren sowie in ähnlicher Weise auch für Audioverfahren kann mit dem StirMark Angriff von Petitcolas, Anderson und Kuhn [PAK1998, PeAn1998a] durchgeführt werden. Sie führen eine Kombination von geometrischen Transformationen in Verbindung mit Kompression durch, die einer Digital-Analog-Wandlung und Analog-Digital-Wandlung gleichkommt.

Die folgende Abbildung nach [PeAn1998b] zeigt schematisch die Änderungen, die auf Bildmaterial vorgenommen werden. Das graue Kästchen zeigt, wie es durch StirMark verändert wird.

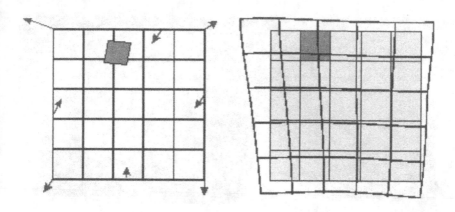

Abbildung 4: StirMark Angriff auf das Wasserzeichen

Ein weiteres Werkzeug, mit dem die Robustheit der Bildverfahren getestet werden kann, ist zum Beispiel Unzign, http://www.altern.org/watermark/. Ein Verfahren für Audio wird in [PeAn1999] vorgestellt. Es beruht auf einem Verfahren, welches Knackgeräusche bei Schallplattenaufnahmen herausfiltert.

Die schwerwiegendsten Angriffe sind nicht-lineare Transformationen, leichte Verzerrungen und Dehnungen, wodurch die korrekten Aufsetzpunkte der Abfragealgorithmen der Wasserzeichenverfahren verloren gehen oder nur sehr schwer wieder gefunden werden können. Gerade bei Verfahren, die auf Basis von Transformationscodierungen arbeiten, bedeuten diese kleine Änderungen sehr starke Abweichungen in der Transformation, wie DCT-Koeffizienten bei der DCT (Discrete Cosine Transform).

Wie wir aus den Testfällen in [DSS1998] und [PeAn1999] wissen, sind alle bekannten Wasserzeichenverfahren der ersten Generation anfällig für diesen Angriff. Die Wasserzeicheninformation läßt sich meist nicht korrekt auslesen. Besonders betroffen sind die blinden Wasserzeichenverfahren. Im Gegensatz zu den nicht-blinden Verfahren bieten sie keine Möglichkeit, auf der Grundlage des Originalbildes auf die vorgenommenen geometrischen Transformationen zu schließen und automatisch Gegenmaßnahmen einzuleiten, um eine korrekte Synchronisation im Abfrageprozeß zu erhalten.

Problematisch erweist sich auch die von [PeAn1998] vorgestellte Mosaikattakke für Bildmaterial: Die Wasserzeicheninformation wird zwar redundant verstreut über das Datenmaterial eingebracht. Bei sehr kleinen Bildausschnitten kann aber die Synchronisation beim Wiederfinden der Informationen im Teilausschnitt des Bildes verloren gehen. Die folgende Abbildung nach [PeAn1998] illustriert den Angriff. Der Angreifer zerlegt das Bild in mehrere Einzelbilder und setzt sie wieder zu einem Ganzen zusammen. Eine automatische Abfrage der Wasserzeichen würde jedes einzelne Teilbild untersuchen und die Informationen meist nicht korrekt auslesen können. Der Suchalgorithmus kann keine korrekten Aufsetzpunkte finden. In der Abbildung ist das Laden einer HTML-Seite mit einem zerlegten Bild links und dem Originalbild rechts dargestellt.

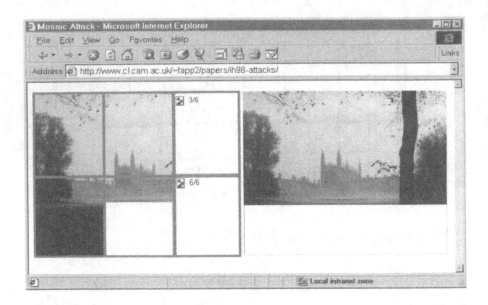

Abbildung 5: Mosaikattacke für Bildmaterial

Die Mosaikattacke wurde ursprünglich von Angreifern entwickelt, um soge-
nannte Web-Crawler, die das Web über Wasserzeichen nach illegal kopiertem
Bildmaterial durchsuchen, zu irritieren. Der Crawler findet statt eines Bildes viele
Einzeltcile eines Bildes, die dem Betrachter im Webbrowser jedoch als gesamtes
Bild erscheinen. Sind die Einzelteile klein, so daß nicht genügend Information zur
eindeutigen Urheberidentifizierung enthalten ist oder ist die Synchronisation des
Abfrageprozesses verloren gegangen, kann der Crawler keine Urheberrechtsverletzung feststellen. Insgesamt konnte die Robustheit der Verfahren der neuen Generation zum Beispiel [RuPu1997] gegen einfache lineare Transformationen verbessert werden. Blinde Verfahren haben die größten Probleme, Angriffen zu widerstehen, da es schwierig ist, Angriffe festzustellen und automatisch darauf zu
reagieren.

b) Invertierbarkeit: IBM Attacke oder Rightfull Ownership Problem

Digitale Wasserzeichenverfahren verhindern nicht die mehrmalige Markierung
des Datenmaterials. Die Verfahren sind sogar je nach Anwendungsfall darauf
entwickelt, mehrere Wasserzeichen aufzunehmen, zum Beispiel für Urheber-,
Produzent-, Verleger- und Kundeninformationen. Problematisch erweist sich diese
Eigenschaft bei der Urheberprüfung, wenn ein Angreifer das bereits markierte
Datenmaterial mit seiner eigenen Urheberinformation versehen hat. Es gibt keinen
Hinweis darauf, wer das Datenmaterial als erster markiert hat, was als Invertierbarkeitsproblem bezeichnet wird. Urheber und Angreifer können die Wasserzei-
cheninformation extrahieren. Selbst bei Vorlage des Originals tritt die Invertier-

barkeitsproblematik auf. Am Beispiel von nicht-blinden Wasserzeichenverfahren, läßt sich das Problem sehr einfach erläutern:

Ein Angreifer findet im Netz ein bereits mit Wasserzeicheninformationen versehenes Bild und versucht seine Wasserzeicheninformation einzubringen, ohne das gefundene Bild zu verändern. Die folgende Abbildung nach [QiNa1998] zeigt dazu ein schematisches Beispiel. Alice hat das Bild mit ihrer Wasserzeicheninformation versehen und stellt es so der Öffentlichkeit zur Verfügung. Bob findet dieses Bild, bildet seine Wasserzeicheninformation, zieht diese vom gefundenen Bild ab und erhält für sich ein neues Original. Er und Alice können nun Wasserzeicheninformationen extrahieren und beide können ein Original aufweisen. Fraglich ist nun, welches das echte Original ist.

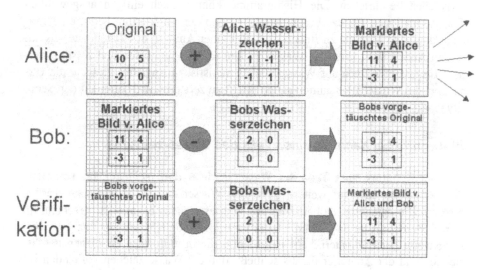

Abbildung 6: Invertierbarkeitsproblem

Mathematisch läuft folgendes ab:
Alice markiert ihr Bild C, indem sie ihr Wasserzeichen W_A auf das Bild addiert, wodurch das markierte Bild C_A entsteht:

$$C_A = C + W_A \quad (3.6)$$

Bob generiert nun sein Wasserzeichen W_B und kreiert ein gefälschtes Original:

$$C' = C_A - W_B \quad (3.7)$$

Da

$$C_A = C + W_A = C' + W_B \quad (3.8)$$

und da das Wasserzeichen robust gegen kleinere Änderungen ist, kann Bob argumentieren, daß das Original von Alice auch sein Wasserzeichen enthält, wenn er C' zur Verifikation benutzt. Natürlich könnte auch Alice argumentieren, daß ihr Wasserzeichen im Original von Bob enthalten ist, aber letztendlich führt das zu keinem beweisbaren Ergebnis.

Als Lösung kann man das Wasserzeichen W in einer nicht-invertierbaren Art und Weise abhängig vom Original machen, siehe Craver [CMYY1997, CMYY1996]. Wie Craver gezeigt wird, ist es äußerst schwierig, für blinde Wasserzeichenverfahren, Nicht-Invertierbarkeit zu erreichen. Das Problem wirft die Notwendigkeit der Verwendung von Zeitstempeln auf. Detaillierte Diskussionen dazu kann man unter [WoDe1999] finden.

c) Histogrammattacke

Einige Wasserzeichenverfahren arbeiten mit fest vorgegebenen Änderungen auf dem Datenmaterial. In Maes [Mae1998] wird ein Angriff auf diese Art von Wasserzeichen beschrieben. Die Histogramme können nach einigen ausgewählten Transformationen auf das Datenmaterial in den zur Markierung benutzen Bereichen deutliche Maxima zu finden sind. Bei einer Analyse des Datenmaterials auf diesen Änderungen kann das Wasserzeichen direkt angegriffen und zerstört werden. Insgesamt können auf Wasserzeichen statistische Angriffe erfolgen, die versuchen, die Wasserzeicheninformation direkt zu zerstören und somit auf den Securityaspekt abzielen.

d) Angriffe bei Kenntnis eines Teils des Wasserzeichens

Aus der Kenntnis eines Teils des Wasserzeichens darf nicht auf das komplette Wasserzeichen oder auf weitere Teile des Wasserzeichens geschlossen werden können. Die Annahme, daß ein Teil des Wasserzeichens bekannt ist, erscheint im ersten Moment recht ungewöhnlich. Es ist jedoch möglich, daß ein Angreifer beispielsweise bei Bildmaterial auf Pixel stößt, die in uniformen Bereichen herausstechen und der Angreifer daraus schließt, daß ein Wasserzeichen vorhanden ist. Wenn das der Fall ist, kann das Wissen von Nutzen sein, auf das gesamte Wasserzeichen zu schließen und es zu zerstören, unlesbar zu machen. Ist das Wasserzeichenverfahren dazu noch bekannt, kann der Angriff sehr leicht durchgeführt werden, wie in Fridrich [Fri1998a] auf DCT basierten Verfahren beschrieben oder in [VHB+2000] gezeigt wird.

e) Kopieren des Wasserzeichens: Erstellung von Fälschungen

Dieser Angriff beschreibt die Möglichkeit, das Wasserzeichen eines Datenmaterials nur auf Basis des Wissens über das prinzipielle Verfahren, ohne Kenntnis des Wasserzeichenschlüssels und der genauen Markierungsinformation, auf ein anderes nicht markiertes Datenmaterial zu übertragen, um in den Genuß von bestimmten Leistungen zu kommen. Das ist zum Beispiel bei Copy Control Watermarks:

- das Übertragen eines gültigen Wasserzeichens eines Videos auf ein raubkopiertes Video, um es in der DVD Umgebung abspielen zu können. Alle Videos werden auf eine gültige Wasserzeichenmarkierung überprüft.

- das Übertragen eines gültigen Wasserzeichens eines Bildes auf ein raub-kopiertes Bild, um Reglementierungen von Druckdiensten, die auf gültige Wasserzeichen im Bildmaterial prüfen, zu umgehen.

Das Übertragen eines gültigen Wasserzeichens in beliebige Dokumente ohne Kenntnis des Schlüssels und der Wasserzeicheninformation selbst, würde Angreifern die Möglichkeit geben, diesen Sicherheitsmechanismus auszuschalten. Verfahren, die das Wasserzeichen linear in das Datenmaterial einbringen, fallen unter diesen Angriff, wie zum Beispiel das von Zhao/Koch [ZaKo1995] beschriebene Verfahren. Detaillierte Analysen lassen sich unter [HoMe1998] und [Kut2000] finden.

f) Fingerprinting Problem: Kollisionsangriff mehrerer Kunden (Koalitionsattacke/Vergleichsangriff)

Digitale Fingerabdrücke fügen nicht nur den Namen des Copyrightinhabers unsichtbar in das Dokument ein, sondern auch den Namen des Kunden, der eine digitale Kopie des Dokuments erwirbt. Verteilt dieser Kunde seine Kopie illegal weiter, so kann er anhand des in allen illegalen Kopien enthaltenen Fingerabdrucks eindeutig identifiziert und zur Verantwortung gezogen werden. Digitale Fingerabdrücke haben bislang eine gravierende Schwachstelle: durch bitweisen Vergleich von zwei (oder mehr) Dokumenten mit digitalen Fingerabdrücken kann man Fingerabdrücke aufspüren und beseitigen, da sich die Dokumente genau an den Stellen unterscheiden, an denen die Fingerabdrücke eingebettet sind. Verfahren sind deshalb notwendig, bei denen in den Kopien eines Dokuments mit unterschiedlichen digitalen Fingerabdrücken zwar immer noch Unterschiede im bitweisen Vergleich feststellbar sind, aber die Möglichkeit besteht, trotz bewußt von Angreifern zerstörten Markierungsstellen auf die Tätergruppe zu schließen und die illegalen Kopierer einzukreisen. Detaillierte Lösungsmöglichkeit stellen wir in Kapitel 5 vor.

Verwendet man für jedes Wasserzeichen den gleichen Schlüssel, können über die dann entstehenden mit Wasserzeichen versehenen Daten ebenfalls statistische Analysen erstellt werden, um es anzugreifen, [HMY2000].

g) Problem Robustheit und zerbrechliche Wasserzeichen/Inhaltsveränderungen

Ein weiterer Nachteil eröffnet sich bei der Verwendung von robusten Wasserzeichen. Durch die ständig steigende Robustheit besitzen beispielsweise Bilder, die manipuliert wurden und deren inhaltlicher Eindruck verändert worden ist, immer noch den Copyrightvermerk. Auf der einen Seite sind Urheber dadurch nicht in der Lage, das Datenmaterial als manipuliert zu erkennen. Auf der anderen Seite kann es den Betrachter zu falschen Annahmen verleiten, wenn es sich um einen öffentlich zugänglichen Wasserzeichenvermerk, wie bei DigiMark (www.digi-mark.com), für Bildwasserzeichen handelt.

Der Benutzer lädt das manipulierte Bild und bekommt den Copyrightvermerk angezeigt. Der Betrachter erhält den trügerischen Eindruck, daß das Bildmaterial unverfälscht ist. Die Kombination von robusten und zerbrechlichen Wasserzeichen ist deshalb notwendig, um einerseits das Bildmaterial mit der robusten Markierung verfolgen zu können, andererseits mit einer zusätzlichen zerbrechlichen Markierung zu zeigen, daß das Datenmaterial verändert worden ist. Problematisch erweist sich das Design von zerbrechlichen Wasserzeichen. Sie müssen gegen sogenannte inhaltsverändernde Manipulationen zerbrechlich und gegen nicht den Inhalt verändernde Transformationen, wie Kompression oder Skalierung, resistent sein. Diese Problematik und Lösungsvorschläge werden ausführlich in Kapitel 6 diskutiert.

3.2.3.1 Wichtige Qualitätsparameter für Wasserzeichen

Basierend auf den unter 3.1.3 und 3.2.2 aufgestellten Verfahrensattributen und den unter 3.2.3 a)-g) zusammengefaßten Angriffen auf Wasserzeichen schlagen wir aufbauend auf der tabellarischen Zusammenfassung von 3.2.2 folgende Qualitätsparameter für die unterschiedlichen Wasserzeichenarten für die Klassifizierung nach dem Anwendungsgebiet vor.

Tabelle 3: Wasserzeichenverfahren und ihre Qualitätsparameter

Wasserzei-chenart	Wichtige Qualitätsparameter	Wichtige Angriffsmög-lichkeiten
(1)Urheber-identifizierung	• an die Wahrnehmung des Menschen angepaßtes Wasserzeichen • hohe Robustheit gegen Kompression und geometrische Transformationen sowie erweiterter Medienverarbei-tungen • meist hohe Kapazität erwünscht • Komplexität: je nach Anforderung, meist sollte das Original in der Abfrage nicht benötigt werden • Security: Problem Invertierbarkeit, Fälschungssicherheit, Fehlerkennun-gen müssen gering sein	• Mosaikattacke • StirMark- Angriff • Aufspüren von einzelnen Markierungsstellen oder Wasserzeichencharakteristik • Histogrammangriffe • Fälschungsangriffe • Mehrfachmarkierung und Invertierbarkeitsangriff
(2) Kunden-identifizierung	• Wie (1) • Komplexität: meist kann Original in der Abfrage verwendet werden	• Wie (1) • zusätzlich Koalitionsangriffe
(3) Annotation des Datenma-terials	• Wie (1) • Robustheit kann geringer sein, angepaßt an das Anwendungsszenario • Komplexität: meist geringe Komplexität nötig	• Meist keinen Angriffen ausgesetzt, da Allgemeininteresse dahintersteht

| (4) Durchsetzung des Kopierschutzes | • Wie (1)
• Security: zusätzlich Blackbox-Sicherheit, öffentlich über Blackboxlösung verifizierbar
• Komplexität: meist geringe Komplexität gefordert | • Wie (1) |
| (5) Nachweis der Unversehrtheit | • Wie (1)
• Robustheit solange semantische Integrität nicht verletzt wird | • Mehrfachmarkierung nach Manipulation
• Verletzungen der semantischen Integrität |

Die Robustheit wird neben dem StirMark-Angriff vor allem gegen die Möglichkeiten der Medienverarbeitung gemessen. Folgende Medienverarbeitungsoperatoren sind bei Robustheitstests grundlegend:

Tabelle 4: Grundlegende Medienverarbeitungsoperatoren

Medienverarbeitung	
Kompression und Quantisierung	Wie JPEG-, MPEG- oder Waveletcodierungen
Formatkonvertierungen	Beispielsweise MPEG zu WAVE oder GIF zu JPEG, D/A- und A/D-Wandlung
Geometrische Transformationen (lineare und nicht-lineare Transformationen über das Datenmaterial)	Das Datenmaterial wird rotiert, Teile werden ausgeschnitten (Mosaikattacke), Skalierung, Verzerrungen, Spiegelungen, Löschen von Datenbereichen, Kombinationen der Transformationen, zufällig aufgebrachte Zerstörungen wie StirMark
Erweiterte Medienverarbeitung	Tiefpaßfilter, hohe Frequenzfilter, Histogrammmodifikationen, Gamma-Korrekturen, Farbquantisierung, Hinzufügen von Rauschkomponenten, Analog-Digital-Wandlungen, Mehrfachmarkierungen

Die Qualitätsparameter verwenden wir zur Bewertung der in den Kapiteln 4, 5 und 6 vorgestellten Verfahren, um eine einheitliche Bewertungsgrundlage zu schaffen. Die Tests von [PeAn1999] zeigen uns zum Beispiel, daß beispielsweise folgende Qualitätsanforderungen bisher nicht optimal erfüllt werden können:

• Robustheit gegen kombinierte lineare und nicht-lineare Transformationen
• Anpassungen an die Wahrnehmung des Menschen bei gleichzeitiger Robustheitsgarantie
• Hohe Kapazität, um eine größere Folge von Bits einzubringen

- Berücksichtigung der Koalitionsattacke bei digitalen Fingerabdrücken zur kundenspezifischen Kennzeichnung des Datenmaterials
- Entwurf von zerbrechlichen Wasserzeichen, die bei Inhaltsänderungen eine Integritätsverletzung anzeigen und bei zugelassenen Modifikationen Unversehrtheit ausweisen
- Komplexitätsreduktion, Optimierung der Laufzeiteffizienz und Robustheit, ohne im Abfrageprozeß das Original zu verwenden, besonders wichtig bei Video und Audio. Wobei dieser Aspekt nicht betrachtet wird.

4 Nicht-wahrnehmbare robuste Wasserzeichen zur Urheberidentifizierung

Nicht-wahrnehmbare, unsichtbare bzw. unhörbare, robuste Wasserzeichen werden dazu verwendet, das Datenmaterial mit einer eindeutigen Urheberkennung zu versehen, um im Zweifelsfall die Urheberschaft, d.h. die Authentizität, nachzuweisen oder Annotationen vorzunehmen. Digitale Signaturen aus der Kryptographie, die man an das Datenmaterial anhängt, könnten ebenfalls benutzt werden, allerdings können sie von Angreifern entfernt und durch andere Signaturen ersetzt werden. Nicht wahrnehmbare robuste Wasserzeichen werden in das Original direkt eingebracht. Nutzt ein Angreifer das Datenmaterial unrechtmäßig, ist der Urheber in der Lage, die Urheberschaft nachzuweisen, indem er das Wasserzeichen abfragt und aufdeckt. Dazu nutzt er seinen geheimen Schlüssel im Abfrageprozeß, und die abgefragte Wasserzeicheninformation wird vorgezeigt.

Angriffsszenarien auf das Wasserzeichen sind vor allem Löschangriffe und Doppelt-Markierung. Hat das Wasserzeichen hohe Robustheit und Verfahrenssicherheit (Security), wird es Angreifern unmöglich, die Urheberschaft anzugreifen. Bisherige Verfahren weisen diese Eigenschaften nur bedingt auf.

Zusammenfassend die Verfahrensparameter:

Das Wasserzeichen sollte robust, sicher und nicht-wahrnehmbar sein. Außerdem muß es auf nicht-invertierbare Art und Weise vom Original abhängen (siehe IBM-Attacke) oder mit einem Zeitstempel arbeiten. Es können Verfahren verwendet werden, die das Original zur Detektion benutzen (nicht-blinde Verfahren) oder solche, die das Original nicht benötigen (blinde Verfahren). Blinde Verfahren haben einen größeren Anwendungsbereich und sind gerade bei Video und Audio zu bevorzugen. Da das Wasserzeichen hohe Robustheit und Nicht-Wahrnehmbarkeit als höchste Verfahrenspriorität hat, kann nur eine geringe Anzahl von Informationen in das Datenmaterial eingebracht werden; die Kapazität liegt zum Beispiel bei Bildmaterial meist nur bei einigen Wasserzeichenbits, abhängig von der Größe des Datenmaterials und dem verwendeten Verfahren.

In diesem Kapitel analysieren wir robuste Verfahren für Bildmaterial, die auf einzelnen Farbwerten wie Pixeln und Koeffizienten arbeiten. Es zeigt sich, daß durch geometrische Transformationen bei blinden Verfahren meist die Synchronisation im Abfrageprozeß verloren geht. Bei nicht-blinden Verfahren entsteht meist ein Suchraum, in dem alle möglichen Transformationen durchprobiert werden müssen. Wir schlagen deshalb in diesem Kapitel einen neuen Ansatz vor, der bildinhärente Eigenschaften, die Bildkanten, für die Markierungspositionen benutzt. Wir entwerfen ein blindes Verfahren, das robust gegen kombinierte lineare Verarbeitungsoperationen ist und gleichzeitig Nicht-Wahrnehmbarkeit garantiert. Das Verfahren wird für Videomaterial angepaßt. Weiterhin stellen wir ein blindes

Verfahren für Audio vor, welches den Videoteil optimal ergänzen und direkt auf komprimiertes Material angewendet werden kann. Im Bereich 3D-Modelle wird gezeigt, in welchen Datenelementen robuste Wasserzeichen eingebracht werden können. Ein 3D-Ansatz wird vorgestellt, der direkt auf VRML-Basis arbeitet.

4.1 Wasserzeichen für Einzelbilder

4.1.1 Generelle Verfahrensgrundlagen

Bisherige Wasserzeichenverfahren für Einzelbilder können wir in zwei Gruppen aufteilen:

- Verfahren über direkte Bildmanipulationen im Bildbereich (spatial domain) oder
- Verfahren über Manipulationen mit Transformationscodierungen, die im Frequenzbereich (frequency domain) über DCT (Diskrete Cosinus Transformation), DFT (Diskrete Fourier Transformation), Hadamard Transformation, Wavelet basierte Verfahren (DWT Diskrete Wavelet Transformation), Fraktalen oder schlüsselabhängige Transformationen arbeiten.

Es sind meist rauschbasierte Verfahren, die das Wasserzeichen mit sogenannten Spread-Spectrum-Methoden im Bild- oder Frequenzbereich generieren, so daß Wasserzeichenmuster entstehen, die statistisch orthogonal zum Originalbild sind.

Bildraumverfahren addieren das Wasserzeichen direkt auf die Farb- oder/und Helligkeitsinformationen des Bildes.

Verfahren im Frequenzraum bringen ein Wasserzeichenmuster auf die Frequenzen des Bildes ein. Die Energie liegt abhängig vom konkreten Verfahren in den niedrigen oder hohen Frequenzen. Das Bild wird zunächst in Blöcke von Pixeln zerlegt. Jeder Pixelwert dieser Blöcke wird durch eine Transformationsfunktion, wie z.B. die diskrete Kosinustransformation (DCT) in Frequenzkomponenten, die das Bild bestimmen, zerlegt. Es wird auf den einzelnen Koeffizienten der Blöcke gearbeitet und das Wasserzeichen aufgebracht.

Prinzipiell kann man niederfrequente und mittel-/hochfrequente Wasserzeichenmuster unterscheiden.

Nieder-frequente Wasserzeichen, die im Bildraum oder Frequenzraum eingebracht werden können, mischen sich in das Bild hinein. Man muß dabei auf visuelle Artefakte achten, die entstehen können. Will man unsichtbar bleiben, wird meist im Abfrageprozeß das Originalbild benötigt, um eine korrekte Synchronisation zu erreichen. Im Allgemeinen besteht eine gute Robustheit gegenüber Transformationen, wie Kompression, Filterung, die nicht die niedrigen Frequenzbereiche betreffen. Vorteilhaft ist auch die Robustheit gegenüber kleineren geometrischen Transformationen. Wird jedoch nicht das Original im Abfrageprozeß verwendet, gibt es Probleme bei Modifikationen im Bildhistogramm oder bei Ausschnittbildungen, die Markierungspositionen wiederzufinden.

Die Wasserzeichenmuster werden meist in die mittleren und hohen Frequenzen eingebracht, wodurch sie unsichtbar für das menschliche Auge und robust gegen Hinzufügen von Rauschen, nicht-linearen Transformationen in Grauwerten wie Gammakorrekturen, Helligkeitsveränderungen usw. sind, allerdings weniger robust gegenüber Tiefpaßfilter und kleinen geometrischen Änderungen werden.

Verständlicherweise sind die Vor- und Nachteile nieder- und mittel/hochfrequenter Wasserzeichen zueinander komplementär. Wenn beide Muster in das Bildmaterial eingebracht werden, erreicht man hohe Robustheit gegenüber einer großen Anzahl von Bildverarbeitungsoperationen.

4.1.1.1 Visuelle Modelle

Will man den Wahrnehmbarkeitsaspekt berücksichtigen, kann am mit verschiedenen visuellen Modelle arbeiten, um abzuschätzen, mit welcher Stärke das Wasserzeichenmuster eingebracht werden kann, um visuelle Artefakte zu vermeiden. Die meisten Verfahren bringen das Wasserzeichen in den Helligkeitskomponenten des Bildes oder in Farbbereichen des Blaukanals ein, da hier festgestellt wurde, daß das menschliche Auge weniger sensitiv gegen Änderungen reagiert.

Visuelle Modelle müssen meist an das benutzte Wasserzeichenverfahren exakt angepaßt werden, da die Änderungen, die durch das Wasserzeichen erfolgen können, verfahrensspezifisch sind.

Einige Ansätze über visuelle Modelle sind in [Wat1992, Gir1989, KaRa1999] zu finden, welche hier nicht ausführlicher diskutiert werden sollen.

4.1.1.2 Messungen des visuellen Qualitätsverlusts

Die visuelle Qualität von markierten Bildern ist ein wesentliches Kriterium, um Wasserzeichenverfahren zu beurteilen. Da die Robustheit der Verfahren von der Stärke der Markierung abhängt, wird die visuelle Qualität direkt beeinflußt. Man erhält bei stärkerer Markierung stärkere sichtbare Veränderungen. Die Wasserzeichenstärke muß sich anpassen lassen, so daß keine wahrnehmbaren Veränderungen auftreten.

Es existieren Methoden der objektiven Bildqualitätsbeurteilung und subjektive Tests. Bei der objektiven Beurteilung werden Bildqualität und Qualitätsverlust durch Berechnungen festgestellt, die sich auf ein gegebenes mathematisches, physikalisches oder psychophysisches Modell stützen. Bei subjektiven Tests wird die Qualität von Bildern durch subjektive psychologische Tests mit mehreren Testpersonen ermittelt.

Die subjektiven Tests haben den Vorteil, daß sie je nach zu testender Anwendung für verschiedene Aufgaben der Qualitätsbestimmung speziell erstellt werden können. Andererseits erfordern sie eine sorgfältige Planung und sind zeitaufwendig. Die Ergebnisse solcher Versuche sind schwierig zu verallgemeinern und eine Wiederholbarkeit erfordert exakte Reproduktion aller wichtigen Parameter. Ein genormter Testablauf ist der Mean Opinion Score (MOS), [Dur1997]. Dabei werden die Bilder durch eine Gruppe von Versuchspersonen beurteilt und nach der Qualitätsnorm benotet [Dur1997]:

1 – sehr störende Artefakte
2 – störende Artefakte
3 – feststellbare und leicht störende Artefakte
4 – feststellbare, aber nicht störende Artefakte
5 – keine Artefakte feststellbar

Der MOS entsteht durch Mittelung der Einzelnoten. Die genauen Testbedingungen (Betrachtungsabstand, Raumbeleuchtung, Darstellungsdauer der Bilder etc.) sind durch die ITU-Empfehlung BT 500 normiert [Dur1997].

Objektive Tests unterteilt man in pixelbasierte Metriken und wahrnehmungsbasierte Qualitätsmetriken. Bei pixelbasierten Metriken handelt es sich entweder um Messungen der aufgetretenen Änderungen zwischen Original und markiertem Bild (Differenzmessungen) oder um Korrelationsmessungen zwischen beiden Bildern. In [KuPe1999] ist eine umfangreiche Sammlung von pixelbasierten Metriken zu finden. Das Verfahren (Root Mean Square, RMS oder Mean Squared Error, MSE) ist eines der einfachsten und wurde ursprünglich zur Beurteilung der Übertragungsqualität von Signalen verwendet. Dabei wird die Differenz der beiden Bilder gebildet und der Mittelwert der Fehlerquadrate bestimmt. Ein davon abgeleitetes, häufig verwendetes Modell im Bereich Bild und Video ist das *Signal to Noise Ratio* (SNR) Rauschmodell, gemessen in *decibel* (db). Es ist eine sehr einfache Metrik, die jedoch nicht an das menschliche Wahrnehmungssystem angelehnt ist. Wegen den psychovisuellen Eigenschaften des menschlichen Auge/Gehirn-Systems können Bilder von verschiedener subjektiver Qualität den gleichen SNR-oder RMS-Wert besitzen. Diese Nachteile sind seit längerer Zeit bekannt. Neuere Modelle beziehen die menschliche Wahrnehmung in die Bewertung ein. Meist wird das HVS (Human Visual System) herangezogen, welches die Kontrastsensitivität und Maskierungseigenschaften von Farb- und Helligkeitswerten berücksichtigt.

Bisher existiert kein einheitliches Bewertungsmodell zur Beurteilung des Qualitätsverlustes durch das Wasserzeichen im Bildmaterial. Meist werden pixelbasierte Verfahren verwendet, deren Aussagekraft begrenzt ist. In den Tests werden wir auf subjektive Tests zurückgreifen, um die menschliche Wahrnehmung zu berücksichtigen, da automatische Tests, die an das HVS-System angelehnt sind, fehlen.

4.1.2 Stand der Technik

4.1.2.1 Frequenzraumverfahren

Ein oft zitiertes Frequenzraumverfahren, ist das **Verfahren von Cox** [CKLS1996a]. Das Verfahren ist ein nicht-blindes, welches ein Wasserzeichenmuster einbringt, ohne direkt Informationsbits einzubringen (Wasserzeichentext), d.h. der Urheberschaftsnachweis beruht auf der Existenz eines bestimmten Wasserzeichenmusters im Datenmaterial. Zuerst wird eine pseudozufällige normalverteilte Gauss-Sequenz N(0,1) gezogen mit Null als Durchschnittswert und einheitlicher Varianz von 1. Aus Sicherheitsgründen sollte die Zufallsfolge auf Basis des geheimen Schlüssels (UrheberID) und des Hashwertes des Bildes generiert werden, so daß ein nicht-invertierbares Schema (siehe IBM Attacke 3.2.3) entsteht. Das Wasserzeichen, n reelle, normalverteilte Zahlen $[\eta_1...\eta_n]$,wird eingebracht, indem die n niedrigsten diskreten Cosinuskoeffizienten der DCT Transformation mit größter Magnitude modelliert werden. Die Logik hinter dieser Technik ist, daß das Wasserzeichen in die robusten Bereichen des Bildes eingebracht wird, die bei Kompression und den meisten Bildverarbeitungsoperationen nicht verändert werden. In [CKLS1996a] werden die 1000 energievollsten Koeffizienten v_k in folgender Art und Weise modelliert:

$$v_k' = v_k(1+\alpha\eta_k) \quad (4.1)$$

Nachdem die Koeffizienten modifiziert sind, wird das Bild mit der inversen DCT zurücktransformiert. Der Parameter α gibt die Wasserzeichenstärke an und variiert Robustheit und Nichtsichtbarkeit. Höhere α-Werte produzieren höhere Robustheit, jedoch größere visuelle Störungen. Empfohlen wird ein α-Wert von 0.1. [Fri1998b] untersucht die visuellen Eigenschaften dieses Verfahrens und konnte unter Zuhilfenahme des linearen Maskierungsmodells von [Gir1989] kleine Änderungen in uniformen Bereichen und im Bereich von Kanten feststellen. Über 15% der Pixel weisen visuelle Veränderungen auf, die sichtbar werden. Ein α-Wert von 0.05 wird als visuell weniger störend beschrieben, wodurch jedoch die Robustheitseigenschaften beeinträchtigt werden.

Im Abfrageprozeß wird das Originalbild vom Prüfbild abgezogen und die DCT-Differenz beider Bilder wird berechnet. Sind keine Veränderungen am markierten Bild vorgenommen worden, ergeben die Differenzen $\alpha v_k\eta_k$. Wird diese Differenz durch αv_k geteilt, kann η_k' des Wasserzeichens geschätzt werden. Das extrahierte Wasserzeichen wird mit dem Originalwasserzeichen verglichen, indem der folgende Ähnlichkeitsindex (Ähnlichkeitstest) berechnet wird:

$$\text{Sim}(\eta,\eta') = \eta\eta'/(\eta'\eta')^{\frac{1}{2}} \quad (4.2)$$

Eine klassische Korrelationsanalyse zwischen η und η' könnte ebenfalls benutzt werden. Cox stellt eine große Robustheit des Verfahrens gegenüber Bildverarbeitungsoperationen wie Rauschnachbildung, Filterung, verlustbehaftete JPEG-Kompression, analog/digital Wandlung usw. [CKLS1996a] fest. Eine exakte mathematische Analyse des Verfahrens wurde von Stone vorgenommen [Sto1996].

Es wurden vielfältige Verbesserungen des Verfahrens vorgeschlagen, die die visuelle Qualität des markierten Bildes betreffen. Podilschuk und Zeng [Po-Ze1997a/b/c] haben die Eigenschaften des menschlichen Wahrnehmungssystems in das Cox-Schema integriert, indem sie das von Watson [Wat1992] zur Verbesserung der Kompression entwickelte Verfahren nutzen, welches die gerade noch feststellbare Veränderung (JND: Just noticable difference) mißt und als Wasserzeichen Stärkeparameter benutzt.

$$v_k' = v_k(1+JND(b,r,s)\eta_k) \quad (4.3)$$

Mit dieser Methode können die visuellen Änderungen verringert werden. Bei der Messung der JND bleiben jedoch bei visuell sensiblen Bildbereichen bis zu 35% höhere Werte, als die JND zulassen würde.

Folgende Nachteile des Verfahrens können wir benennen:

- Es kann nur ein Wasserzeichenmuster eingebracht werden, das im Abfrageprozeß gesucht wird, jedoch kein Text.
- Das Verfahren ist nicht für kundenspezifische Kopien geeignet, die sicher gegen Koalitionsattacken sein müssen, da die energiereichsten Koeffizienten Unterschiede aufweisen und angegriffen werden können.
- Das Original muß im Abfrageprozeß vorliegen (nicht-blindes Verfahren).
- Robustheitsprobleme bei linearen und nicht-linearen Transformationen: zwar ist das Verfahren robust gegen Kompression und den meisten Bildverarbeitungsoperationen, die die Koeffizienten nicht verändern; ändert sich jedoch die Lage der Bildpunkte, die die Koeffizienten beinhalten, durch Rotation oder Skalierung, ist das ausgelesene Wasserzeichen nicht identisch zum Originalwasserzeichen, der Ähnlichkeitstest schlägt fehl. Optimierungen könnten dahingehend erfolgen, daß mit Hilfe des Originals die Ursprungsform wieder hergestellt wird. Problematischer erweisen sich Ausschnittbildung und nichtlineare Transformationen über das Bild. Eine Rücktransformation fällt sehr schwer und der Ähnlichkeitstest ist nicht erfolgreich.

Verfahren, die auf DCT-Koeffizienten arbeiten und ohne das Original im Abfrageprozeß auskommen, sind beispielsweise von **Koch und Zhao** [ZaKo1995], [BBCP1998] oder [BBC1998] vorgestellt wurden. Die Verfahren weisen wie das Cox-Verfahren eine hohe Robustheit gegenüber Kompressionen und den meisten Bildverarbeitungsoperationen auf, die die Koeffizienten nicht verändern. Die Kapazität der Verfahren ist sehr beschränkt. Es treten jedoch häufig visuelle Störungen in homogenen Bildbereichen oder an Kanten des Bildmaterials auf. Problematisch sind ebenfalls lineare und nicht-lineare Transformationen, die die Koeffizienten in ihrer Blockposition oder in ihrer Wertigkeit verändern. Probleme bereitet die Linearität einiger Verfahren, die zum Beispiel auf das von Zhao/Koch [ZaKo1995] beschriebene Verfahren aufsetzen, so daß das Wasserzeichen ohne Kenntnis der direkten Lage oder des geheimen Schlüssels kopiert werden kann. Detaillierte Analysen lassen sich unter Holliman/Memon [HoMe1998] finden.

Ó Ruanaidh et al. [HRP1998] beschreiben eine Variante der Frequenzspektrumwasserzeichen, die robust gegen frei wählbare Kombinationen von Rotation und Skalierung ist. Die Idee basiert auf der Nutzung von Fouriertransformationen in Log-Polar-Koordinaten. Dadurch wird es möglich, Skalierung und Rotation als Verschiebung in Log-Polar-Koordinaten zu erkennen. (1) Das Bild wird dazu in gleich große Blöcke der Größe 128x128 Pixel zerlegt. (2) Über den Logarithmus der Grauwerte (Weber Gesetz, [HRP1998]) wird pro Block eine FFT (3) berechnet. Die Amplitude der mittleren Frequenzen werden modifiziert, indem das spread-spectrum Wasserzeichen eingebracht wird [RuPu1997, PBC1997]. Über eine zweite Modulation wird ein sogenanntes Template aufgebracht, welches anzeigen soll, ob eine Rotation oder Skalierung erfolgt ist. Dazu wird auf die Amplitude ein Log-Polar-Mapping ausgeführt und einige ausgewählte Amplituden werden modifiziert, so daß mit Hilfe eines Musters eine geringe Korrelation eingebracht wird. Das Muster wird vom Log-Polar-Raum zurück in den Frequenzraum transformiert, die inverse FFT und die inverse Weberfunktion angewandt. Die Abfrage des Wasserzeichens beginnt mit den ersten drei Schritten. Danach wird das Log-Polar-Mapping ausgeführt und in dem zwei-dimensionalen Suchraum wird nach Skalierung und Rotation gebildet werden, indem eine einfach Kreuzrelation zu dem eingebrachten Muster gesucht wird. Mit den gefundenen Skalierungs- und Rotationsparametern wird das Bild zurücktransformiert und im mittleren Band der Fourierkoeffizienten wird das Wasserzeichen ausgelesen.

Über das Template mit dem Log-Polar-Mapping können Rotationen und Skalierungen, die das Bildseitenverhältnis bewahren, erkannt werden. Beliebige Skalierungen, die nicht das Bildseitenverhältnis bewahren, können nicht erkannt werden. Dazu müßte ein Template mit Log-log-Mapping benutzt werden. Rotationen können mit dem Log-log-Template nicht erkannt werden, so daß man sich entscheiden muß, welche Operationen wahrscheinlicher sind und das entsprechende Template: Log-Polar-Mapping oder Log-log-Mapping wählt.

Verbesserungen des Verfahrens hinsichtlich der visuellen Qualität des Wasserzeichens sind in [PRP1999] zu finden. Sie arbeiten hier im Frequenzraum mit einer *Lapped Orthogonal Transform* (LOT), wodurch bei einer blockbasierten Transformation keine sichtbaren Artefakte an den Rändern der Blöcke auftreten, wenn die Frequenzkoeffizienten für eine höhere Komprimierung oder für eine höhere Wasserzeichenstärke stark modifiziert werden. Eine Schwäche ist die mangelnde Berücksichtigung von visuellen Parametern. Sichtbarkeitsaspekte des Templates können nur schwer berücksichtigt werden und es müssen zusätzliche visuelle Modelle entwickelt werden.

Wavelet basierte Verfahren können zum Beispiel unter [KuHa1997a, KuHa1997b] nachgelesen werden, sie arbeiten auf den Wavelet-Koeffizienten der selben Auflösungsebene.

4.1.2.2 Bildraumverfahren

Verfahren im Bildbereich arbeiten direkt auf den Bildpunkten und sind deshalb meist von der Sichtbarkeit und Datenrate etwas schlechter als die Frequenzraumverfahren. Jedoch ist es bei ihnen oft leichter bei geometrischen Angriffen, wie lineare und nicht-lineare Transformationen, die eingebrachte Information wieder auszulesen.

Farbbilder sind über grüne, rote und blaue Lichtanteile definiert (I = {G,R,B}). Kutter et al. [KJB1997] bringt zum Beispiel die Wasserzeicheninformation direkt in den Blaukanal des Bildes ein, da das menschliche Auge gegenüber der Farbe blau am unempfindlichsten ist.

Das Einbetten eines einzelnen Bits an einer Position (1 Bit – Wasserzeichen) erfolgt bei Kutter et al. wie folgt: das einzelne einzubettende Bit sei s. Dies geschieht in einem Bild I = {R,G,B} an einer pseudozufälligen Position p = (i,j). Der Zufallszahlengenerator ist dabei mit einem geheimen Schlüssel K initialisiert.

Das Bit s wird nun eingebettet, indem der blaue Kanal B an der Position p bei einer Lichtaufteilung von L =0,299R + 0,587G + 0,114 B modifiziert wird. R, G und B bezeichnen die aktuellen Farbwerte an der Position mit s=0 oder s=1:

$$B_{ij}^{NACH} \leftarrow B_{ij} + (2\,s - 1)\,L_{ij} {}^* q \quad (4.4)$$

Die Konstante q gibt die Güte des Wasserzeichens an und wird so gewählt, daß ein möglichst guter Ausgleich zwischen den beiden Zielen Robustheit und Unsichtbarkeit erreicht wird.

Die Wiederherstellung des Wertes, der Abfrageprozeß des einzelnen Bits, wird wie folgt von durchgeführt: der Wert des eingebetteten Bit s kann nur wiederhergestellt werden, indem man eine Annahme über den Originalwert des Pixels, der verändert wurde, trifft und ihn anhand des Vorzeichens der Differenz zwischen diesem veränderten vorliegenden Wert und dem angenommenen Originalwert bestimmt.

Die Annahme des Originalwertes basiert auf einer Linearkombination der Pixelwerte aus der umliegenden Nachbarschaft und sieht wie folgt aus :

$$B_{ij}^{VOR} = \frac{1}{4 {}^* c} {}^* \left(\sum_{k=-c}^{c} B_{i+k,j} + \sum_{k=-c}^{c} B_{i,j+k} - 2 {}^* B_{ij} \right) \quad (4.5)$$

Die Variable c gibt dabei die Reichweite der aus der umliegenden Nachbarschaft mit einbezogenen Pixel an. Nun muß nur noch das Vorzeichen der eben besprochenen Differenz abgelesen werden :

$$\delta = B_{ij}^{NACH} - B_{ij}^{VOR} \quad . \quad (4.6)$$

Folgt daraus $\delta > 0$, so muß s den Wert 1 besessen haben.
Gilt dagegen $\delta < 0$, so gilt s = 0.

Dies wird an einem kleinen Beispiel sichtbar. Nehmen wir an, s hat den Wert 0. Setzt man s = 0 in die Gleichung $B_{ij}^{NACH} = B_{ij} + (2s - 1)\,L_{ij} {}^* q$ ein, so folgt daraus:

$$B_{ij}^{NACH} = B_{ij} - L_{ij} {}^* q.$$

Es gilt:
$B_{ij}^{NACH} < B_{ij}^{VOR}$, da L_{ij} und q >0
(unter der Voraussetzung, daß der Wert (B_{ij}^{NACH}) beinahe exakt berechnet wird).

Ihre Differenz δ wird ein negatives Vorzeichen besitzen und oben stehende Folgerung ist begründet.

Obwohl die korrekte Wiedererkennung des Wertes des eingebetteten Bits wahrscheinlich ist, kann sie nicht garantiert werden. Dies liegt mit daran, daß die Funktion, die das Bit einbettet, und die Funktion, die den Wert des eingebetteten Bits wieder herstellt, nicht identisch zueinander sind, da die eine nicht die Umkehrfunktion der anderen ist. Kutter verbessert das Verfahren, indem das Bit mehrfach eingebracht wird und somit die Wahrscheinlichkeit, daß das Bit korrekt wiedererkannt wird, erhöht wird. Das Verfahren kann so erweitert werden, daß eine Folge von Bits eingebracht wird, indem die Bitfolge an unterschiedlichen Positionen den Blaukanal modifiziert, [KJB1997].

Werden im Abfrageprozeß die Markierungspositionen nicht wiedergefunden, kann ein Suchprozeß gestartet werden, der jedoch einen komplexen Suchraum aufspannt. Da keine Anhaltspunkte bestehen, welche Transformationen berücksichtigt werden müssen, müssen im schlechtesten Fall alle Möglichkeiten von Transformationen durchprobiert werden.

Nach nicht-linearen Transformationen, wie sie vom StirMark ausgeführt werden, kann die Markierung nicht wiedergefunden werden.

Weitere Bildraumverfahren lassen sich unter [SPIE1999], [NiPi1998], [NiPi1996] oder [LLB1998] finden. Im folgenden werden wir speziell auf das **Verfahren von Fridrich** [Fri1997] eingehen, das wir als Ausgangsbasis verwenden und modifizieren werden. Das ursprüngliche Verfahren von Fridrich ist ein nicht-blindes Verfahren und besitzt Vorteile, geometrische Transformationen zu handhaben.

4.1.2.3 Kommerzielle Verfahren

Derzeit existieren kommerzielle Verfahren wie von DigiMarc Technologies oder Signum Technologies, welche nicht öffentlich verifiziert und evaluiert worden sind. Es zeigt sich, daß sie dem Robustheitstest mit StirMark nicht gewachsen sind, [PeAn1999].

4.1.2.4 Bewertungen

Für die Praxis spielen blinde Verfahren eine größere Rolle, da das Original meist aus Sicherheitsgründen nicht im Abfrageprozeß vorliegt.

Wie in [PeAn1999] gezeigt, weisen die existierenden Verfahren aus Forschung und Industrie eine starke Anfälligkeit gegenüber linearen und nicht-linearen sowie kombinierten geometrischen Angriffen auf, da die Markierungspositionen meist pseudozufällig gezogen werden und von der Bildgröße oder von Bildblöcken abhängen.

Prinzipiell sehen wir zwei Möglichkeiten auf Robustheitsangriffe zu reagieren, entweder man erkennt die Transformationen und kann sie rückgängig machen, oder man paßt den Wasserzeichenalgorithmus so an, daß Transformationen keine Rolle spielen. Erste Versuche gehen den ersten Weg und versuchen, Transformationen zu erkennen und rückgängig zu machen. Das Verfahren von [PRP1999] nutzt Templates, mit denen auf Veränderungen geschlossen werden kann, diese rückgängig gemacht werden können oder die Transformationen nachvollzogen werden, um die Markierung wiederzufinden. Zwar weist das Verfahren von [PRP1999] eine hohe Robustheit gegenüber Skalierung und Rotation auf, treten jedoch Skalierungen auf, die das Bildseitenverhältnis zerstören, kann auch dieses Verfahren Rotationen nicht handhaben. Weitere Probleme beim Templatebasierten Verfahren bestehen bei Verschiebungen und nicht-linearen Transformationen sowie in der Sichtbarkeit. Ein Überblick über die Robustheit der Verfahren kann in [PeAn1999] gefunden werden, das die Robustheitsprobleme aufzeigt.

Die folgende Tabelle stellt die erörterten Eigenschaften existierender Verfahren für Einzelbilder zusammen:

Tabelle 5: Bewertung der existierenden Einzelbildverfahren

Wasserzeichen für Einzelbilder	Qualitätsmerkmale bestehender Verfahren
Verfahren zur Urheberidentifizierung (Authentifizierung): Robust Authentication Watermark	• Sichtbarkeit: meist an die Wahrnehmung des Menschen angepaßtes Wasserzeichen, Problemzonen sind homogene Bildbereiche und Kanten • Robustheit: hohe Robustheit gegen Kompression und einige ausgewählte lineare geometrische Transformationen, Template-Ansatz läßt Rotationen und beschränkt Skalierung erkennen, keine Robustheit gegen erweiterte Bildverarbeitungen (Verschiebung, Ausschnittbildungen) und kombinierten Transformationen, wie sie im StirMark als Referenztest durchgeführt werden • Kapazität von ca. 1-100 Bits pro Bild, abhängig von Bildgröße und Verfahrensparametern • Komplexität meist sehr hoch • Security: bei linearen Wasserzeichenverfahren kann das Wasserzeichen kopiert werden, Probleme bei der Invertierbarkeit, wenn kein Original verwendet wird (Blinde Verfahren)

4.1.3 Verfahrensentwurf zur Optimierung von Robustheit und Sichtbarkeit

Ziel in diesem Kapitel ist der Entwurf und die prototypische Realisierung eines blinden unsichtbaren, robusten Wasserzeichenverfahrens. Das Verfahren soll mehrere Informationsbits (Namen des Urhebers usw.) in das Bildmaterial einbringen und gegen Skalierung, Ausschnittbildung und Rotation robust sein. Die Robustheit gegen lineare Transformationen und deren Kombination soll erreicht werden, die Wirkung von nicht-linearen Transformationen wird diskutiert. Die Parameter Security, Kapazität und Komplexität wollen wir vorerst nicht betrachten.

Die Idee, gegen lineare Transformationen robust zu werden, basiert auf der Überlegung, daß die Markierungspositionen und die Form des Wasserzeichenmusters meist nicht korrekt wiedergefunden werden können. Bisherige Verfahren nutzen zum Beispiel den Template-Ansatz, um festzustellen, welche Transformationen vorgenommen wurden, und diese entweder rückgängig zu machen oder die verschobenen Markierungspositionen zu berechnen.

Wir verfolgen einen anderen Ansatz: wir wollen die Markierungspositionen so wählen, daß wir nur in beschränktem Maße erkennen müssen, welche Transformationen aufgetreten sind. Die Wasserzeichenmuster sollen so eingebracht werden, daß egal, welche Transformation auftritt, im Ausleseprozeß automatisch die neue Position und die Form des Wasserzeichenmusters erkannt werden können. Die Idee ist, anhand von Bildeigenschaften auf die Markierungspositionen und Musterform zu schließen. Als Bildeigenschaften dienen uns beispielsweise die Bildkanten, welche Konturen und Farbübergänge sowie Texturen darstellen. Sie werden als Markierungspositionen für die Wasserzeichenmuster benutzt. Wir nennen diesen Ansatz selbst spannende Muster (Self Spanning Pattern SSP).

Das im folgenden beschriebene Verfahren wurde von uns prototypisch umgesetzt, um die Machbarkeit des Ansatzes zu zeigen. Die Umsetzung ist nicht als fertiges Verfahren zu sehen, sondern als rudimentäre Testversion, um die generellen Verfahrensprinzipien zu evaluieren. Wir arbeiten mit Markierungspositionen, die auf Bildeigenschaften basieren und somit Markierungsmuster entstehen, die im Abfrageprozeß korrekt erkannt werden, ohne die erfolgten Transformationen zu kennen.

Auswahl Bild- oder Frequenzraumverfahren: Der erste Schritt im Entwurf eines Wasserzeichenverfahrens ist die Auswahl nach Bild- oder Frequenzraumverfahren. Aus den Erfahrungen mit existierenden Ansätzen wird deutlich, daß Bildraumverfahren zwar Probleme in der Sichtbarkeit aufweisen, siehe Niederfrequentes Wasserzeichen, sie aber sehr gute Robustheitseigenschaften gegenüber geometrischen Veränderungen und Tiefpaßfiltern haben. Um diese Eigenschaften auszunutzen, wollen wir den Bildraum verwenden.

Auswahl Mustergenerierung: Im zweiten Schritt wird nach einem sicheren Verfahren gesucht, um dem Security-Aspekt nachzukommen. In der Literatur wird ein Verfahren von Fridrich [Fri1997] beschrieben, welches auf Basis eines geheimen Schlüssels ein niederfrequentes Muster mit Hilfe eines sogenannten zellulären Automaten erzeugt und dieses auf die Luminanzwerte des Bildes addiert. In [Fri1997] wird die Sicherheit des Verfahrens gegenüber statistischen Angriffen beschrieben. Nachteilig ist, daß das Verfahren von Fridrich selbst ein nicht-blindes Verfahren ist und ein einziges Wasserzeichenmuster über das gesamte Bild aufbringt, ohne auf das Entstehen visueller Artefakte zu achten. Textuelle Information kann nicht eingebracht werden. Im Abfrageprozeß wird das Prüfbild vom Original abgezogen und das Differenzbild auf Korrelation mit dem eingebrachten Muster geprüft. Wird eine Korrelation gefunden, ist der Nachweis der Urheberschaft erwiesen.

Als Ausgangsbasis für den Entwurf eines sicheren, blinden Verfahrens benutzen wir deshalb aus dem Verfahren von Fridrich lediglich die Erstellung eines sicheren niederfrequenten Musters, um Informationen in das Bildmaterial zu integrieren. Damit wird als Grundbaustein ein Wasserzeichenmuster gewählt, welches gute Security-Eigenschaften aufweist und ebenfalls gegen Kompression und Tiefpaßfilterung robust ist.

Entwicklung des Algorithmus: Der Algorithmus soll mehrere Informationsbits einbringen und im Abfrageprozeß über Korrelationen als blindes Verfahren arbeiten. Es muß ein Verfahren entstehen, welches gegen die Kombination von geometrischen Attacken, wie Skalierung, Rotation und Ausschnittbildung robust ist.

4.1.3.1 Generierung des Wasserzeichenmusters für Informationsbits

Um die Datenrate zu erhöhen, bringen wir nicht nur ein Muster in das Bildmaterial ein, sondern es werden mehrere Fridrich-Muster generiert mit Blockgrößen von 8x8 oder 16x16. Die verwendete Methode der Einbettung eines Musters in die Helligkeitsinformation eines Bildes ist nicht neu und wird, wie erwähnt, bereits in Fridrich [Fri1997] beschrieben. Neu ist jedoch die Art des eingebrachten Musters. Der zelluläre Automat wird mit einem Schlüssel initialisiert und es wird zunächst ein hochfrequentes Bitmuster aus 0 und 1 generiert. Das Muster wäre jedoch aufgrund des hochfrequenten Charakters anfällig gegen diverse Angriffe wie Tiefpaßfilter, Kompressionsverfahren (insbesondere JPEG) und Rauschaddition. Deshalb wird mittels eines zellulären Automaten mit einfachen Entscheidungsregeln aus diesem Muster ein niederfrequenteres berechnet. Der Vorteil dieses Musters, neben der Eliminierung eben erwähnter Nachteile, ist zum einen die eindeutige und einfache Generierung aus einem Schlüssel und zum anderen die schwer ausmachbare Lokalisation, die z.B. bei einfachen Rechteckmustern nicht gegeben ist. Die Generierung des Musters wird an einem 8x8 Block B erklärt, arbeitet jedoch auch für größere Blöcke, siehe Abb. 8.

Zuerst wird aus dem Schlüssel ein 8x8 Pixel großes Zufallsmuster aus 0 und 1 erzeugt (Schritt 1). Um hohe Frequenzen zu eliminieren, benutzen wir einen zellularen Automaten mit zwei einfachen Regeln: für jede Position im Muster wird die Anzahl der benachbarten Einsen berechnet (max. 8). Ist die Anzahl größer als 5 wird die Position selbst auf '1' gesetzt, ist sie kleiner als 3 wird die Position auf '0' gesetzt. Wird dieser Vorgang mehrmals wiederholt (Schritt 1-4), entsteht ein niederfrequenteres Muster (pattern) P. Die Addition von '1' auf das zu markierende Bild ist jedoch zu schwach. Deshalb wird jede Position im Muster mit einer '1' durch '3' und jede Position mit '0' durch '-3' ersetzt (Schritt 5). Um die Sichtbarkeit des Musters weiter zu reduzieren, wird vor der Einbettung jeder Wert im Muster M noch mit dem Durchschnittswert aller angrenzenden Positionen ersetzt (Schritt 6). Die folgende Abbildung zeigt den Vorgang der Mustergenerierung an einem Beispiel.

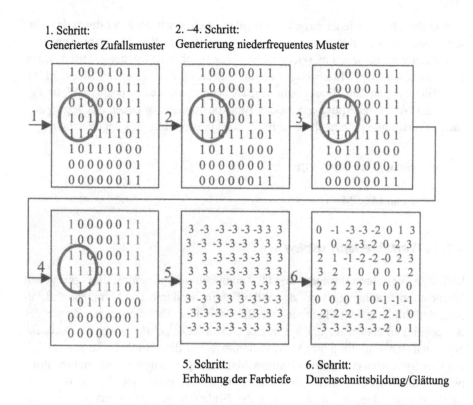

Abbildung 7: Mustergenerierung

Wir wollen beispielhaft nun ein Informationsbit c_i einbringen. Soll eine Eins eingebracht werden, wird das Muster auf den Block B_i addiert, soll eine 0 eingebracht werden, wird das Muster vom selektierten Block B_i subtrahiert. Der neu entstandene Block $B_i‘$ wird an der Blockposition eingesetzt. Um die visuelle Qualität zu beeinflussen, wird ein Wasserzeichenstärkeparameter s benutzt:

$$B_i‘ = B_i + s\,P, \text{ wenn } c_i = 1 \quad (4.7)$$

$$B_i‘ = B_i - s\,P, \text{ wenn } c_i = 0$$

Abbildung 8: Generiertes 8x8 Muster aufgespannt über 64x64 Bildpunkten

Soll das Muster wieder ausgelesen werden, suchen wir nach der durch das Muster erzeugten Korrelation in den Helligkeitswerten an den Markierungspositionen. Dazu wird für jeden markierten Block das zugehörige Muster generiert. Dann bestimmen wir zwei Mittelwerte der Luminanzen im auszulesenden Block: M_+ ist der Mittelwert an den Blockpositionen, an denen das Muster positive Werte besitzt, und M_- ist der Mittelwert an den Blockpositionen, an denen das Muster negative Werte hat. Das eingebrachte Bit c_i wird bestimmt mittels der Gleichung:

$$c_i = 1, \text{ wenn } M_+ >= M_- \quad (4.8)$$

$$c_i = 0, \text{ wenn } M_+ < M_-$$

4.1.3.2 Verfahrensprinzipien

Bisherige Verfahren bringen die Informationen an pseudozufällig gezogenen Bildpositionen abhängig von der Bildgröße ein, wodurch im Abfrageprozeß bei Ausschnittbildung oder Skalierung die Bildpositionen über das erneute Ziehen der Bildpositionen über den Zufallsgenerator nicht wieder gefunden werden. Aufwendige Analysen sind nötig, um festzustellen, was mit dem Bildmaterial passiert ist, um eine Synchronisation der bekannten Markierungspositionen und jetzigen Prüfbildpositionen zu erreichen. Die Ursache dieses Problems liegt in der Wahl der Markierungspunkte, die abhängig von der Bildgröße gezogen werden. Beispielsweise werden beim Zhao/Koch-Verfahren die Wasserzeichenbits pseudozufällig über das Bildmaterial gestreut. Über den geheimen Schlüssel wird dazu der Pseudo-Zufallszahlengenerator initialisiert und nacheinander die Informationsbits an den gezogenen Blockpositionen eingefügt, der Ausleseprozeß zieht erneut die Positionen über den Pseudo-Zufallszahlengenerator und liest in der selben Reihenfolge die Bits an den Markierungsstellen wieder aus.

In der ersten Implementierung haben wir die generierten Muster an ebenfalls pseudozufällig gezogenen Blockpositionen abhängig von der Bildgröße eingebracht. Dadurch können wir die Machbarkeit des Verfahrens demonstrieren, mit den abgeänderten Fridrichmustern ein blindes Verfahren zu entwickeln, welches Text einbringen kann [DSS1998]. Es ist robust gegen Kompression und Formatkonvertierung. Geometrische Transformationen zerstören das Muster nicht, jedoch muß beim Auslesen entweder die genaue Position und Form des Musters wiedergefunden werden oder die Bildoperationen müssen rückgängig gemacht werden, bevor der Abfrageprozeß gestartet wird. Können die Blockpositionen der Markierungen nicht exakt gefunden werden, ist der Abfrageprozeß nicht erfolgreich.

Problematisch erweisen sich nicht-lineare Transformationen, wie sie kombiniert im StirMark-Angriff erfolgen, siehe Kapitel 3.2.3. StirMark zerstört das Bild durch nicht-lineare Transformationen, so daß das eingebrachte Muster an den Markierungspositionen keine quadratische Blockform aufweist, sondern in alle Richtungen verzerrt ist. Der Korrelationstest zu diesem verzerrten Muster kann nicht korrekt erfolgen, da die Form des Prüfmusters mit der Form des eingebrachten Musters nicht übereinstimmt. Um im Abfrageprozeß erfolgreich zu sein, müßten entweder die StirMark-Operationen rückgängig gemacht werden oder es müßte die Form des verzerrten Musters bekannt sein. Da StirMark mit pseudozufälligen Operationen arbeitet, ist eine Vorhersage, welche Operationen und in welcher Stärke durchgeführt wurden, generell nicht möglich. Rücktransformationen oder die Vorhersage der verzerrten Musterform sind zu rechenintensiv.

4.1.3.3 Markierungspositionen: SSP

Das Ziel ist es deshalb, die Markierungspunkte so zu wählen, daß ihre Positionsbestimmung nicht auf der Bildgröße arbeitet, sondern auf Bildeigenschaften, die nach geometrischen Veränderungen unverändert vorliegen. Zusätzlich muß das Markierungsmuster so eingebracht werden, daß der Korrelationstest auch die Form des eingebrachten Musters erkennt. Wir wollen die Markierungspositionen und die Musterform so wählen, daß im Abfrageprozeß nicht bekannt sein muß, welche Transformationen vorgenommen worden sind.

Die Bildkantenverläufe sind geeignete Kandidaten als Ausgangspunkte für Markierungspositionen. Sie beschreiben einerseits wichtige Bildeigenschaften wie Farbübergänge und Bildstrukturen, andererseits bleibt deren Beziehung zueinander bei Rotation oder Skalierung identisch. Direkte Markierungen auf den Kanten des Bildes können die Kante visuell stören. Darüber hinaus ist diese Vorgehensweise unsicher, da bei Kenntnis des Verfahrens Angreifer die Kanten direkt manipuliert könnten.

Die Kanten bieten jedoch eine Orientierung für die Markierungsstellen. Das Wasserzeichenmuster wird nicht mehr über das feste 8x8 Blockmuster eingebracht, sondern über vier ausgewählte Markierungspunkte aufgespannt. Diese Markierungspunkte orientieren sich an den Kanten des Bildes, wodurch Markierungspositionen entstehen, die bei Rotation oder Skalierung exakt wiedergefunden werden können. Der Name SSP für selbstspannende Muster ergibt sich daraus, da sich das Muster im Einbettungs- und Abfrageprozeß über die vier Markierungspositionen aufspannt.

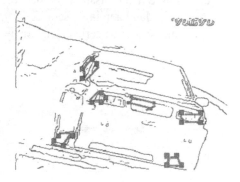

Abbildung 9: Markierungspunkte aus dem Kantenbild

In Abbildung 9 ist links das Originalbild (erstes Frame des Volvo-Videos) zusehen und rechts das dazugehörige Kantenbild. Wir berechnen mit dem Harrisdetektor [Can1993, RMO1999] die Ecken von Kanten, und es werden Vierer-Gruppen anhand folgender Regel gebildet:

Suche Polygone (einfach geschlossene Ploygonzüge) mit >= 4 Ecken

Aus diesen Polygonen, wähle 4 benachbarte Eckpunkte aus, die eine Vierer-Gruppe bilden

Über jede dieser Vierer-Gruppen wird das 8x8 Wasserzeichenmuster gespannt, wodurch es eine beliebige Viereckgestalt erhält. In der Abbildung rechts sind beispielhaft sechs Vierer-Gruppen gezeigt, über die das SSP-Muster aufgespannt wird. Wird das Bild transformiert, werden auch die ausgewählten Markierungspunkte (die Ecken der Kanten) und das eingebrachte Wasserzeichenmuster transformiert. Im Abfrageprozeß können anhand der Kanten- und Eckcharakteristik die Vierer-Gruppen wiedergefunden werden, so daß exakt auf die Form des transformierten Wasserzeichenmusters geschlossen und für den Korrelationstest angepaßt werden kann. Erfolgte Transformationen müssen somit nur bedingt erkannt werden, siehe nötige Anpassungen zu Rotation und Spiegelung.

4.1.3.4 Reihenfolgekriterium

Die gesamte Wasserzeicheninformation soll redundant eingebracht werden. Um das zu erreichen, wollen wir die Wasserzeichenbits an jeder Vierer-Position vollständig einbringen. Grundidee ist, an der Vierer-Gruppe ein sogenanntes Initial-Pattern einzubringen, welches eine Anzeige- bzw. Markierungsfunktion hat, daß hier die Wasserzeicheninformationen zu finden sind. Die Wasserzeicheninformation selbst wird ausgehend von einem definierten Eckpunkt der Vierer-Gruppe enlang einer geometrischen Figur eingebracht. Diese geometrische Figur wird mittels des geheimen Schlüssels aus einer Menge von möglichen geometrischen Figuren bestimmt. Die geometrische Figur besteht aus Linien und Punkten, siehe zum Beispiel Abbildung 10. Ferner wird dieser Figur eine Laufrichtung zugeordnet, entlang derer die Wasserzeichenbits über WatermarkPattern eingebracht werden. Zur Synchronisation werden die Eckpunkte der Figur durch PointPattern markiert. Man kann in diesem Zusammenhang auch von gerichteten Kanten sprechen und somit von gerichteten Graphen (Graphentheorie).

Abbildung 10: Beispiel dreier geometrischer Figuren

Um Redundanz zu erreichen, wird die vollständige Wasserzeicheninformation über jedes InitialPattern eingebracht. In der Abbildung 9 haben wir 6 InitialPattern, so daß wir die Wasserzeicheninformation 6-mal einbringen.

4.1.3.5 Einbettungsalgorithmus im Detail

Die Abbildung 10 zeigt beispielhaft drei mögliche geometrische Strukturen. Der Linienverlauf gibt vor, wo ausgehend vom InitialPattern die Wasserzeichenbits über die WatermarkPattern aufgebracht werden. In der Abbildung 11 ist das über einer Vierer-Gruppe aufgespannte InitialPattern (I) und schematisch eine ausgewählte geometrische Figur, hier beispielhaft ein Viereck, mit einer Laufrichtung zu sehen, sowie die PointPattern, die die Eckpunkte der Figur markieren.

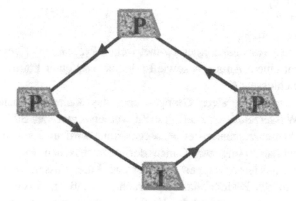

Abbildung 11: Vierer-Gruppe mit Initial- und PointPattern in der geometrischen Figur

Auf den Punkten der Figur werden zur Synchronisation im Abfrageprozeß die PointPattern (P) eingebracht. Die Wasserzeichenbits werden dann entlang den Linien der geometrischen Struktur über das WatermarkPattern (W) (siehe Abbildung 12) eingefügt. Diese komplett markierte Vierer-Gruppe ist in Abbildung 12 schematisch dargestellt.

Abbildung 12: Struktur von InitialPattern(I), PointPattern(P), WatermarkPattern(W)

Vorgehen:

1. Eingabe: Kopie des Originalbilds I und geheimer Schlüssel K, Wasserzeichen-information (verschlüsselter Wasserzeichentext mit Schlüssel K, binär codiert) $W=1001010101000111..0000110$, WatermarkStrength: [1...3] zur Beeinflussung der Wasserzeichenstärke (Robustheit und visuelle Änderungen werden mit diesem Parameter beeinflußt)

2. Berechnung der Luminanzwerte des Bildes und Unterteilung des Bildes in Blöcke B der Größe bxb (b=8)

3. Berechnung des Kantenbildes mit dem Canny-Kantendetektor [Can1983] initialisiert mit Standardwerten

4. Ziehung von 3 Mustern (pattern P mit Blockgröße bxb, b=8) unter Nutzung des geheimen Schlüssels K
   - Initialpattern P_I
   - Pointpattern P_P
   - WatermarkPattern P_W

5. Pseudozufälliges Auswählen einer geometrischen Figur R_i aus einer vorgegebenen Menge mit einem Anfangs- sowie Endpunkt und einer Laufrichtung unter Nutzung der Schlüssels K

6. Suchen von geeigneten Vierer-Gruppen über das Kantenschemata und Aufspannen der Wasserzeichenmuster: gesucht werden n mal vier Bildpunkte, über welche das Wasserzeichenmuster P_I aufgespannt wird und von dem aus die Wasserzeichenbits entlang den Linien der geometrischen Figur eingebracht werden. Da wir n-Vierer-Gruppen benutzen, wird die Wasserzeicheninformation redundant in das Bildmaterial eingebracht, so daß im Ausleseprozeß eine Fehleranalyse möglich wird und das Verfahren robust gegen Ausschnittbildung wird. Um geeignete Vierer-Gruppen zu finden, verwenden wir Harrispunkte, die Ecken von Kanten beschreiben [Can1993, RMO1999]. Dazu werden jeweils vier benachbarte Ecken zusammengefaßt, welche die Vierer-Gruppe bilden. Über die gezogenen vier Positionen wird jeweils das Initialpattern P_I als Viereck aufgespannt und in der Viereckform addiert, ein Eckpunkt bildet den Anfangspunkt der geometrischen Figur R_i. Anschließend wird in der angegebenen Laufrichtung der Figur das Bild abgelaufen, siehe Abbildung 11. Die Größe, d.h. örtliche Begrenzung der geometrischen Figur (Graphen), ergibt sich aus der Größe des Initialmusters und der Anzahl einzubringender Wasserzeichenbits. Auf den Linien der Figur wird die Wasserzeicheninformation über das fortlaufende WatermarkPattern in der selben Viereckform des InitialPattern eingebracht. Aus Sicherheitsgründen wird für jedes Informationsbit ein neues Muster mittels des Schlüssels K generiert und verwendet. An den Eckpunkten der Figur wird das Pointpattern ebenfalls in der selben Viereckform aufgebracht, damit später im Abfrageprozeß eine Synchronisation hergestellt werden kann. Auf den Linien wird die komplette Wasserzeicheninformation W eingebracht, siehe Abbildung 12, indem:
   - das Initialpattern gewichtet mit dem Parameter WatermarkStrength auf die Luminanzwerte des ersten Blockes addiert wird (siehe 4.7).

- das Pointpattern gewichtet mit dem Parameter *WatermarkStrength* auf die Luminanzwerte des Blockes der Eckpunkte der geometrischen Figur addiert wird (siehe 4.7).
- das WatermarkPattern die Blöcke auf den Linien der Figur zwischen den Eckpunkten verändert, es wird eine Korrelation in die Luminanzwerte des Blockes eingebracht, indem das Muster mit dem Parameter *Watermark-Strength* gewichtet wird
  a) aufaddiert wird, wenn Wasserzeichenbit 1 ist,
  b) abgezogen wird, wenn das Wasserzeichenbit 0 ist. Siehe (4.7).
7. Zurückschreiben der veränderten Luminanzwerte und Ausgabe des markierten Bildes I_w.

I_w=E(I, W, K, WatermarkStrength) (4.9)

4.1.3.6 Abfragealgorithmus im Detail

Vorgehen:
1. Eingabe: Prüfbild I_p, geheimer Schlüssel K
2. Berechnung der Luminanzwerte des Prüfbildes und Unterteilung des Bildes in Blöcke B der Größe bxb (b=8).
3. Berechnung des Kantenbildes mit dem Canny-Kantendetektor [Can1983] initialisiert mit Standardwerten
4. Ziehung von 3 Mustern (pattern P) unter Nutzung des geheimen Schlüssels K
   - Initialpattern P_I mit Blockgröße bxb (b=8)
   - Pointpattern P_P
   - WatermarkPattern P_W
5. Pseudozufälliges Ziehen einer geometrischen Figur R_i mit einem Anfangs- sowie Endpunkt und einer Laufrichtung unter Nutzung des Schlüssels K
6. Bestimmung möglicher Wasserzeichenpositionen, indem über die Bildkanten bzw. Eckpunkte der Kanten wieder Vierer-Gruppen gebildet werden. Über diesen Vierer-Gruppen wird nach dem Initialmuster in der Viereckform der gefundenen Vierer-Gruppe gesucht. Kann es nicht gefunden werden, wird die Position verworfen und erneut eine mögliche Vierer-Gruppe gezogen. Ist das Initialpattern gefunden, d.h. wird eine Korrelation festgestellt, stellt diese Position den Anfang für die Auswertung der geometrischen Figur (Graphen) R_i dar. Auf den Linien der Figur wird die Wasserzeicheninformation über das fortlaufende WatermarkPattern ausgelesen (Muster mittels des Schlüssels K generiert und verwendet, Form entspricht der Form des InitialPattern). Wird ein Eckpunkt der Figur, ein Pointpattern, gefunden, erfolgt der Richtungswechsel entsprechend der Laufrichtung. Die Größe der geometrischen Figur kann über das Pointpattern erkannt werden. Werden einige PointPattern nicht gefunden, kann eine Fehleranalyse erfolgen. Im Detail erfolgt hierbei eine Prüfung, ob die jeweilige Muster an den Blockpositionen enthalten sind, über die Feststellung der eingebrachten Korrelation. Dazu werden zwei Durchschnittswerte (siehe 4.8) gebildet. Das InitialPattern und das PointPattern werden als vorhanden erkannt, wenn M$_+$ >= M$_-$ gilt. Wasserzeichenbits werden ausgelesen, indem das Water-

markPattern betrachtet wird, eine 1 wird ausgelesen, wenn $M_+ >= M_-$, eine 0 wenn $M_+ < M_-$ gilt.

7. Ausgabe der n ausgelesenen Wasserzeichenbitstrings pro gefundenem Initial-Pattern aus den WatermarkPattern. Korrektur der n ausgelesenen Bits gegeneinander und unter Nutzung der bekannten Struktur der Figur. Die Bitstrings, bei denen alle Pointpattern gefunden wurden, werden gegeneinander verglichen und abgeschätzt. Sind nicht alle Eckpunkte über das Pointpattern gefunden worden, kann gezeigt werden, wo das Wasserzeichen nicht mehr vollständig war und eventuell Angriffe aufgetreten sind.

$$W = R(I_w, K) \quad (4.10)$$

4.1.3.7 Definition einer Sichtbarkeitsfunktion

Bisher wird das Wasserzeichen unabhängig von den Bildeigenschaften mit einer festen Intensität, der *WatermarkStrength*, eingebracht. In glatten Flächen können deshalb durch das niederfrequente Muster stärkere visuelle Störungen auftreten, die vermieden werden müssen. Über die Definition einer Sichtbarkeitsfunktion können visuelle Veränderungen im Bildmaterial vermieden werden. Es gibt eine Vielzahl von visuellen Modellen, nach denen abgeschätzt werden kann, wo und mit welcher Intensität die Wasserzeicheninformation am besten eingebracht werden kann. Meist werden homogene Flächen (smooth-blocks) von der Markierung ausgenommen oder es wird das Wasserzeichen an homogenen Stellen mit geringerer Intensität aufgebracht. Das Ziel ist es, die Wasserzeichenmuster in texturierten Bereichen, die eine höhere visuelle Toleranz aufweisen, stärker aufzubringen und homogene Bereiche auszulassen bzw. mit geringer Wasserzeichenstärke zu markieren.

Dazu entwickeln wir den *smooth-block detector*: Der Detektor liefert für einen 8x8 Luminanzblock einen Indikator, der die visuelle Kapazität des Blocks beschreibt. Der Indikator zeigt an, wie groß Störungen in diesem Block sein dürfen, ohne sichtbar zu werden und ist damit ein Maß, wie stark ein Wasserzeichen in diesen Block eingebracht werden darf. Das Verfahren ist bewußt einfach gehalten, um performant zu arbeiten. Der Parameter *smooth* gibt im Prinzip die Anzahl der DCT-Koeffizienten an, die nach der Quantisierung nicht Null sind. Für Absolutwerte größer Eins wird smooth um 2 erhöht, für Absolutwerte kleiner oder gleich Eins wird smooth um 1 erhöht. Dies resultiert aus der Erfahrung, daß häufig fast glatte Regionen viele Einsen in ihren quantisierten Frequenzanteilen enthalten. Hohe Werte von *smooth* deuten auf viele Frequenzanteile und damit auf eine große Toleranz gegenüber zusätzlichen Störungen durch ein Wasserzeichen hin. Dies spiegelt die Tatsache wider, daß das menschliche visuelle Wahrnehmungssystem Störungen in hohen Frequenzbereichen wesentlich schwächer wahrnimmt als Störungen in niedrigen Frequenzbereichen. Blöcke mit scharfen Kanten haben ebenfalls hohe smooth-Werte, da wir die Kanten über den Canny Edge Detector im Algorithmus vorselektiert werden, müssen sie nicht weiter betrachtet werden. Der Indikator *Level*, den wir benutzen und der Blöcke mit hohen Frequenzanteilen und hoher visueller Toleranz erkennt, berechnet sich wie folgt:

Level = smoothscale * smooth + offset   (4.11)

Über *offset* wird eine Basiswasserzeichenstärke eingestellt. *smoothscale* bewertet die hohen Frequenzanteile. *Level* wird anschließend mit der einstellbaren Wasserzeichenstärke relativiert:

Level = Level/WatermarkStrength   (4.12)

Je größer *Level* ist, desto stärker kann das Wasserzeichen ohne sichtbare Störungen eingebracht werden. Indem homogene Bereiche erkannt werden, wird die Wasserzeichenstärke an die Bildeigenschaften und damit indirekt an die menschliche visuelle Wahrnehmung angepaßt.

Um die Bildqualität zu erhöhen, testen wir bereits beim Einbringen eines Bits, ob die eingebrachte Korrelation ausreicht, das Bit im Abfrageprozeß wieder korrekt decodieren zu können. Reicht sie nicht aus, kann man den entsprechenden Block auslassen, da die Information in diesem Block fehlerhaft ausgelesen wird. Der entsprechende Test, Auslesen des Bits und Vergleich mit dem eingebrachten Bit, dauert allerdings genauso lange wie der Ausleseprozeß. Ob dies durchgeführt werden kann, ist eine Frage an die Rechenzeitanforderungen im Einbettungsprozeß.

4.1.3.8 Fehlertoleranzverbesserungen

Um die Fehlerraten des Verfahrens zu minimieren, wird das Wasserzeichen mittels eines intelligenten Redundanzcodes (Parameter *Bitredundanz*), der die Zuverlässigkeit ausgelesener Bits berücksichtigt, und eines BCH-Codes (in unserem Fall verwendeten wir einen (31, 6, 15)-BCH-Codes) codiert. Die Gesamtanzahl von möglichen Wasserzeichenbits richtet sich nach der kleinstmöglich einzubringenden geometrischen Struktur zwischen zwei detektierten Kanten. Wieviel und welche Kanten detektiert werden, hängt von den Parametern des Canny Algorithmus ab und kann entsprechend variiert werden. Es wird aber deutlich, daß die Datenrate pro Bild sehr gering ist und je nach Bildeigenschaften bei 5-10 Bits liegt. Da wir die Wasserzeicheninformation redundant über die InitialPattern einbringen, können sehr gute Ergebnisse hinsichtlich der Robustheit erzielt werden.

4.1.3.9 Datenratenerhöhung über Reihenfolgemuster

Eine Datenratenerhöhung kann erfolgen, indem entweder die *Bitredundanz*-fache Wiederholung verringert wird oder n Bits des BCH-Codes über mehrere Figuren über den InitalPattern verteilt werden.

Bei ersterer Variante wird die maximale Bitredundanz verringert, wodurch sich die maximale Datenrate erhöhen kann. Es müssen jedoch Einschränkungen in der Robustheit hingenommen werden, da weniger Bits zur Fehlerkorrektur zur Verfügung stehen. Hier sieht man deutlich die eingangs besprochene konkurrierende Wirkung der Verfahrensparameter.

Letztere Variante hat den Nachteil, daß im Auslesealgorithmus die Reihenfolge zusammengehöriger geometrischer Strukturen, aus denen die n Bits des BCH-

Codes wieder zusammengesetzt werden müssen, bekannt sein muß. Eine Orientierung an der Kante ist nicht geeignet, da Rotation oder Ausschnittbildung die Reihenfolge zerstören könnte und aus Sicherheitsgründen die zueinander gehörigen Teile eines BCH-Codes über das gesamte Bild gestreut werden sollten. Deshalb wird ein zusätzliches Reihenfolge-Pattern eingeführt, welches direkt dem Initialpattern folgt und anzeigt, welcher Teil des BCH-Codes ausgelesen wird. Dadurch kann abhängig vom Bildmaterial eine Erhöhung der Datenrate erreicht werden. An dieser Vorgehensweise sieht man auch deutlich, daß man prinzipiell die Wasserzeicheninformation nicht unbedingt über Initialpattern und über die geometrische Figur einbringen muß. Man kann auch an jeder Vierer-Position ein Wasserzeichenbit einbringen und zusätzlich ein Reihenfolgekriterium benutzen. Allerdings hat es sich in unseren Tests gezeigt, daß nur begrenzt Vierer-Positionen im Bild zu finden sind, die sicher gegen Angriffe sind und im Ausleseprozeß detektiert werden können. Die Bitrate ist somit stark eingeschränkt, was uns dazu bewogen hat, weiterhin mit den geometrischen Strukturen und dem InitialPattern zu arbeiten und dort fortlaufend die Wasserzeichenbits einzubringen.

4.1.3.10 Aneinanderreihung der WatermarkPattern

Ein Problem, welches sich beim SSP-Ansatz in der Realisierung zeigt, ist die Aneinanderreihung der WatermarkPattern über die geometrische Struktur hinweg. Da wir das Wasserzeichenmuster über vier Punkte aufspannen, entstehen beliebige Vierecke. Diese direkt hintereinander zu reihen, ist nicht immer ohne Abstand möglich. Da wir jedoch die Form kennen, werden die Muster so hintereinander gereiht, daß zwei benachbarte Viereck-Muster mindestens in einem der Vierer-Punkte aneinander grenzen, siehe Abbildung 13.

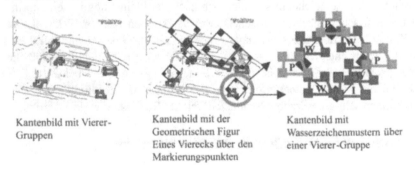

Kantenbild mit Vierer-Gruppen

Kantenbild mit der Geometrischen Figur Eines Vierecks über den Markierungspunkten

Kantenbild mit Wasserzeichenmustern über einer Vierer-Gruppe

Abbildung 13: Eingebrachte Wasserzeichenmuster am Beispiel einer Vierer-Gruppe

In der Abbildung wird ein eingebrachtes Wasserzeichenmuster am Beispiel einer Vierer-Position gezeigt: das linke Bild zeigt das Kantenbild mit 6 ausgewählten Markierungspunkten (Vierer-Gruppen), über die das Wasserzeichenmuster (Initialpattern) gespannt wird; das mittlere Bild zeigt die Anordnung der geometrischen Figur über dieses Muster (I), auf welches die Wasserzeicheninformation über das WatermarkPattern (P) und PointPattern (W) aufgebracht wird; im rechten Bild ist dieser Vorgang für einen Markierungspunkt (I) gezeigt.

4.1.3.11 Verbesserung der Security-Eigenschaften

Um zusätzliche Sicherheit zu erreichen, wird die einzubringende Information von uns verschlüsselt. Um jedoch Blockverschlüsselungsalgorithmen wie DES, zukünftig eventuell AES oder IDEA [Sch1996] benutzen zu können, muß eine Datenrate in der Größe der Blocklängen gegeben sein, die bei mindestens 64 Bit liegt. Kann diese Datenrate nicht erreicht werden, müssen Stromverschlüsselungsverfahren eingesetzt werden.

Erweitert man das Verfahren dahingehend, daß zusätzlich zum geheimen Schlüssel Bildeigenschaften wie der Hashwert des Bildes genommen werden, so wird das Verfahren auch gegen die IBM-Attacke sicher.

4.1.3.12 Vierer-Gruppen aus dem Kantenbild extrahieren

Die Wahl der Markierungspunkte über die Bildkanten ist ein wesentliches Erfolgskriterium des in diesem Abschnitt entwickelten Algorithmus. Die Robustheit des Verfahrens gegenüber geometrischen Transformationen hängt wesentlich vom erfolgreichen Wiederfinden der Vierer-Gruppen ab. Da sich Kanten und Ecken im Bild durch Transformationen ändern können, müssen die relative Lage der Punkte und Kanten zueinander Kriterien für die Auswahl sein. In der prototypischen Implementierung benutzen wir Eckpunkte von zueinander benachbarten Kanten. Entstehen zufällig neue Kanten, wird der Abfrageprozeß gestört. Indem wir testen, ob wir Initialpattern finden können, werden die korrekten Auswahlpunkte bestimmt. Wird das Initialpattern nicht gefunden, ziehen wir erneut vier benachbarte Punkte und testen auf Initialpattern. Dieses Vorgehen ist momentan noch nicht laufzeitoptimiert, kann aber in einer verbesserten Wahl der Vierer-Gruppe optimiert werden, indem man weitere Eigenschaften in die Auswahl der Punkte einbezieht, wie deren Lage im Bild und zu anderen Kanten. Hat das Bild zu wenig Kanten oder Eckpunkte, müssen weitere Bildeigenschaften gefunden werden, die als Markierungspunkte benutzt werden können. Diese Problematik benötigt weitere Überlegungen, die in diesem Buch jedoch nicht ausführlicher diskutiert werden sollen, da wir zunächst untersuchen wollen, wie SSP-Muster auf Transformationen reagieren und die Robustheit von SSP-Mustern selbst evaluieren wollen.

4.1.3.13 Anpassungen für Rotation und Spiegelung

Bisher spannen wir die Muster jeweils über die vier Punkte auf, ohne die Orientierung des Musters zu beachten. Lag keine Rotation oder Spiegelung des Bildes vor, haben wir mit diesem Vorgehen auch Erfolg. Bei Rotationen oder bei Spiegelungen kann es zu Problemen im Ausleseprozeß kommen, da wir nicht sicherstellen, daß wir symmetrische Muster benutzt haben.

Deshalb müssen wir im Abfrageprozeß, wenn das Initialmuster nicht gefunden wird, noch folgende weitere Abfragen durchführen, bevor wir die Position verwerfen:

- Test mit Spiegelung des Musters (unter Beachtung der Achsen)
- Test mit 90 Grad gedrehtem Muster
- Test mit 180 Grad gedrehtem Muster
- Test mit 270 Grad gedrehtem Muster
- Test mit gespiegeltem und 90 Grad gedrehtem Muster (unter Beachtung der Achsen)
- Test mit gespiegeltem und 180 Grad gedrehtem Muster (unter Beachtung der Achsen)
- Test mit gespiegeltem und 270 Grad gedrehtem Muster (unter Beachtung der Achsen)

Wird bei einem der Tests eine Übereinstimmung festgestellt, werden zum Auslesen der WatermarkPattern und der Pointpattern dieselben Transformationen vor dem Korrelationstest vorgenommen. Die Sonderfälle können somit erkannt und mit geringer Komplexität behandelt werden.

4.1.3.14 Der StirMark Angriff: kombinierte nicht-lineare Transformationen

StirMark (siehe 3.2.3) nimmt nicht-lineare Transformationen vor, d.h. die benachbarten Wasserzeichenmuster können unterschiedlich verändert worden sein. In den Tests hat es sich gezeigt, daß wir die Musterpositionen über die Auswahl von Vierer-Gruppen korrekt wiederfinden und bei kleinen Mustern im Bereich von 16x16 Pixel die Korrelation in den Viereckmustern vorhanden bleibt. Allerdings stimmt die Musterform bzw. Musterposition der WatermarkPattern und PointPattern bei ausgedehnten, größeren geometrischen Figuren in weiterem Abstand von der Vierer-Gruppe des InitialPattern meist nicht mehr korrekt, da StirMark nicht linear arbeitet und die eingebrachten Muster anders verzerrt werden als das InitialPattern, siehe folgende Abbildung. Als Lösung kann man die Ausdehnung der geometrischen Struktur beschränken und die Wasserzeicheninformation über mehrere InitalPattern (Vierer-Gruppe) streuen, da in kleineren Abständen die Musterform fast exakt zum eingebrachten InitialPattern bleibt.

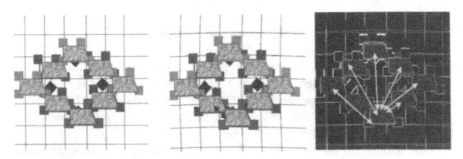

Abbildung 14: Wirkung von StirMark

In der Abbildung ist die Wirkung von StirMark zu sehen, links: Bildausschnitt von einer Markierungsposition, Mitte: Ausschnitt nach StirMark, rechts: Differenzbild der Ausschnitte, die viereckigen Markierungspositionen variieren in der Form und Position zum Initialmuster (unterstes Muster), je größer der Abstand, desto größer der Unterschied zum InitialPattern (gelb).

4.1.3.15 Testergebnisse und Bewertungen des vorgeschlagenen Verfahrens

In den Testreihen wird das neue Verfahren, welches rechteckige Wasserzeichenmuster auf beliebige Vierecke abbildet und in ein Bild einbringt, auf Robustheit gegen geometrische Transformationen getestet. Da das vorgestellte Verfahren sehr komplex ist, wurde eine vereinfachte prototypische Implementierung vorgenommen, die evaluiert, ob die über Bildpunkten aufgespannten Muster auch nach Transformationen wiederzufinden sind.

Zum Test des Verfahrens wurden vereinfacht ausgewählte Vierer-Gruppen benutzt und über diese Vierer-Gruppen die Figur eines Vierecks aufgespannt. Die im Test verwendeten Vierer-Gruppen stellen 5 unterschiedliche Polygonstrukturen dar (die sich aus den in den Testreihen in vereinfachter Weise fest gewählten Vierer-Gruppen ergaben). Variiert wurde die Mustergröße, die auf die entsprechende Polygongestalt aufgespannt wird. Dazu wurden im Test die Wasserzeichenmuster in drei verschiedenen Größen generiert, in 8x8 Pixeln, 16x16 Pixeln und 24x24 Pixeln. Jedes Pattern wurde auf die fünf verschiedenen Vierecke (siehe Tabelle 6) abgebildet:

- ein Quadrat mit 16x16 Pixeln Größe: mit diesem konnte die Auswirkung einer Vergrößerung bzw. einer Verkleinerung des Patterns auf die Polygonfläche untersucht werden.
- 2 Vierecke als Rechtecke mit den Größen 10x16 Pixeln und 16x10 Pixeln: sie dienten dem Test der Veränderung des Seitenverhältnisses der Muster.
- ein Viereck als Parallelogramm mit einer Grundseite von 16 Pixeln, einer Höhe von 16 Pixeln und einer Verschiebung der Grundseiten von 16 Pixeln. Für das letzte Viereck wurden beliebige Eckpunkte ausgewählt.

Die folgende Tabelle zeigt, wie im Test die drei unterschiedlich großen Wasserzeichenmuster auf die fünf verschiedenen Polygone (aus den fix gewählten Vierergruppen) abgebildet werden.

Tabelle 6: Gespannte Muster

8x8 Muster					
16x16 Muster 24x24 Muster					
Wasserzeichenmuster Viereck	16x16 Recht- eck	10x16 Recht- eck	16x10 Recht- eck	Parallelo- gramm	Polygon

Die Wasserzeicheninformation enthielt nur einen Buchstaben. Dieser wurde mit einem BCH-(31,6,15)-Code codiert und jedes einzelne Codebit zur zusätzlichen Redundanz verdreifacht. Der eingebrachte Bitvektor hatte so die Länge von 93 Stellen. Alle 93 Pattern wurden pro Bild über die fünf Polygone aufgespannt.

Der codierte Bitvektor, der in das Bild eingebracht wurde, wird mit dem ausgelesenen Bitvektor verglichen und die Fehlerrate gemessen, wie bei dem von [PeAn1999] vorgeschlagenen Verfahren.

Als Testbilder dienten uns zwei Bilder. Um unabhängig von Eigenkorrelationen der Bilder zu sein, wurden zunächst das Bild midgray.ppm, das nur eine einzige mittelgraue Farbe enthält, markiert. Die Muster wurden alle mit der Stärke 1 eingebracht und garantieren eine eindeutige Korrelation der markierten Blöcke. Auf diese Art konnten nur die Auswirkungen der Projektion auf die Polygone, der Kompressionsverluste und der Transformation der markierten Bilder ermittelt werden. Als Vierergruppen wurden feste Punkte im Bild gesetzt, da keine Kanten vorhanden sind. Zusätzlich wurde mit dem Testbild lena.ppm („Playboy playmate of the month Lenna Sjööblom", November 1972, Playboy Enterprises Inc.) getestet, welches im Vergleich zum Graubild eine Eigenkorrelation aufweist, die, wie sich im Test zeigt, nicht optimal zum gewählten Wasserzeichenmuster ist.

Die markierten Bilder wurden im JPEG-Format gespeichert, so konnten Auswirkungen der JPEG-Kompression beobachtet werden. Das Kompressionsverfahren JPEG erlaubt eine Parameterisierung der Bildqualität und der Kompressionsrate. Es wurden bei beiden Bildern Parameter gewählt, die über die subjektive Empfindung eine sehr gute Bildqualität zur Folge haben. Alle Transformationen wurden mit Hilfe der Java 2D Image API erstellt.

In der Testreihe wurde das markierte Bild transformiert und anschließend die Wasserzeicheninformation aus dem transformierten Bild wieder ausgelesen und überprüft. Als erste Transformation wurde die Wirkung der JPEG-Kompression untersucht. Anschließend wurden die Transformationen Skalierung, Rotation und Scherung sowie Kombinationen dieser Transformationen getestet.

Aufgrund der Vielzahl der getesteten Varianten wird hier auf eine ausführliche tabellarische Darstellung verzichtet. Die folgenden Tabellen 7 und 8 enthalten die zusammengefaßten Ergebnisse der Transformationsarten Skalierung, Rotation, Scherung und kombinierte Transformationen. Wir messen die Fehler des ausgelesenen Bitvektors im Vergleich zum Original-Bitvektor. In der Tabelle sind die Bereiche der aufgetretenen Fehlerraten des ausgelesenen Bitvektors in einer Transformationsart mit minimaler und maximaler Rate angegeben. Bei einer Fehlerrate von ca. 34% und mehr konnte der Buchstabe nicht mehr korrekt decodiert werden, da dann der fehlerkorrigierende Code die Fehler nicht mehr ausgleichen konnte. Trat ein solcher Fall innerhalb einer Transformationsart einmal oder öfter auf, ist er in den Tabellen grau unterlegt.

Das Verfahren zeigt in den Testergebnissen gute Ergebnisse. Hohe Fehlerraten traten bei der Skalierung nur bei der stärksten Verkleinerung von 50% auf. Bei der Rotation werden teilweise Bildbereiche abgeschnitten. So sind die höheren Fehlerraten bei der Rotation auf eine Ausschnittsbildung zurückzuführen, die bisher nicht in der Implementierung berücksichtigt sind. Dies gilt auch für die kombinierte Transformation, bei der in einem Fall eine Rotation von 45° und ein Abschneiden von Bildbereichen auftrat. Da der markierte Bildbereich bei einem 16x10 Rechteck als Projektionspolygon bei allen Rotationen nicht abgeschnitten wurde, ist die Fehlerrate deutlich geringer.

Tabelle 7: Fehlerkennungsraten für midgray.ppm

Midgray.jpg Muster		Direkt nach Markierung	Skalierung	Rotation	Scherung	Kombinierte Transformationen
	16x16 Rechteck	0%	0%-1%	0%-14%	0%	0%-15%
	10x16 Rechteck	0%	0%-2%	0%-13%	0%-1%	0%-3%
8x8	16x10 Rechteck	0%	0%-3%	0%-2%	0%-2%	0%-1%
	Parallelogramm	0%	0%-1%	0%-16%	0%-1%	0%-14%
	Polygon	0%	0%-1%	39%-61%	0%-1%	0%-37%
	16x16 Rechteck	0%	0%	0%-16%	0%	0%-21%
	10x16 Rechteck	0%	0%-1%	0%-19%	0%	0%
16x16	16x10 Rechteck	0%	0%-1%	0%	0%	0%
	Parallelogramm	0%	0%	0%-18%	0%	0%-20%
	Polygon	0%	0%	42%-61%	0%-1%	0%-35%
	16x16 Rechteck	0%	0%-6%	0%-18%	0%	0%-18%
	10x16 Rechteck	0%	0%-16%	0%-19%	0%	0%-2%
24x24	16x10 Rechteck	0%	0%-9%	0%	0%	0%-1%
	Parallelogramm	0%	0%-1%	0%-18%	0%	0%-21%
	Polygon	0%	0%-3%	44%-53%	0%-1%	0%-36%

Tabelle 8: Fehlerkennungsraten für lena.ppm

lena.jpg Muster		Direkt nach Markierung	Skalierung	Rotation	Scherung	Kombinierte Transformationen
8x8	16x16 Rechteck	21%	17%-30%	18%-30%	19%-25%	18%-26%
	10x16 Rechteck	22%	21%-30%	24%-38%	24%-31%	26%-32%
	16x10 Rechteck	29%	25%-35%	28%-33%	26%-35%	26%-32%
	Parallelogramm	33%	29%-39%	31%-42%	33%-37%	31%-37%
	Polygon	21%	24%-33%	31%-55%	25%-31%	27%-34%
16x16	16x16 Rechteck	10%	11%-18%	13%-22%	11%-20%	17%-23%
	10x16 Rechteck	17%	16%-29%	19%-35%	17%-25%	19%-27%
	16x10 Rechteck	16%	14%-36%	18%-30%	17%-30%	20%-31%
	Parallelogramm	9%	9%-21%	13%-34%	11%-17%	13%-20%
	Polygon	14%	14%-34%	25%-61%	16%-27%	18%-32%
24x24	16x16 Rechteck	17%	15%-40%	23%-34%	21%-28%	22%-34%
	10x16 Rechteck	17%	19%-34%	22%-29%	18%-29%	25%-32%
	16x10 Rechteck	17%	19%-41%	24%-33%	23%-30%	21%-32%
	Parallelogramm	11%	11%-35%	17%-28%	11%-14%	16%-32%
	Polygon	12%	11%-34%	19%-52%	14%-28%	18%-30%

Vor jeder Transformation erfolgte zuerst eine Formatkonvertierung nach JPEG, um Kompression zu testen.

In lena.jpg besaß der markierte Bildausschnitt eine ungünstige Eigenkorrelation in Bezug auf die Muster. D.h., um beispielsweise eine 1 einzubringen, konnte mit dem Wasserzeichenmuster und der gewählten Wasserzeichenstärke die Korrelation für die 1 im Abfrageprozeß nicht erreicht werden. So lag die Fehlerrate bereits im markierten Bild sehr hoch, siehe Tabelle Spalte: „Direkt nach Markierung". Sehr oft konnte der Buchstabe nach einer Transformation nicht mehr korrekt decodiert werden. Das Lena-Beispiel mit einer Fehlerrate von durchschnittlich 20% des Bitvektors des nicht transformierten markierten Bildes zeigt, daß bei einer ungünstigen Eigenkorrelation des Bildes geometrische Transformationen im Vergleich zu einer günstigen Eigenkorrelation deutlich abweichen und zu Fehlern führen können. Wie wir später am Beispiel von Video sehen, tritt dieser Fall nicht sehr häufig auf. Läßt man Bildbereiche aus, die eine ungünstige Eigenkorrelation aufweisen, können die Fehlerraten stark vermindert werden.

StirMark Test

Geometrische Transformationen stellen nur einen möglichen Angriff gegen Wasserzeichen in Bildern dar. Kutter und Petitcolas stellen in [KP99] eine Reihe von anderen Angriffe vor (siehe auch Abschnitt 3.2.3), die mit StirMark geometrische Verzerrungen und Filterung auf ein Bild ausüben. Es wurde gezeigt, daß nahezu alle öffentlich bekannten und kommerziellen Wasserzeichenverfahren nicht robust gegen StirMark sind. Häufig liegt das Problem darin, daß das Wasserzeichen nicht wieder aufgefunden werden kann, da Pixel an andere Stellen verschoben werden. Die zweite Testreihe mit der aktuellen Version 3.1.78 von StirMark, welche eine Speicherung aller wesentlichen Programmparameter und damit eine Anwendung der gleichen geometrischen Verzerrungen auf mehrere Bilder erlaubt, soll zeigen, ob das Wasserzeichen, welches mit dem vorgestellten Verfahren eingebracht wird, nach Anwendung von StirMark im Bild noch enthalten ist.

Die folgende Tabelle 9 zeigt die Fehlerraten der ausgelesenen Bitvektoren. Getestet wurden wieder drei verschiedene Patterngrößen, aber aus Komplexitätsgründen nur zwei verschiedene Patternspannflächen für die beiden Testbilder. Bis auf einen einzigen Fall (grau unterlegt) konnte der eingebrachte Buchstabe immer korrekt decodiert werden.

Tabelle 9: Fehlerkennungsraten nach der Anwendung von StirMark

StirMark		midgray.jpg	Lena.jpg
8x8 Muster	16x16 Rechteck	9%	24%
	Polygon	0%	30%
16x16 Muster	16x16 Rechteck	16%	18%
	Polygon	0%	25%
24x24 Muster	16x16 Rechteck	15%	24%
	Polygon	0%	20%

Die Testergebnisse zeigen sehr deutlich, daß das eingebrachte Wasserzeichen im angegriffenen Bild enthalten ist. Das Problem beschränkt sich auf das Auffinden der richtigen Koordinaten der Patterneckpunkte. Dies motiviert die vorgestellte Idee einer Extrahierung der Patterneckpunkte aus den Bildinhalten. Können die Eckpunkte auch nach Anwendung von StirMark wiedergefunden werden, kann die Wasserzeicheninformation ausgelesen werden. In den Tests wurde festgestellt, daß bei kleinen Musterspannflächen, wie die in dieser Testreihe verwendeten, bereits Abweichungen von zwei oder mehreren Punkten in den Koordinaten der Pattern zu einem fehlerhaften Ausleseergebnis führen. Dies stellt an das Verfahren die hohe Anforderung, die Eckpunkte der Vierecke exakt zu bestimmen.

4.1.3.16 Offene Tests und Implementierungen

Bisher kann die prototypische Umsetzung des Verfahrens noch keine Ausschnitte auswerten. Prinzipiell ist das kein Problem, da durch die Redundanz auch in Bildausschnitten Wasserzeichenmuster enthalten sind. Der Algorithmus muß lediglich feststellen, wie die Wasserzeichenmuster zusammengesetzt werden müssen und welche Muster eventuell innerhalb der geometrischen Struktur fehlen.

Prinzipiell müssen weitere Tests mit unterschiedlichen geometrischen Transformationen sowie Parametern folgen, um eine allgemeingültige Aussage über die Robustheit des vorgeschlagenen Verfahrens machen zu können. Die Testergebnisse reichen ebenfalls nicht aus, um auf generelle Robustheit gegen StirMark zu schließen, denn in den Tests wurden nur ausgewählte geometrische Figuren und Markierungspositionen benutzt.

Die durchgeführten Tests zeigen, daß der Ansatz gute Resultate in solchen Fällen liefert, die für andere Verfahren bereits Robustheitsprobleme verursachen. Der Ansatz erscheint sehr vielversprechend, bedarf aber weiterer experimenteller Prüfung sowie Securitybetrachtungen.

4.1.3.17 Beurteilung der visuellen Qualität

Zur Beurteilung der visuellen Qualität des Verfahrens haben wir subjektive Tests durchgeführt. Es zeigt sich, daß durch den Parameter *smooth* eine gute Anpassung erfolgen kann. Lediglich in homogenen Bildbereichen können vereinzelt bei direktem Bildvergleich leicht Verwaschungen in der Farbe auftreten. Das liegt daran, daß durch eine teilweise starke Eigenkorrelation des Bildes die Korrelation des Wasserzeichens nur mit einem starken Wasserzeichen erzwungen werden kann und dies zu visuellen Veränderungen führen kann. Verbesserungen können hier erfolgen, indem versucht wird, visuelle Bereiche effizienter von der Markierung auszuschließen, was jedoch zu Lasten der Kapazität geht. Die Alternative ist, solche Muster zu verwenden, die mit der Eigenkorrelation des Bildes eher übereinstimmen. Dies sollte jedoch aus Sicherheitsgründen nicht präferiert werden, da Angreifer somit nur eine eingeschränkte Auswahl von Wasserzeichenmustern durchsuchen müßten.

In der folgenden Tabelle sind die detaillierten Verfahrensparameter zu sehen:

Tabelle 10: Bewertung des Einzelbildverfahrens

Wasserzeichen für Einzelbilder	Qualitätsmerkmale des Verfahrens
Verfahren zur Urheberidentifizierung (Authentifizierung): Robust Authentication Watermark	• Sichtbarkeit: an die Wahrnehmung des Menschen angepaßtes Wasserzeichen, teilweise Probleme bei starker Eigenkorrelation des Bildes, die nicht mit dem Wasserzeichenmuster zusammenpaßt • Robustheit: hohe Robustheit gegen Kompression und geometrische Transformationen, erweiterte Robustheit gegen kombinierte Transformationen wie sie im StirMark als Referenztest durchgeführt werden, Erweiterung auf Ausschnittbildung möglich, weitere Tests erforderlich, um generelle Aussagen zu machen • Kapazität: noch geringe Kapazität von ca. meist nur 1-50 Bits pro Bild (340x340), abhängig von Größe und Kantencharkteristik • Komplexität: blindes Verfahren, Canny-Detektor ist sehr zeitaufwendig • Security: Probleme bei wenigen Kanten und Ecken sowie in der Invertierbarkeit, wenn kein Original verwendet wird (Blinde Verfahren), Zeitstempel muß verwendet werden

Die Tests belegen, daß das vorgestellte SSP Wasserzeichen einen effektiven Ansatz darstellt, die Robustheitseigenschaften wesentlich zu verbessern. Mit diesem Ansatz wählen wir die Markierungspositionen so, daß wir nur in beschränktem Maße erkennen müssen, welche Transformationen aufgetreten sind. Die Bildeigenschaften, über denen die SSP aufgespannt werden, können frei gewählt werden. Sie müssen jedoch Bildinvarianten darstellen, die nach Anwendung von Medienoperatoren nicht zerstört und wiedergefunden werden können. Wir haben beispielhaft Bildkanten und Ecken benutzt. Das Wasserzeichenmuster wird so eingebracht, daß im Ausleseprozeß automatisch die neue Position und die Form des Wasserzeichenmusters erkannt werden kann. Weitere Ausführungen zu diesem Ansatz sind in [DFS2000] zu finden.

4.2 Wasserzeichen für Bewegtbilder

4.2.1 Anforderungen an Bewegtbildwasserzeichen

4.2.1.1 Authentizität der Aufeinanderfolge von Bildern

Bewegtbilder, wie Film und Video, bestehen aus einer Folge von Einzelbildern, d.h., als Verfahrensparameter kommt die Zeitkomponente hinzu. Der Wert des Videos hängt meist von der sich zeitlich verändernden Sequenz ab, so daß Markierungen über eine Bildsequenz erfolgen können. Es kann aber auch der Schutz jedes einzelnen Frames, der einzelnen Bilder des Videos, im Vordergrund stehen.

Benutzt man mehrere Frames, eine Bildfolge, für eine Markierung (fortlaufende Markierung, d.h., die vollständige Wasserzeicheninformation ist nicht im einzelnen Frame enthalten, sondern ist auf mehrere Frames aufgeteilt), besteht eine spezielle Angriffsstrategie, die Wasserzeicheninformation zu zerstören:

Die Reihenfolge der Frames wird manipuliert oder einzelne Frames werden ausgeschnitten. Wird der Abfrageprozeß gestartet, kann die Markierung, die aus mehreren Frames ausgelesen werden muß, nicht korrekt zusammengesetzt werden. Will man eine fortlaufende Markierung einbringen, muß die Zeitkomponente mitbetrachtet werden und eine Komponente zur Synchronisation der Wasserzeicheninformation und zur Fehlererkennung eingeführt werden. Man spricht in diesem Zusammenhang auch von selbsttaktenden Markierungen.

Wasserzeichenverfahren, die vollständig die Urheberinformation in einzelnen Frames unterbringen, sind von diesem Angriff nicht betroffen, haben aber geringere Kapazität.

4.2.1.2 Kapazität

Prinzipiell haben Bewegtbilder eine größere Kapazität als in Einzelbilder, da die Informationsbits über das Gesamtvideo gestreut werden können. Kommen Informationen zur Synchronisation hinzu, ist die Datenrate pro Frame geringer als im Einzelbild, insgesamt über das Video natürlich höher. Soll zusätzlich ein Schutz jedes einzelnen Frames erreicht werden, verringert sich die einbringbare Datenrate drastisch.

4.2.1.3 Möglichkeiten der Fehlerkorrektur

Durch die große Anzahl an Frames, die zur Markierung zur Verfügung stehen, kann eine verbesserte Fehlerkorrektur erfolgen. Wird in ein Frame die gesamte Wasserzeicheninformation eingebettet, kann über alle Frames, die identische Markierungsdaten enthalten, eine Fehlerkorrektur erfolgen.

4.2.1.4 Visuelle Wahrnehmung

Durch die zeitliche Abfolge der Frames ergibt sich ein neues Problem der Sicht-barkeit. Wasserzeichen bringen zwar für das menschliche Auge unsichtbare Mar-kierungen in den einzelnen Frames an, es erfolgen jedoch immer minimale Ände-rungen in der Lichttemperatur, beispielsweise in uniformen Bereichen oder an Kanten. Werden pro Frame unterschiedliche Informationen aufgebracht, verändert sich die Lichttemperatur an den Markierungspunkten innerhalb aufeinanderfol-gender Frames. In den Tests zeigt sich, daß oft visuelle Störungen, die sich als Flackern bemerkbar machen, entstehen.

4.2.1.5 Komplexität

Da Videomaterial meist aus mehreren tausend Frames besteht, ist die Frage der Komplexität des Verfahrens sehr wesentlich. Konvertierungen und Analysen, die beim Einzelbild sehr einfach durchzuführen sind, summieren sich beim Video sehr schnell und führen zu einer unakzeptablen Laufzeit beim Einbringen und Auslesen der Wasserzeicheninformation. Hinzu kommt, daß Videomaterial durch spezielle Kompressionstechniken wie beispielsweise die IPB-Codierung bei MPEG [Ste1999, Sik1997] nicht mehr in Einzelbildform vorliegt. Will man das Wasser-zeichen auf die Luminanzkomponenten aufbringen, muß meist eine vollständige Decodierung und Encodierung des MPEG-Formates erfolgen. Das ist für Echtzeit-applikationen meist unakzeptabel. Meist werden Verfahren benötigt, die Wasser-zeicheninformationen robust und schnell in komprimiertes Material einbringen. Bei umfangreichem Videomaterial präferiert man, daß der Ausleseprozeß ohne Original erfolgen kann.

4.2.1.6 Robustheit der Wasserzeichen

Bewegtbilddaten unterliegen ebenfalls Angriffen auf die Robustheit, wie sie bei Einzelbildern auftreten. Wesentlich sind vor allem folgende Operationen:

- Ausschnitt von Framesequenzen
- Vertauschen von Framesequenzen
- Kompression (MPEG), Tiefpaßfilter
- Skalierung

Operatoren, die die Zeitdimension verändern, wie Zeitraffer, Zeitlupe, oder das gAudio als Hintergrundmusik nutzen, werden wir in diesem Buch nicht betrach-ten. Weniger relevant sind Rotation, Verzerrung und Ausschnittbildung. Auch werden Angreifer meist keine komplexen Änderungen oder Wandlungen wie bei-spielsweise D/A und A/D vornehmen, da diese Konvertierung i.d.R. mit einem größeren Qualitätsverlust verbunden ist. Allerdings ist eine Toleranz gegen leichte geometrische Angriffe, wie im StirMark-Verfahren, auf jeden Fall wünschens-wert, da Angreifer StirMark auch auf Bewegtbilddaten anwenden können.

4.2.2 Stand der Technik

Die existierenden Verfahren werden meist entworfen, um Markierungen über die Zeit hinweg einzubringen, wodurch kein Schutz des Einzelbildes erfolgt. Einige Verfahren bringen die Information nicht über die Frames ein, sondern nutzen Strukturinformationen des Videos wie bei MPEG die Bewegungsvektoren. Solche Ansätze haben eine hervorragende visuelle Qualität. Sie weisen allerdings einen Nachteil auf: die Wasserzeicheninformation geht bei Decodierung und erneuter Codierung meist verloren, wodurch jedoch oftmals auch die Qualität des Materials verringert wird.

Die meisten Verfahren setzen auf den Verfahren für Einzelbilder auf. Beispiele sind Erweiterungen des Verfahrens von Zhao/Koch [ZaKo1995], das Verfahren von Hartung, Su und Girod [HSG1998], das Verfahren von Swanson, Zhu und Tewfik [SZT1998a], das Verfahren von Rongen, Maes und van Overveld [RMO1999] oder das Verfahren von Devellieus [DCRP1999].

An dieser Stelle wollen wir nicht die einzelnen Verfahren im Detail diskutieren. Nur kurz ein paar wesentliche Hinweise:

Bei Hartung und Deguillaume steht der Schutz der Gesamtvideos oder Videoszenen im Vordergrund, wobei kein Schutz der einzelnen Frames erfolgt. Beide Verfahren weisen aufgrund der Nutzung mehrerer Frames für eine Wasserzeicheninformation eine hohe Robustheit und gute Fehlerkorrekturmöglichkeiten auf. Zhao/Koch markieren nur I-Frames eines MPEG-Videos, wodurch die Wasserzeicheninformation nach einer erneuten MPEG-Konvertierung mit einer anderen IPB-Framefolge meist nicht mehr ausgelesen werden kann. [RMO1999] wählen Markierungspunkte in Abhängigkeit sogenannter *salient points* innerhalb eines Bildes, die bezüglich einer Funktion S ein lokales Extremum bilden. Beispiele für *salient points* sind Ecken überschneidender Kanten, Orte hoher Entropie oder Helligkeitsextrema. Dieses Verfahren setzt in ähnlicher Weise wie das vorgeschlagene Einzelbildverfahren auf bildinhärente Eigenschaften für die Wahl der Markierungspunkte auf. Es können jedoch keine Informationsbits eingebracht werden. Das [SZT1998a] Verfahren adressiert die IBM-Attacke. [SZT1998a] nehmen an, daß jemand, der sich unrechtmäßig als der Autor eines Videos ausgeben möchte, das Video nicht stark verändern wird, so daß das in [SZT1998a] beschriebene Wasserzeichen nicht robust sein muß. Da das Verfahren aber auch gegen bildverändernde Angriffe, die nur den Zweck des Zerstörens des Wasserzeichens besitzen, robust sein soll, schlagen die Autoren ein Verfahren mit doppeltem Wasserzeichen vor. Das erste Wasserzeichen dient nur dem Nachweis, daß ein Video markiert wurde. Das zweite Wasserzeichen läßt mittels der Abhängigkeit von einem Benutzerschlüssel und von einem videospezifischen Schlüssel das Problem des rechtmäßigen Eigentums lösen, wodurch im Abfrageprozeß das Original verwendet werden muß.

Insgesamt haben die Verfahren sehr unterschiedliche Verfahrensparameter. Prinzipiell können wir aber folgende Einschätzung vornehmen:

Tabelle 11: Bewertung der existierenden Videoverfahren

Wasserzeichen für Video	Qualitätsmerkmale bestehender Verfahren
Verfahren zur Urheberidentifizierung (Authentifizierung): Robust Authentication Watermark	• Sichtbarkeit: an die Wahrnehmung des Menschen meist unvollständig angepaßtes Wasserzeichen, Probleme, wenn pro Frame unterschiedliche Informationen eingebracht werden (Flackern) • Robustheit: hohe Robustheit gegen Kompression, meist keine Robustheit gegen geometrische Transformationen und erweiterte Bildverarbeitungen, wie sie im StirMark als Referenztest durchgeführt werden • Kapazität: abhängig von Verfahren, meist nur einige Bits pro Frame • Komplexität: meist hoch, wenn nicht auf codiertem Material gearbeitet wird • Security: Security meist erfüllt, Probleme bei der Invertierbarkeit, wenn kein Original verwendet wird (Blinde Verfahren)

4.2.3 Anpassung des Einzelbildverfahrens für Videos

Das Ziel ist, das vorgeschlagene SSP-Verfahren aus Kapitel 4.1.3 für Videodaten zu benutzen, da wir den Schutz des einzelnen Frames als wesentlich erachten. Prinzipiell kann das Verfahren auch für Videodaten verwendet werden. Allerdings ist der Kantenansatz, um von der Bildgröße unabhängige Markierungspositionen zu ziehen, sehr zeitaufwendig und eignet sich nur dann für Video, wenn keine gute Performanz gefordert ist.

In diesem Abschnitt verbessern wir das Einzelbildverfahren, um eine höhere Performanz in der Videomarkierung zu erreichen, wobei ein Schutz jedes einzelnen Videoframes erfolgt und eine erweiterte Fehlerkorrektur vorgenommen wird. Im Vordergrund steht wie im Einzelbildverfahren die Optimierung der Transparenz sowie der Robustheit gegen Kompression, Skalierung, Rotation sowie leichten geometrischen Veränderungen. Im Videobereich spielen vor allem Kompressions- und Skalierungsaspekte eine Rolle.

4.2.3.1 Verfahrensprinzipien

Das Einbringen und Auslesen der Wasserzeicheninformation erfolgt analog dem Einzelbildverfahren. In jedes Frame wird die komplette Wasserzeicheninformation eingebracht. Das Video wird dazu in Einzelbilder aufgeteilt und anschließend wieder zusammengefügt. Da die Auswahl der Markierungspositionen über den Canny-Operator laufzeitintensiv ist, verwenden wir alternativ den Water-Inflow-

Algorithmus [Fis1997]. Prinzipiell liefern beide Algorithmen Bildkanten, auf denen die Markierungspositionen ausgewählt werden können.

4.2.3.2 Wahl der Markierungspositionen mittels Water-Inflow

Das Water-Inflow-Verfahren ist in der Literatur zur Bildsegmentierung beschrieben worden [Fis1997]. Die grundsätzliche Idee des Verfahrens besteht darin, daß das Bild als Grauwertbild betrachtet wird und für jeden Grauwert das Bild schrittweise „mit Wasser gefüllt wird". Die Grauwerte werden als Wasserhöhe benutzt, so daß Bildregionen mit gleichen Grauwertstufen zusammenhängende Objekte bilden. Zur Selektion von Markierungspunkten betrachten wir zusammenhängende Regionen. Dazu wird zuerst bestimmt, für welchen Grauwert G zusammenhängende Regionen gefunden werden sollen. G wird abhängig vom geheimen Schlüssel gezogen. Das Graubild wird anschließend in ein Binärbild verwandelt. Es wird eine 1 geschrieben, wenn der Grauwert des Bildes G übersteigt, andernfalls wird eine 0 geschrieben. Stellen, an denen Einsen als Kreuzmuster auftauchen, werden als Markierungspositionen benutzt. Vier benachbarte Werte bilden eine Viereckskombination. Werden keine Grauwerte gefunden, die G übersteigen, wird ein nächster Wert gezogen und der Algorithmus erneut durchgeführt

4.2.3.3 Verbesserungen der Robustheit durch Fehlerkorrektur über nachfolgende Frames

Da die Wasserzeicheninformation in jedem Frame vorliegt, kann im Auslesealgorithmus eine zusätzliche Fehlerkorrektur über die einzelnen Frames erfolgen. Wir berechnen die mittlere Abweichung über alle Frames, und die am häufigsten auftretenden Zeichenfolgen werden als Wasserzeichen genommen. Problematisch ist dieser Ansatz, wenn ein Angreifer Einzelbilder unterschiebt, die nicht markiert sind, aus ihnen wird auch ein falsches Wasserzeichen ausgelesen, welches die Fehlerkorrektur stört.

4.2.3.4 Verbesserungen gegen Ausschnittbildung: MPEG-4

Die bisherigen Verfahren bringen die Wasserzeicheninformationen im gesamten Bild unter. Da jedoch nicht nur ganze Bilder, sondern auch Teile von Bildern kopiert werden, sind meist in dem verbleibenden Bildausschnitt nicht mehr genügend Wasserzeicheninformationen vorhanden. Wird ein Bereich eines mit einem Wasserzeichen versehenen Bildes in ein anderes Bild kopiert, so werden nur Bruchstücke des Wasserzeichens kopiert. Als Folge kann das Wasserzeichen nicht mehr ausgelesen werden.

Durch die Entwicklung von MPEG-4 hat der Objektbezug wesentlich an Bedeutung gewonnen. Es gibt nicht mehr ein fixes Bild, sondern eine Ansammlung von verschiedenen Audio- oder Videoobjekten (Audio Visual Objects: AVOs). Ziel ist es deshalb, die Wasserzeicheninformationen direkt in spezifische Bildobjekte zu integrieren.

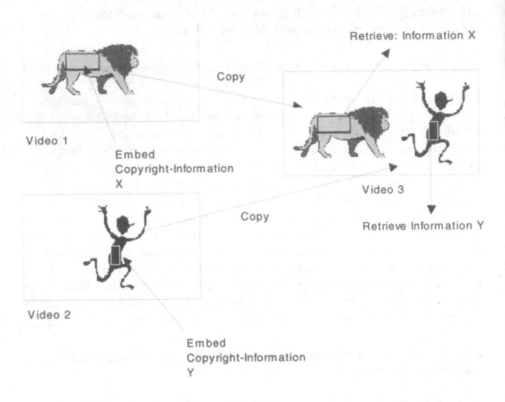

Abbildung 15: Schema: Schutz von Bildbereichen

In dem Szenario der Abbildung aus [Jan1998] werden (vereinfacht am Beispiel zweier Einzelbilder) zwei unterschiedliche Objekte aus 2 unterschiedlichen Videos ausgeschnitten (Video 1 u. 2) und in einem 3. Video zusammengefügt (Video 3). Wären die Watermarking-Algorithmen auf das gesamte Bild angewendet worden, so wären diese in Video 3 mit hoher Wahrscheinlichkeit nicht mehr rekonstruierbar, da der größte Teil der Informationen nicht aus dem Original übernommen wurde und sogar eventuell andere Wasserzeicheninformationen aus dem anderen Video störend hinzukommen.

Bei objektorientierten Verfahren muß die Wasserzeicheninformation in die Objekte des Bildes eingebracht werden können. Dies hat den Vorteil, daß sie auch nach Ausschnittbildung wieder vollständig auslesbar sind, da mit den relevanten Objekten auch die relevanten Wasserzeichen kopiert wurden. In diesem Fall würde es bedeuten, daß der Urheber von Video 1 seine Daten in Video 3 ausfindig machen könnte, wenn er den entsprechenden Schlüssel besitzt. Ebenso könnte dies der Urheber von Video 2 tun.

Wir schlagen deshalb ein objektbasiertes Wasserzeichenverfahren vor, in welchem Objekte innerhalb eines Frames auswählbar sind, die automatisch bis hin zu einem Szenenwechsel in den folgenden Frames erkannt und markiert werden. Für jedes Objekt können Copyrightinformationen angegeben werden, die an den entsprechenden Stellen eingebracht werden. Bei den ebenfalls automatisch erkannten

Szenenwechseln wird der Benutzer erneut aufgefordert, Objekte zu markieren, so
daß am Ende des Durchlaufs ein Film vorliegt, in dem alle wesentlichen Objekte
mit Copyrightinformationen versehen sind.

Grundlage des Systems bildet eine Kantenerkennung. Mit Hilfe des Canny-
Detektors oder mit dem Water-Inflow-Modell [Can1983, Fis1997] können wir die
vorliegenden Frames in ein binäres Kantenschema oder in ein Graustufenschema
umwandeln. Folgende Operationen setzen auf diesem binärem Kantenschema oder
Graustufenschema auf [DJS1998]:

- Objektselektion
- Objektverfolgung
- Szenenerkennung

Mit diesen Operationen können Objekte im Bildmaterial selektiert und bis zu
einem Szenenwechsel verfolgt und markiert werden.

4.2.3.5 Verbesserungen der Komplexität: Wasserzeichen für MPEG-Video

Das implementierte Verfahren für MPEG-Video arbeitet nicht direkt auf MPEG,
so daß es bei Verwendung von MPEG-Video zu einer Decodierung und erneuten
Encodierung kommt. Dadurch entstehen zusätzliche Qualitätsverluste und Perfor-
manzprobleme, die bei laufzeitkritischen Applikationen eine Rolle spielen. Um
eine Verbesserung zu erreichen, müßten wir die Markierungspunkte im komprimierten Material finden, was momentan noch nicht möglich ist. Wir haben auf der
prototypischen Implementierung des Einzelbildverfahren aufgesetzt, welches auf
vereinfachten Verfahrensparametern arbeitet.

4.2.3.6 Testergebnisse und Bewertungen

Die Testreihe wurde wie beim Bildverfahren Kapitel 4.1.3 durchgeführt. Zusätzlich erfolgte der MPEG-Kompressions-Test. Auch dieser Test erlaubt keine vollständige Beurteilung des verwendeten Verfahrens hinsichtlich der Robustheit gegen Transformationen, da, wie unter 3.1.4 bereits bemerkt, nicht alle Transformationen abgebildet werden können und nur ein Ausschnitt betrachtet werden kann.
Die Tests zeigen jedoch auch hier die Machbarkeit des Ansatzes für MPEG Videomaterial.

Als Testvideo dienten uns zwei Videos. Um unabhängig von Eigenkorrelationen der Bilder zu sein, wurde auch hier ein Graubildvideo midgray.mpg benutzt,
das nur eine einzige mittelgraue Farbe enthält. Zusätzlich wurden mit dem Testvideo org_volvo12.mpg (Sequenz aus Volvo-Werbespot) getestet, bestehend aus
zwölf Einzelbildern. Die MPEG-Struktur der zwölf Einzelbilder vor und nach der
MPEG-Komprimierung war IBBPBBIBBPBB. Aus Laufzeitgründen in den Tests
wurde diese kurze Framefolge gewählt. Alle Transformationen wurden wie beim
Einzelbildverfahren mit Hilfe der Java 2D Image durchgeführt.

In der Testreihe wurde das markierte Video in Einzelbilder zerlegt, die Einzelbilder transformiert und zu einem neuen, transformierten Video zusammengefügt. Anschließend wurde die Wasserzeicheninformation aus dem transformierten Video ausgelesen und überprüft. Als erste Transformation, die in allen Tests vorkommt, wurde die Wirkung der MPEG-Kompression untersucht. Anschließend wurden die Transformationen Skalierung, Rotation und Scherung sowie Kombinationen dieser Transformationen wie beim Einzelbildverfahren getestet. In den Testergebnissen geben wir prozentuale Fehler über alle Frames des Videos an, indem wir die Bitfehler des ausgelesenen zum eingebrachten Wasserzeichenbitstring zählen.

Bei einer Skalierung mit dem Faktor 0,1 entlang der x- und y-Achse enthält das rekonstruierte Video auf Grund der sehr starken Verkleinerung des Bildes kein auszulesendes Wasserzeichen mehr. An der ausgelesenen Textnachricht wird deutlich, daß der Bitvektor aus rein zufälligen Werten stammt. Ab einem Faktor von 0,5 kann der Wasserzeichentext ohne Fehler rekonstruiert werden.

Durch die Rotation werden Teile des Bildes außerhalb des Bildausschnittes abgeschnitten, so daß wir die Bilder zusätzlich verschoben haben. Dennoch wurden einige Ränder abgeschnitten und verfälschten das Ergebnis. Damit ist der Einfluß der reinen Rotation der Pixel in Bezug auf die Fehlerrate noch geringer als in der Tabelle 12 ersichtlich.

Auch Scherungen lassen ein fehlerfreies Auslesen des gemittelten Textes zu, wie die Tabelle zeigt. Es wurden nur Scherungen bis zu einem Faktor von 0,5 betrachtet. Höhere Faktoren verzerren das Bild so stark, daß sie kaum als tolerierbare Bearbeitungen des Bildes betrachtet werden können.

Zusätzlich wurden verschiedene Transformationen zusammengefaßt und auf das markierte Video angewendet. Zusätzliche Fehler treten auf, wenn das rotierte Bild nicht ausreichend genug verschoben und ein größerer Bildbereich rotiert wurde.

In fast allen Fällen konnte nach der Fehlerkorrektur das korrekte Wasserzeichen, bestehend aus 93 Bits zu einem Buchstaben zusammengesetzt und ausgelesen werden. Konnte der Buchstabe nicht korrekt zusammengesetzt werden, ist er in den Tabellen grau unterlegt.

Tabelle 12: Fehlerkennungsraten für midgray.mpg

Midgray.mpg Muster		Direkt nach Markierung	Skalierung	Rotation	Scherung	Kombinierte Transformationen
	16x16 Rechteck	0%	0%-12%	1%-19%	0%-2%	0%-17%
	10x16 Rechteck	0%	0%-17%	2%-17%	1%-5%	0%-6%
8x8	16x10 Rechteck	1%	1%-22%	2%-4%	0%-10%	0%-10%
	Parallelogramm	0%	0%-4%	0%-16%	0%-2%	0%-18%
	Polygon	0%	0%-8%	43%-57%	0%-4%	3%-36%
	16x16 Rechteck	0%	0%-19%	0%-18%	0%	0%-21%
	10x16 Rechteck	0%	0%-28%	1%-20%	0%-5%	0%-6%
16x16	16x10 Rechteck	0%	0%-33%	0%-3%	0%-3%	0%-6%
	Parallelogramm	0%	0%-10%	0%-18%	0%	0%-19%
	Polygon	0%	0%-14%	41%-58%	1%-3%	0%-39%
	16x16 Rechteck	0%	0%-19%	0%-15%	0%-2%	1%-22%
	10x16 Rechteck	0%	0%-36%	5%-27%	3%-15%	0%-17%
24x24	16x10 Rechteck	0%	1%-44%	6%-11%	2%-13%	3%-18%
	Parallelogramm	0%	0%-23%	2%-30%	1%5%	2%-19%
	Polygon	0%	0%-15%	36%-54%	1%-4%	2%-35%

Tabelle 13: Fehlerkennungsraten für org-volvo-12.mpg

org-volvo-12.mpg Muster		Direkt nach Markie- rung	Skalie- rung	Rotation	Scherung	Kombi- nierte Trans- formationen
	16x16 Rechteck	9%	9%-18%	10%-16%	10%-13%	11%-14%
	10x16 Rechteck	14%	15%-23%	17%-28%	17%-19%	18%-20%
8x8	16x10 Rechteck	6%	6%-12%	7%-13%	6%-12%	7%-11%
	Parallelo- gramm	11%	11%-20%	14%-26%	13%-15%	13%-19%
	Polygon	16%	17%-24%	44%-60%	18%-20%	17%-30%
	16x16 Rechteck	5%	4%-9%	4%-20%	5-6%%	5%-9%
	10x16 Rechteck	6%	6%-16%	7%-22%	6%-12%	7%-12%
16x16	16x10 Rechteck	6%	5%-13%	6%-10%	5%-7%	5%-12%
	Parallelo- gramm	9%	9%-12%	10%-22%	9%-10%	9%-10%
	Polygon	5%	5%-14%	43%-63%	6%-7%	7%-17%
	16x16 Rechteck	4%	5%-15%	7%-19%	6%-8%	7%-12%
	10x16 Rechteck	3%	4%-21%	6%-26%	5%-10%	9%-15%
24x24	16x10 Rechteck	4%	5%-19%	7%-10%	5%-8%	7%-14%
	Parallelo- gramm	13%	13%-28%	16%-27%	14%-15%	16%-21%
	Polygon	2%	2%-12%	46%-55%	4%-6%	4%-20%

StirMark

In der letzten Testreihe haben wir wie bei Einzelbildern den StirMark-Angriff getestet. Folgende Tabelle zeigt die Fehlerraten. Die neue Methode auf Basis von bildinhärenten Markierungspositionen und Nutzung von beliebigen Viereckmustern über Vierer-Gruppen von Bildpositionen scheint somit sehr erfolgversprechend.

Tabelle 14: Fehlerkennungsraten nach der Anwendung von StirMark

StirMark		midgray.mpg	org_volvo12.mpg
8x8 Muster	16x16 Rechteck	2%	12%
	Polygon	0%	19%
16x16 Muster	16x16 Rechteck	0%	5%
	Polygon	0%	7%
24x24Muster	10x16 Rechteck	0%	9%
	Polygon	1%	6%

Die Testergebnisse zeigen wie beim Einzelbildverfahren deutlich, daß das eingebrachte Wasserzeichen im angegriffenen Video enthalten ist. In jedem Fall konnte der eingebrachte Buchstabe korrekt detektiert werden. Das Problem konzentriert sich wieder auf das Auffinden der richtigen Koordinaten der Mustereckpunkte, welche auf bildinhärenten Eigenschaften basieren.

4.2.3.7 Offene Tests und Implementierungen

Wie beim Einzelbildverfahren kann die prototypische Umsetzung des Verfahrens noch keine Ausschnitte auswerten. Weitere Tests müssen mit unterschiedlichen geometrischen Transformationen sowie Parametern erfolgen, um allgemeingültige Aussagen über die Robustheit des vorgeschlagenen Verfahrens machen zu können. Um sagen zu können, daß eine generelle Robustheit gegen StirMark vorliegt, reichen die Testergebnisse ebenfalls nicht aus. Sie zeigen jedoch wie beim Einzelbildverfahren, daß der Ansatz gute Resultate in solchen Fällen liefert, die für andere Verfahren bereits Robustheitsprobleme verursachen.

Weiterhin muß auf Basis der guten Ergebnisse das Verfahren verallgemeinert und weitere Markierungspunkte sowie geometrische Figuren in das Verfahren integriert werden.

4.2.3.8 Beurteilung der visuellen Qualität

Wie im Einzelbildverfahren haben wir durch subjektive Tests den Qualitätsverlust beurteilt. Wie in [DSS1998] bereits evaluiert, kann man visuelle Artefakte durch die benutzten visuellen Modelle einschränken und vermeiden. Probleme bereiten uns Bilder, deren Eigenkorrelation nicht die Korrelation des Wasserzeichenmusters aufweisen. Soll das Muster trotzdem eingebracht werden, muß es sehr stark eingebracht werden, so daß dann Artefakte sichtbar werden. Ziel ist es deshalb, solche Markierungspositionen zu favorisieren, deren Korrelation mit dem des Musters besser zusammen paßt. Eine Anpassung der Auswahl der Markierungspunkte ist dazu erforderlich.

4.2.3.9 Erhöhung der Kapazität

Eine Erhöhung der Kapazität kann erfolgen, indem wir die Wasserzeicheninformation über mehrere Frames streuen. Allerdings muß zusätzlich eine Synchronisationskomponente benutzt werden, damit beim Ausschnitt von einzelnen Frames das Zusammensetzen der Wasserzeichenbits korrekt erfolgt und eventuell fehlende Frames erkannt werden.

4.2.3.10 Zusammenfassung der Verfahrensmerkmale

Prinzipiell sind die Verfahrensmerkmale vom Videoverfahren dem Einzelbildverfahren ähnlich. Die Tests belegen, daß die vorgestellten SSP auch einen effektiven Ansatz für Videomaterial darstellen, die Robustheitseigenschaften wesentlich zu verbessern. Das Wasserzeichenmuster wird so eingebracht, daß im Ausleseprozeß auch nach Transformationen automatisch die neue Position und die Form des Wasserzeichenmusters erkannt werden kann.

Durch die Fehlerkorrektur über die Frames hinweg konnten wir teilweise Fehler ausgleichen. Allerdings wird die Korrekturwirkung erforderlich, da die starke MPEG-Kompression zusätzliche Fehler verursacht.

Tabelle 15: Bewertung des Videoverfahrens

Wasserzeichen für Video	Qualitätsmerkmale des vorgestellten Verfahrens
Verfahren zur Urheberidentifizierung (Authentifizierung): Robust Authentication Watermark	• Sichtbarkeit: an die Wahrnehmung des Menschen angepaßtes Wasserzeichen, teilweise Probleme bei starker Eigenkorrelation des Bildes, die nicht mit dem Wasserzeichenmuster zusammenpaßt • Robustheit: hohe Robustheit gegenüber Kompression und geometrischen Transformationen, erweiterte Robustheit gegenüber kombinierten Transformationen wie sie im StirMark als Referenztest durchgeführt werden, Nutzung erhöhter Redundanz und Fehlerkorrektur, aber damit Verlust an Kapazität, Erweiterung auf Ausschnittbildung möglich, weitere Tests erforderlich, um generelle Aussagen zu machen • Kapazität: noch geringe Kapazität von ca. 1-50 Bits pro Bild, je nach Größe und Kanteneigenschaften • Komplexität: blindes Verfahren, Water-Inflow zeigt bessere Ergebnisse, Verfahren arbeitet auf Einzelbildern, so daß bei komprimierten Video jedes Frame decodiert und erneut encodiert werden muß • Security: Probleme bei wenigen Kanten und Eckpunkten, sowie in der Invertierbarkeit, wenn kein Original verwendet wird (blinde Verfahren), dann muß Zeitstempel verwendet werden

4.3 Wasserzeichen für Audiodaten

In den Ausführungen im Audiobereich konzentrieren wir uns vor allem auf die Markierung von MPEG Audiodaten. Der von uns in diesem Kapitel vorgestellte Ansatz stellt einen ersten Vorschlag für MPEG Audio Wasserzeichen dar. Zuerst besprechen wir Anforderungen an Tonmaterial, zeigen den Stand der Technik und diskutieren das Wasserzeichenverfahren.

4.3.1 Anforderungen an Verfahren für Audiodaten

4.3.1.1 Schutz der Aufeinanderfolge von Tönen

Wie Videomaterial besitzt Audiomaterial eine zeitliche Komponente. Frequenzen unterschiedlicher Höhe überlagern sich zeitlich und bilden die tonale Aussage. Soll ein Wasserzeichen zum Schutz der Urheberrechte eingebracht werden, ist es bei Audio unwesentlich, zu jedem diskreten Zeitpunkt die vollständige Wasserzeicheninformation vorliegen zu haben, wie es im einzelnen Frame von Interesse sein kann. Ein einzelnes Frame, das abhängig vom Datenformat aus mehreren Sekunden Audiodaten besteht, ist meist nicht von Schutzinteresse, so daß die Wasserzeicheninformation generell über das Gesamtsignal zeitlich gestreut werden kann. Dazu wird das Audio in zu schützende Sequenzen eingeteilt, welche die Wasserzeicheninformation enthalten sollen.

4.3.1.2 Kapazität in Konkurrenz zur Hörbarkeit

Die aufnehmbare Menge an Wasserzeicheninformationen hängt stark von der Toncharakteristik des Originals ab. Je nachdem, wieviel und welche Art von Daten untergebracht werden sollen, kann es sein, daß die Wasserzeicheninformation nicht eingebracht werden kann, ohne hörbare Artefakte zu erzeugen. Geht man in den nicht hörbaren Bereich, kann das Wasserzeichen durch Kompression verloren gehen, siehe zum Beispiel MPEG-Audio Codierung [Ste1999].

4.3.1.3 Möglichkeiten der Fehlerkorrektur

Durch den zeitlichen Verlauf des Audios ist es wie beim Wasserzeichen für Bewegtbilder möglich, eine verbesserte Fehlerkorrektur vorzunehmen. Allerdings hängt die mögliche Bandbreite für Informationen stark von der Audiocharakteristik ab. Zur Synchronisation der Wasserzeicheninformation sind spezielle Markierungen nötig, um festzustellen, wann die eingebrachte Information endet und wann die nächste beginnt.

4.3.1.4 Komplexität

Audiodaten bestehen aus einer Vielzahl von Frequenzen und ist in seiner unkomprimierten Form sehr groß. Ein Wasserzeichenalgorithmus muß das gesamte Material durchlaufen und die Information einbringen. Bei komprimiertem Material muß der Algorithmus die Audiodaten parsen, Datenbereiche selektieren und die Wasserzeicheninformation einbringen. Laufzeiteffiziente Algorithmen sind deshalb wichtig. Im Verhältnis zu Videodaten ist der Umfang des Datenmaterials jedoch überschaubarer.

4.3.1.5 Robustheit der Wasserzeichen

Folgende Medienoperationen sind relevant:

- Kompression und Quantisierung
- Einbringen von Rauschen
- Filtern
- Samplepermutationen
- Time-Strechting/Skalieren
- Nicht-lineare Transformationen wie Jitter
- Entfernen oder Einfügen einzelner Samples
- D/A- und A/D-Wandlung
- Verzerrung
- Echoeffekte
- Veränderung der Frequenzanteile

4.3.2 Stand der Technik

Die heutigen Verfahrensgrundlagen für Audiomaterial ähneln denen der Bildverfahren. Sie bringen das Wasserzeichen entweder in die Frequenzkomponenten des Audios durch Transformationscodierungen ein oder verändern direkt im Audio, indem beispielsweise eine Phasenmodulation oder Lautstärkenveränderungen vorgenommen werden. Meist werden Audiodaten und Wasserzeichen additiv verknüpft oder es handelt sich um Modulationen, die in den Audiodaten vorgenommen werden. Es müssen Maskierungseffekte in der Zeit und im Frequenzraum beachtet werden, damit das Wasserzeichen die Audioqualität nicht stört. Um Robustheit zu erlangen, werden vor allem Spread-Spectrum-Techniken verwendet, die das Wasserzeichen über das gesamte Datenmaterial streuen, siehe Einzelbildverfahren. Prinzipiell unterscheiden sich die Verfahren auch danach, ob sie auf komprimierten Daten arbeiten oder direkt auf den Tondaten und unterscheidet in Signal- und Sourcewatermarking.

Boney, Tewfik und Hamdy haben eines der ersten Verfahren zum Kennzeichnen von Audiosignalen entwickelt, welches öffentlich verifizierbar ist [BTH1996, SZT1998b] und auf MPEG-Basis arbeitet. Es basiert auf einer Pseudo-Noise (PN) -Sequenz, die unter Berücksichtigung psychoakustischer Aspekte in Audiofiles eingebettet wird. Es wird das psychoakustische Modell von MPEG-1 herangezogen, auf dem die MPEG-Audio-Layer basieren. Das Audiosignal wird auf 26 Frequenzbänder verteilt und danach auf 96 dB normalisiert. Anschließend werden tonale und atonale Komponenten bestimmt, da diese verschiedene Maskierungseigenschaften aufweisen. Die maskierten Komponenten werden gelöscht, mit den verbleibenden Informationen werden die Rauschgrenzen bestimmt, innerhalb derer die Kennzeichnung aufgebracht werden kann.

Aufgrund der hohen Widerstandsfähigkeit gegen Störungen und aufgrund der einfachen Generierung werden PN-Sequenzen als Wasserzeichen eingebracht. Es wird darauf geachtet, daß das Audiosignal das Wasserzeichen immer maskiert, so daß in leisen Passagen eines Musikstückes keine Störungen zu hören sind. Neben der berechneten Rauschgrenze muß die Maskierung auf der Zeitachse beachtet werden, da die meisten psychoakustischen Modelle nicht beide Ebenen ausreichend berücksichtigen.

Beim Einbringen des Wasserzeichens werden folgende fünf Schritte durchlaufen [BTH1996, SZT1998b]:

– Das Wasserzeichen W wird abhängig von den Maskierungseigenschaften des Audiosignals generiert.
– Audiosignal C und Wasserzeichen W werden verknüpft:
$$C_w = C + W$$

Um ein Wasserzeichen zu erhalten, das gegen die Frequenzverluste bei niedrigen Übertragungsraten robust ist, wird ein Signal W_{64} erzeugt, das aus der Differenz des markierten Originals und des Originals besteht, die jeweils vorher nach 64 kb/s konvertiert worden sind:
$$C_{64} = \text{Konvert}_{64}(C)$$

$$W_{64} = \text{Konvert}_{64}(C_w) - \text{Konvert}_{64}(C)$$

– Ein Signal C_{Fehler}, das aus dem bei der Konvertierung entstehenden Fehler besteht, wird erzeugt.
$$C_{Fehler} = C - C_{64}$$
– Das endgültige Wasserzeichen W_{end} besteht aus dem in Schritt 3 erzeugten W_{64} und dem in Schritt 4 bestimmten C_{Fehler}.
$$W_{end} = W_{64} + C_{Fehler}$$
– Das markierte Audio ergibt sich dann aus:

$$C_w = C + W_{end}$$

Zum Auslesen des Wasserzeichens wird das Originalsignal und die eingebrachte PN-Sequenz benötigt (nicht-blindes Verfahren). Es wird überprüft, ob die Differenz zwischen Original und zu überprüfendem Signal nur aus Rauschen besteht oder ob darin auch das Wasserzeichen enthalten ist.

Anhand einer Reihe von Versuchen belegen Boney et al. die Robustheit des Verfahrens. Allerdings werden Hörtests nicht erwähnt und die Stärke der getesteten Angriffe ist sehr gering. Die Notwendigkeit des Originals im Abfrageprozeß kann sich in manchen Anwendungsfällen als unvorteilhaft erweisen.

Ein neueres Verfahren namens AKWA stammt von der [Kan1998]. Das Verfahren bringt Wasserzeichen verschiedener Länge in PCM-Wave-Dateien (Puls

Code Modulation) ein. AKWA basiert auf statistischen Überlegungen und Gesetzen, nach denen Bitfolgen in die Audiodateien eingebracht werden.

Dazu wird die Audiodatei in Frames unterteilt, die verändert werden. Das Wasserzeichen besteht aus Bitfolgen, welche mittels eines geheimen Schlüssels generiert werden. Die Bitfolgen haben eine Größe von 2880 Werten, unterteilt in 20 Spalten und 144 Zeilen. Dabei folgt auf eine generierte Zeile jeweils das Bitinverse dieser Zeile, wodurch sichergestellt wird, daß die Anzahl von Nullen und Einsen gleich ist. Das ist Grundlage für die statistischen Aspekte des Algorithmus.

Eine Zeile des Wasserzeichens wird in ein Frame eingebracht. Ein Frame ist eine Folge von 384 16-Bit-PCM-Werten für Monosignale, für Stereosignale werden zwei Frames verwendet.

Da das Wasserzeichen redundant eingebracht wird, ist das Verfahren robust gegen Ausschnittbildung. Die Skalierung wirft einige Probleme auf. Unter Nutzung eines Skalierungsmusters, welches erlaubt, Skalierungen zu erkennen, wird beim Auslesen der Information die Skalierung rückgängig gemacht. Die MPEG-Komprimierung kann nur ein 1-Bit-Wasserzeichen überstehen. Ganze Bitfolgen hingegen wurden nur zum Teil erkannt. Jittering, als nicht lineare Skalierung des Audiosignals, zerstört das Wasserzeichen ebenfalls.

Ein weiteres Verfahren, welches auf MPEG basiert, wurde von Qiao/Nahrstedt [QiNa1999] vorgestellt. Es basiert auf Skalenfaktoranalysen und benötigt das Original im Abfrageprozeß.

Skalenfaktoren werden zur Kompression des Audioformates verwendet und geben die Amplitudenfaktoren an. Das Audiosignal wird dargestellt durch Skalenfaktoren und ein Frequenzspektrum, die durch eine FFT (Fast Fourier Transformation) Konvertierung aus den ursprünglich vorliegenden Amplitudeninformationen der Audiosamples entstehen. Aus dem Frequenzspektrum entstehen n-Frequenzsubbänder, die normalisiert werden. Die Skalenfaktoren stellen einen Verweis auf eine Tabelle im MPEG dar, welche Informationen zur Rücktransformation der normalisierten Daten bei der Decodierung des Audiosignals enthält, um eine Reskalierung durchzuführen. Im MPEG-Format liegen die Skalenfaktoren im Bereich [0..62], was einer Quantisierungsgenauigkeit auf 63 Bereiche entspricht. Jeder Frame kann bis zu drei Skalenfaktoren haben.

Vorteilhaft beim Qiao/Nahrstedt-Verfahren ist, daß es nicht invertierbar ist. Das Wasserzeichen wird durch Verändern der Skalenfaktoren oder Sample-Werte mit den Werten „1“ und „-1“ eingebracht. Das Verfahren erlaubt keine Mehrfachmarkierung, da durch ein weiteres Wasserzeichen die Veränderungen zu deutlich hörbaren Störungen führen. Die vorgestellten Testversuche beschäftigen sich nur mit der akustischen Beeinträchtigung des Audiomaterials durch das Wasserzeichen. Es werden keine Angaben gemacht, wie robust das eingebrachte Wasserzeichen gegen Angriffe ist.

Im Bereich Audiowasserzeichen existieren bereits mehrere kommerzielle Produkte [DSS1999c]. Die kommerziellen Verfahren sind bisher nicht veröffentlicht worden, so daß deren Sicherheit nicht beurteilt werden kann. Es ist davon auszugehen, daß bei Bekanntwerden der Verfahrensparameter die Verfahren als nicht sicher einzustufen sind.

Zusammenfassend kann man folgende Bewertung der Verfahren vornehmen:

Tabelle 16: Bewertung der existierenden Audioverfahren

Wasserzeichen für Audio	Qualitätsmerkmale bestehender Verfahren
Verfahren zur Urheberidentifizierung (Authentifizierung): Robust Authentication Watermark	• Hörbarkeit: an die Wahrnehmung des Menschen angepaßte Wasserzeichen • Robustheit: meist keine Robustheit gegen starke Kompression und keine Robustheit gegen nicht-lineare Transformationen • Kapazität: abhängig vom Audiomaterial • Komplexität: hoch, Verfahren benötigen meist das Original • Security: Probleme bei der Invertierbarkeit, wenn kein Original verwendet wird (Blinde Verfahren)

Im folgenden soll ein blindes Verfahren auf MPEG Basis entworfen werden, da:

• komprimierte Audiodaten über das Internet angeboten werden, gängig sind die Formate MPEG Audio Layer 2 und 3,
• die bestehenden Verfahren nur dann robust gegen Kompression sind, wenn sie im Abfrageprozeß das Original verwenden,
• Mehrfachmarkierung möglich sein soll.

4.3.3 Entwurf eines Audiowasserzeichenverfahrens für komprimiertes Datenmaterial als Ergänzung zum Videowasserzeichen

Das Ziel ist der Entwurf eines MPEG-basierten Verfahrens mit geringer Komplexität, ohne das Original im Abfrageprozeß zu benötigen, mit der Möglichkeit zur Mehrfachmarkierung. Das Verfahren soll direkt auf MPEG-Files arbeiten, so daß keine verlustreiche Konvertierung nach Wave und wieder zurück nach MPEG durchgeführt werden muß.

4.3.3.1 Algorithmus-Grundlagen

Der von uns entwickelte Algorithmus arbeitet auf MPEG-Audio-Layer II und bringt das Wasserzeichen in Analogie zum Einzel- und Bewegtbildverfahren über ein Muster ein. Die Erweiterung auf Layer I und III ist ohne Verfahrensänderungen möglich. Der Wasserzeichentext wird verschlüsselt und binär über Wasserzeichenmuster in die Skalenfaktoren der Frames einer Audiodatei eingebracht [DSS1999c]. Die Wasserzeichenmuster werden über einen geheimen Schlüssel generiert und haben eine Länge l von 3.

Im Gegensatz zu Bildverfahren wird das Muster nicht aufaddiert und im Abfrageprozeß auf Korrelation untersucht, sondern es besteht aus einer Folge von Inte-

gerwerten zwischen -62 und +62, welche die Differenzen zwischen Skalenfaktoren darstellen, die im Audio erzwungen werden und die Wasserzeicheninformation bezeichnen. Die Differenzmuster werden mit einem benutzerspezifischen
Schlüssel K gezogen. Der Wertebereich ergibt sich aus der Anzahl möglicher
Skalenfaktordifferenzen.

Für die Wasserzeicheninformation 0 und 1 werden jeweils zwei Muster X und
Y gezogen, welche die gewünschten Differenzen darstellen, die erzwungen werden müssen. Da im Audio das Muster zeitlich hintereinander eingebracht wird,
verwenden wir eine Sync-Information Z, mit der Anfang und Ende eines Wasserzeichenbits gekennzeichnet werden und die zum Selbsttakten des Wasserzeichens
herangezogen werden kann.

Der Einbettungsalgorithmus extrahiert zuerst die Skalenfaktoren aus dem
MPEG-Strom in eine Skalenfaktorliste. Die Skalenfaktoren werden entsprechend
den zugehörigen Frames hintereinander aufgereiht. Pro Frame gibt es wie bereits
erwähnt maximal drei Skalenfaktoren. Ein Wasserzeichenmuster, welches jeweils
ein Bit der Wasserzeicheninformation darstellt, soll in n aufeinanderfolgenden
Frames eingebracht werden, die als Gruppe bezeichnet werden.

Das Wasserzeichenmuster (X, Y oder Z) wird in einer Gruppe r_1 mal eingebracht, um eine Redundanz zu erreichen, da auch falsche Muster erzeugt werden
können. Innerhalb der Gruppe betrachten wir jeweils drei aufeinanderfolgende
Skalenfaktoren vereinfacht in x- oder y-Richtung, siehe Tabelle 18, andere Richtungen sind ebenfalls denkbar. Es werden Differenzen zwischen jeweils drei aufeinanderfolgenden Skalenfaktoren berechnet, in denen das Wasserzeichenmuster
eingebracht werden soll. Treten Differenzen auf, die ein nicht einzubringendes Informationsbit repräsentieren, werden die dazugehörigen Skalenfaktoren gestört
(stärker als t_{max}). Beispielsweise werden auftretende Muster von Y und Z gestört,
wenn das Muster X, also eine 0, eingebracht werden soll.

Anschließend werden die dem Informationsbit zugeordneten Muster X, Y bzw.
Z für 0, 1 bzw. Sync ähnliche Muster in den Differenzen gesucht und so abgeändert, daß sie dem Muster gleichen. Prinzipiell könnte man auch mit Absolutwerten
in den Mustern arbeiten, jedoch haben Differenzen den Vorteil, daß man nicht auf
bestimmte Absolutwerte angewiesen ist, die auftreten müssen.

Ist jedes Wasserzeichenbit in einer Gruppe von Frames in den Skalenfaktoren
eingebracht, ersetzen die geänderten Skalenfaktoren die ursprünglichen MPEG-
Skalenfaktoren und ein markiertes MPEG-File entsteht.

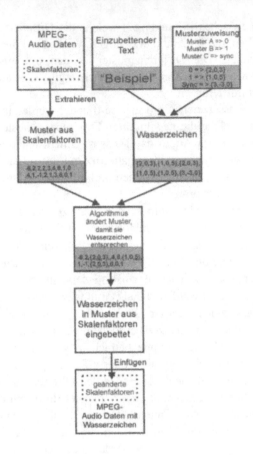

Abbildung 16: Genereller Ablauf für das Audiowasserzeichen

4.3.3.2 Erzeugen des Wasserzeichens für ein Wasserzeichenbit im Detail

Folgende Verfahrensparameter sind für uns relevant:

- Skalenfaktoren, die einer Anzahl von Frames entnommen werden
- Wasserzeichenbits, 0, 1 oder Sync, die über Wasserzeichenmuster eingebracht werden sollen
- Wasserzeichenmuster X, Y bzw. Z aus dem Bereich [-62...62] und der Länge l=3, um die Informationen 0, 1 bzw. Sync darzustellen, sie werden über einen geheimen Schlüssel K gewählt
- Redundanz r_l, wie oft das Muster mindestens in einer Gruppe von Frames vorkommen soll
- Anzahl von Frames n, die zu einer Gruppe zusammengefaßt werden, in denen ein Informationsbit r_l mal eingebracht werden soll

- Toleranz t, die maximale Abweichung der Differenzen der Skalenfaktoren zum Wasserzeichenmuster

Die Vorgehensweise des Algorithmus beim Einbringen der Information 0 über das X-Muster ist in der folgenden Abbildung dargestellt. Zuerst werden die beiden nicht erwünschten Muster Y und Z in der zu bearbeitenden Gruppe von n Frames gestört, damit sie später nicht den Ausleseprozeß stören und ein Wasserzeichen anzeigen, das nicht eingebracht wurde. Dazu werden die entsprechenden Muster gesucht und wenn möglich der erste Skalenfaktor um den Wert 1 erhöht. Wie im Hörtest von [QiNa1999] festgestellt wurde, ist das Erhöhen des Wertes für die Qualität weniger störend als das Vermindern.

Als nächstes wird überprüft, ob zufällig schon eine ausreichende Anzahl von erwünschten Mustern über drei zusammenhängende Skalenfaktoren in der Gruppe von Frames vorkommen. Ist dies nicht der Fall, so werden Muster gesucht, die dem Wasserzeichenmuster, im Beispiel X, möglichst ähnlich sehen. Zuerst werden nur Muster betrachtet, die sich um eine maximale Toleranz t = 1 vom gesuchten Muster unterscheiden. Diese Muster werden abgeändert, wenn sie nicht gegen zwei Randbedingungen verstoßen:

1. Nach der Änderung darf ein Skalenfaktor nicht kleiner 0 oder größer 62 sein, damit kein ungültiger Eintrag entsteht.
2. Ein neuer Skalenfaktor darf höchstens um eine Stufe niedriger als der ursprüngliche Faktor sein, da sonst hörbare Artefakte auftreten.

Auf diese Weise können wir über alle Frequenzbänder und über Folgen von Frames die Wasserzeichenmuster streuen. Um die Wasserzeichenmuster redundant einzubringen, wird zweite Regel bei Iteration gelockert.

Konnten wir bisher weniger als r_i Muster für ein Wasserzeichenbit pro Gruppe einbringen, d.h. die gewünschte Redundanz war noch nicht erreicht, wird die Toleranz t um 1 erhöht und das Verändern der dreier Skalenfaktoren innerhalb der Gruppe von Frames beginnt von Neuem, bis entweder die Redundanz r_i erreicht ist oder die maximal zulässige Toleranz t_{max}. Nachdem ein Informationsbit 0 oder 1 eingebracht wurde, folgt jeweils das Sync-Muster Z bis das nächste Informationsbit über das X bzw. Y Muster eingebracht wird. Wird t_{max} überschritten, konnte das Wasserzeichenbit nicht eingebracht werden. Dann kann die Gruppe von Frames vergößert werden. Prinzipiell kann es jedoch passieren, daß es nicht möglich wird, Wasserzeichenmuster bei Einhaltung von t_{max} einzubringen. Erzwingt man das Einbringen, indem man t_{max} erhöht, muß man Qualitätsverluste hinnehmen.

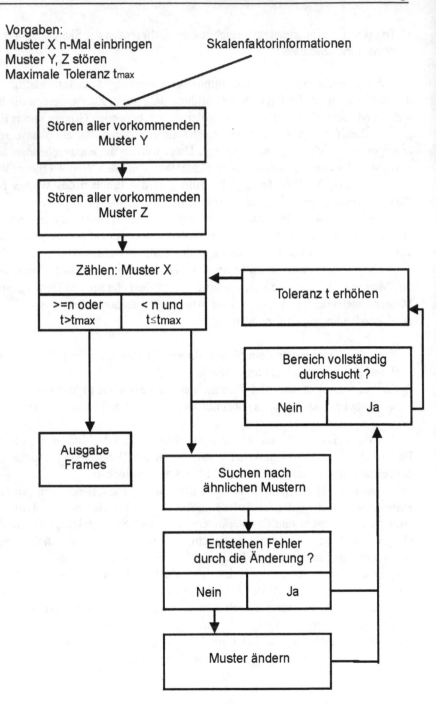

Abbildung 17: Einbringen eines Informationsbits

Zu beachten ist, daß sich durch das Verändern einzelner Werte in einigen Fällen wieder Muster von der Art bilden können, wie sie vorher entfernt worden sind, siehe in der Abbildung 17 Y und Z. Deren Vorkommen ist so selten zu beobachten, daß sie durch die Redundanz ausgeglichen werden können und die Interpretation des Wasserzeichens nicht stören.

4.3.3.3 Mustergenerierung

Um den Algorithmus anhand von Beispielen zu erklären, werden vereinfachte Tabellen verwendet, die ein MPEG-Skalenfaktorfeld darstellen. Zu erwarten sind maximal 30 Subbänder (sb), jeweils für den linken und rechten Kanal. Im folgenden Beispiel ist bei Stereo ein Auszug auf 4 Subbänder (8 Zeilen) für 6 Frames (ein Frame dauert 23 ms) dargestellt: die Tabelle zeigt die Skalenfaktoren über eine Gruppe von acht Frames, in die ein Wasserzeichenbit eingebracht werden soll.

Tabelle 17: Skalenfaktoren für eine Gruppe von 8 Frames

sb	Frame 1			Frame 2			Frame 3			Frame 4			Frame 5			Frame 6		
1l	-	-	-	-	-	-	-	-	-	-	-	-	-	-	-	-	-	-
1r	10	-	-	12	-	-	12	35	-	45	43	34	54	-	-	60	-	-
2l	25	-	-	25	-	-	24	-	-	34	35	36	54	-	-	60	-	-
2r	5	8	-	-	-	-	45	34	23	17	-	-	-	-	-	57	43	-
3l	5	7	-	-	-	-	43	34	23	19	-	-	-	-	-	49	23	-
3r	-	-	-	-	-	-	4	-	-	-	-	-	-	-	-	43	-	-
4l	-	-	-	-	-	-	8	-	-	-	-	-	-	-	-	42	-	-
4r	-	-	-	-	-	-	-	-	-	-	-	-	-	-	-	-	-	-

 Die einzelnen Zellen können Werte von 0 bis 62 enthalten. Ein Strich steht für einen nicht vorhandenen Skalenfaktor.

 Um die Muster zu finden, arbeitet der Algorithmus mit Differenzfenstern der Größe 3 in x- und y-Richtung. Beispielsweise betrachten wir in der folgenden Tabelle den Wert 12. Er ist erster Skalenfaktor in Frame 3, Subband 1, rechter Kanal. Zu beachten ist, daß nicht verwendete Skalenfaktoren ignoriert werden (-). Ein Muster kann sich über mehrere Frames hinweg erstrecken.

Tabelle 18: Differenzenfenster in x- und y-Richtung über die Skalenfaktoren

sb	Frame 1			Frame 2			Frame 3			Frame 4			Frame 5			Frame 6		
1l	-	-	-	-	-	-	-	-	-	-	-	-	-	-	-	-	-	-
1r	10	-	-	12	-	-	*12*	*35*	-	*45*	*43*	34	54	-	-	60	-	-
2l	25	-	-	25	-	-	*24*	-	-	34	35	36	54	-	-	60	-	-
2r	5	8	-	-	-	-	*45*	34	23	17	-	-	-	-	-	57	43	-
3l	5	7	-	-	-	-	*43*	34	23	19	-	-	-	-	-	49	23	-
3r	-	-	-	-	-	-	4	-	-	-	-	-	-	-	-	43	-	-
4l	-	-	-	-	-	-	8	-	-	-	-	-	-	-	-	42	-	-
4r	-	-	-	-	-	-	-	-	-	-	-	-	-	-	-	-	-	-

Die kursiven Zahlen sind diejenigen, die als Ausgangswerte dienen. Diese werden von 12 subtrahiert. Dadurch entstehen die beiden Muster -23,-33,-31 und -12,-33,-31.

Tabelle 19: Differenzenfenster

12	-23	-	-33	-31
-12				
-33				
-31				

Soll ein Muster gesucht werden, wird einfach das Differenzfenster über die Skalenfaktoren bewegt. Ist entweder die horizontale oder vertikale Folge der Differenzen gleich, so ist das Muster gefunden.

Soll ein ähnliches Muster W' der Intervallänge l = 3 bestimmt werden, wird die Summe der Quadrate der Differenzen zwischen den gefundenen Mustern (WDF) im Differenzenfenster (siehe Tabelle 19) und dem gesuchten Muster W (X, Y bzw. Z) gebildet. Quadriert wird hier, um starke Veränderungen an einzelnen Skalenfaktoren zu vermeiden:

$$Abweichung = \sum_{n=1}^{M} \left(W_i - WDF_i \right)^2 \quad (4.13)$$

Wenn die Abweichung <= Toleranz t ist, dann ist es ein ähnliches Muster.

Beispiel: in die Werte der folgenden Tabelle soll das Muster 0,3,0 eingebracht werden. Die erlaubte Abweichung liegt bei 1. An der Stelle Frame 6, Subband 1, rechter Kanal, Skalenfaktor 1 wird ein Muster gefunden, das dem einzubringenden ähnlich ist.

Tabelle 20: Bestimmung eines ähnlichen Musters auf den Skalenfaktordifferenzen

sb	Frame 1			Frame 2			Frame 3			Frame 4			Frame 5			Frame 6		
1l	-	-	-	-	-	-	-	-	-	-	-	-	-	-	-	-	-	-
1r	10	-	-	12	-	-	12	35	-	45	43	34	54	-	-	60	-	-
2l	25	-	-	25	-	-	24	-	-	34	35	36	54	-	-	60	-	-
2r	5	8	-	-	-	-	45	34	23	17	-	-	-	-	-	57	43	-
3l	5	7	-	-	-	-	43	34	23	19	-	-	-	-	-	59	23	-
3r	-	-	-	-	-	-	4	-	-	-	-	-	-	-	-	43	-	-
4l	-	-	-	-	-	-	8	-	-	-	-	-	-	-	-	42	-	-
4r	-	-	-	-	-	-	-	-	-	-	-	-	-	-	-	-	-	-

Das vorhandene Muster in der Vertikalen lautet 0,3,1. Die Abweichung beträgt 1. Das Muster muß so abgeändert werden, daß sich das gewünschte Muster ergibt.

Dazu werden die Werte des gefundenen Musters von denen des gesuchten subtrahiert. Es wird 0,3,1 von 0,3,0 abgezogen und man erhält 0,0,-1. Dieses Ergebnis wird von den Skalenfaktoren abgezogen.

Tabelle 21: Gefundenes Muster

60	-	-	56
60	-	-	58
57	43	-	-
59	23	-	-
43	-	-	-

Tabelle 22: Differenz

0			
0			
-1			

Tabelle 23: Geändertes Muster

60	-	-	56
60	-	-	58
57	43	-	-
60	23	-	-
43	-	-	-

Somit entstehen geringfügige Änderungen an den Skalenfaktoren einer Gruppe von Frames eines MPEG-Files, in dem ein gewünschtes Muster mit einer Häufigkeit von r_l vorkommt. Gleichzeitig werden die beiden anderen Muster für 1 und Sync in diesem Bereich unterdrückt.

4.3.3.4 Abfrageprozeß

Im Abfrageprozeß werden die folgenden Angaben benötigt:

- Skalenfaktoren, die den Frames entnommen werden
- Wasserzeichenmuster X, Y bzw. Z aus dem Bereich [-62...62] und der Länge l=3, um die Informationen 0, 1 bzw. Sync darzustellen, sie werden über einen geheimen Schlüssel K bestimmt
- Redundanz r_l, wie oft das Muster mindestens in einer Gruppe von Frames vorkommen soll

- Anzahl n von Frames, die zu einer Gruppe zusammengefaßt werden, in denen ein Informationsbit r_l mal eingebracht werden soll

Die Parameter r_l und n sind optional, da das Audiomaterial verändert sein kann. Beispielsweise können Frames ausgeschnitten oder vertauscht sein. Sie bieten aber im ersten Schritt eine Orientierung im Ausleseprozeß.

Zuerst bestimmen wir wie im Einbettungsprozeß die Muster X, Y und Z über den geheimen Schlüssel und stellen eine Liste aller Skalenfaktoren aus den Prüfaudiodaten auf. Über die Skalenfaktorliste werden die Häufungen von Differenzenmustern über jeweils ein Frame bestimmt und eine Frameliste mit den Häufigkeiten der X, Y und Z Mustern über einem Frame angelegt. Diese Häufigkeitsliste wird nun interpretiert. Da im Einbettungsprozeß die Informationsbits 0 und 1 durch jeweils ein Sync-Muster getrennt eingebracht wurde, kann man anhand des Sync-Musters eine Synchronisation erreichen, sofern das Sync-Muster nicht herausgeschnitten oder vertauscht wurde.

Über die Parameter n und r_l kann man zuerst prüfen, ob die Gruppe von n Frames unverletzt ist, d.h., innerhalb dieser Frames tritt nur eine Musterart auf und in den benachbarten Frames ist das Sync-Muster vorhanden. Da, wie bereits erwähnt, im Einbettungsprozeß durchaus störende Muster entstehen können, ist es möglich, daß zwischen den Sync-Mustern vereinzelt nicht nur Muster einer Art (X und Y) auftreten können. Ist die Häufigkeit gering, kann durch die Redundanz darauf geschlossen werden, daß ein Informationsbit vorliegt, das dem am häufigsten auftretenden Muster entspricht.

Stellt man bei der Prüfung fest, daß die Struktur der Gruppen nicht von Sync-Mustern umgeben ist, kann man von Veränderungen im Audiomaterial ausgehen. Der Abfrageprozeß läuft dann durch die Frameliste mit den Häufigkeiten der Muster und versucht dynamisch zusammenhängende Muster zu identifizieren und denen Sync, 0 oder 1 zuzuordnen. Dieser Vorgang ist aufwendiger, kann aber durch das Sync-Muster zwischen den Informationsbitmustern X und Y fehlerkorrigierend erfolgen. Je nachdem, welche Muster am häufigsten zwischen Sync-Mustern auftreten, wird das Informationsbit zugeordnet.

Problematisch erweisen sich Veränderungen im Audiomaterial, welche Sync-Muster entfernt haben. Dadurch kann teilweise die Synchronisation der X und Y Muster verloren gehen. Da das Muster aber ebenfalls redundant über eine Gruppe von aufeinanderfolgenden Frames eingebracht wird, ist die Wahrscheinlichkeit gering, daß alle Sync-Muster verloren gehen.

4.3.3.5 Hörtests

Wir haben zwei subjektive Tests durchgeführt. Der erste Test wurde zur Messung des Qualitätsverlustes durchgeführt, der zweite zur Evaluierung, ob Original und markiertes Material unterscheidbar sind. Durch die nur geringe Zahl an Testpersonen (10) geben die Tests einen ersten Eindruck über die Wahrnehmbarkeit. Details der Test sind unter [DSS1999c] nachzulesen.

Hörtest Qualitätsverlust

Jeder vorgespielte Ausschnitt aus den Teststücken wurde mit Noten zwischen 1 und 5 bewertet:

1 – kein hörbarer Unterschied

2 – nicht näher festmachbarer, aber empfundener Unterschied (verschiedene CD-Player oder Stereoanlagen)

3 – schwach wahrgenommener Unterschied (z.B. CD-Qualität zu Radioqualität)

4 – deutlicher Unterschied (Kassettenaufnahmen)

5 – deutlich wahrnehmbare Störung (Kratzer auf Schallplatten, gestörter Radio-empfang)

Insgesamt kann festgestellt werden, daß eine Beeinträchtigung der wahrge-nommenen Qualität stattfindet, allerdings in der Regel nicht in einem störenden Maße. Keines der Beispiele hat im Durchschnitt eine schlechtere Bewertung als Radioqualität erhalten. Der wahrnehmbare Qualitätsverlust war beim Übergang von MPEG zu markiertem MPEG wesentlich geringer als beim Übergang von Wave zu MPEG.

Hörtest Erkennen von markierten Sequenzen

Den Testpersonen wurden Original und markierte Sequenzen vorgespielt und es mußte entschieden werden, ob es sich um das Original oder um das markierte Material handelt. Etwa 50% der markierten, aber auch etwa 50% der Originalse-quenzen wurden falsch zugeordnet. Womit man nicht behaupten kann, daß die Markierungen hörbar sind.

4.3.3.6 Vorteile des Verfahrens

Das vorgestellte Verfahren kann Text als Wasserzeichen einbringen, es benötigt nicht das Original im Abfrageprozeß und arbeitet direkt auf MPEG-Files. Es muß keine verlustreiche Konvertierung nach Wave und wieder zurück nach MPEG durchgeführt werden. Weiterhin ist kein großer Rechenaufwand notwendig. Mes-sungen wurden jedoch nicht vorgenommen, um detaillierte Aussagen zu machen. Das Verfahren sollte sich mit Hilfe eines Puffers für die Skalenfaktoren ohne Pro-bleme in Echtzeit anwenden lassen.

Weiterhin lassen sich durch verschiedene Muster Mehrfachmarkierungen ein-bringen, ohne die Muster oder die Qualität zu stören.

Gegen gezielt in MPEG arbeitende Störungen konnte die Robustheit verbessert werden, da das Verfahren sich sowohl über verschiedenen Subbänder als auch über den Zeitfluß bewegt. Wird z.B. aus dem Stereofile ein Monofile, werden da-durch die Muster, die in der Zeitachse liegen, nicht gestört. Umgekehrt beeinflußt das Löschen einzelner Frames nicht die Muster, die sich über verschiedene Sub-bänder hinweg erstrecken.

4.3.3.7 Nachteile des Verfahrens

Das Wasserzeichen wird durch ein Konvertieren nach Wave und wieder zurück nach MPEG zerstört. Die Änderungen in den Skalenfaktoren sind zu stark. Gleichzeitig tritt jedoch ein starker Qualitätsverlust auf, so daß dieser Angriff keine große Rolle spielt. Das Einbringen von immer gleichen Z-Mustern kann zu statistischen Auffälligkeiten führen, entdeckt oder zerstört werden. Es ist deshalb ratsam, die Muster in einem längeren Audiostück öfter zu verändern.

Tabelle 24: Bewertung des Audioverfahrens

Wasserzeichen für Audio	Qualitätsmerkmale des vorgestellten Verfahrens
Verfahren zur Urheberidentifizierung (Authentifizierung): Robust Authentication Watermark	• Wahrnehmbarkeit: durch geeignete Wahl des Wasserzeichenmusters, der Toleranz und der Anzahl von Frames in einer Gruppe kann ein an die Wahrnehmung des Menschen angepaßtes Wasserzeichen erzeugt werden • Robustheit: hohe Robustheit gegen Angriffe auf die MPEG-Bitstruktur, keine Robustheit gegen erneute MEPG-Konvertierung, aber starker Qualitätsverlust • Kapazität: maximal 1 Bit pro Frame • Komplexität: gering, blindes Verfahren • Security: Abhängig von Anzahl möglicher Muster, Invertierbarkeitsproblem kann mit Zeitstempelverfahren umgangen werden

4.4 Wasserzeichen für 3D-Modelle

Wie MPEG-4 Szenario zeigt, werden innerhalb von Videosequenzen immer mehr virtuelle Szenen und Objekte benutzt. VRML (Virtual Reality Modeling Language) ist eine Möglichkeit, 3D-Darstellung in einer Videosequenz anzusprechen oder im WWW Informationen zu publizieren. Bisher gibt es wenige Ansätze zur Markierung von 3D-Modellen. Die meisten Verfahren basieren auf Markierungen der Geometrien, der Grundelemente eines 3D-Modells, wie in [Ben1999, OMA 1997a/b, OMA1998a/b/c, HEG1998] beschrieben. Spezielle Wasserzeichenansätze für Gesichtsanimationen in MPEG-4 sind unter [HEG1998] zu finden.

4.4.1 Stand der Technik

Ohbuchi [OMA1997a/b, OMA1998a/b/c] stellt die folgenden Algorithmen vor, die sich generell zum Einbringen jeder Art von Daten in 3D Modelle eignen: Triangle Similarity Quadruple – TSQ Algorithmus, Tetrahedral Volume Ratio – TVR Algorithmus, Triangle Strip Peeling Symbol sequence – TSPS Algorithmus, Polygon Stencil Pattern – PSP Algorithmus, Mesh Density Pattern – MDP Algorithmus.

Benedens [Ben1999] stellt einen Algorithmus vor, der vor allem das Ziel hat, Robustheit gegenüber zufälligen Änderungen in Scheitelpunkten oder Triangulierungsalgorithmen, Vereinfachungsalgorithmen auf Maschennetze der 3D-Darstellung, zu erreichen. Der Algorithmus arbeitet auf den Maschennetzen eines 3D-Modells, welches aus Dreiecksmaschen bestehen muß.

Die von Ohbuchi und Benedens vorgestellten Algorithmen benötigen das Original im Abfrageprozeß nicht und sind somit blinde Verfahren. Ohbuchi verwendet in seinen Algorithmen bisher keine geheimen Schlüssel, so daß sie generell als Annotationswasserzeichen zu sehen sind. Benedens hingegen verwendet Schlüsselinformation, wodurch sich auch Ohbuchis und Benedens Ansätze generell unterscheiden.

3D-Modelle bestehen meist aus einer Menge von einzelnen Beschreibungselementen, um die 3D-Graphik darzustellen. Um Wasserzeichen in die 3D-Darstellung einbringen zu können, müssen geeignete Beschreibungselemente, Primitive genannt, ausgewählt werden, die meist eine komplexe Struktur und genügend Redundanz aufweisen, um das Wasserzeichen verbergen zu können. Ohbuchi benutzt polygonale Modelle, eine mögliche Darstellungsart für dreidimensionale Geometrie in der Computergrafik. Nach den Primitiven, welche zum Einbringen des Wasserzeichens benutzt werden, und der Art und Weise der Markierung, unterscheiden sich die existierenden Verfahren.

Der **Triangle Similarity Quadruple – TSQ-Algorithmus** basiert auf der Verwendung der mathematischen Eigenschaften von ähnlichen Dreiecken, um Wasserzeichen in dreieckige Maschennetze eines Gittermodells einzubringen. Als Ähnlichkeit wird die geometrische Verwandtschaft benutzt, die Übereinstimmung der Gestalt ebener Figuren. In ähnlichen Dreiecksmaschen sind die Längen zueinandergehöriger Strecken zueinander proportional. Die folgende Abbildung zeigt, wie Ohbuchi vier Dreiecksmaschen zusammenfügt und zur Markierung benutzt.

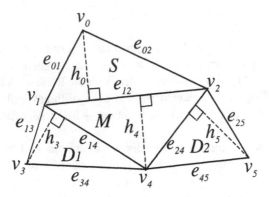

Abbildung 18: 4 Dreiecksmaschen eines Gittermodells als ein Macro-Embedding-Primitive

In der Abbildung sind 4 Dreiecksmaschen eines Gittermodells als ein Macro-Embedding-Primitive dagestellt, v_i sind die Scheitelpunkte, e_{ij} sind die Längen der Kanten und h_i sind die Höhen der Dreiecke [OMS1998c].

Um eine indizierte Ordnung zu realisieren, benutzt Ohbuchi eine Struktur aus 4 Dreiecksmaschen, die aus vier benachbarten Dreiecken besteht, die ihre Kanten teilen, siehe Abbildung. Diese vier benachbarten Dreiecke werden als Macro-Embedding-Primitive (MEP) bezeichnet. Die Macro-Embedding-Primitive {Markierung, Index, Datum1, Datum2} speichert ein Markierungskennzeichen M, einen Index S und zwei Datenwerte D_1 und D_2. Die Markierung identifiziert die einzelnen eingebrachten MEP's. Zur Abfrage der Markierung müssen die Maschen identifiziert werden, die die Informationen enthalten. Das kann über einen geheimen Schlüssel oder über die Positionen direkt erfolgen.

Der **Tetrahedral Volume Ratio – TVR-Algorithmus** benutzt Erkenntnisse der Stereometrie. Als Embedding Primitive verwendet er das Verhältnis der Volumen eines Tetraeder Paares. Tetraeder sind regelmäßige Körper, die aus vier gleichseitigen Dreiecken bestehen. Sie besitzen vier Ecken, vier Flächen und sechs Kanten. Jeder Scheitelpunkt besitzt drei Seitenflächen. Die Markierung wird wieder auf den Dreiecksmaschen der Tetraeder vorgenommen.

Der **Triangle Strip Peeling Symbol sequence – TSPS-Algorithmus** basiert auf der Benutzung von Dreiecksbändern, die er aus einer gegebenen Dreicksmasche generiert, um die Symbolsequenzen einzubetten. Die gewählte Embedding Primitive ist das angrenzende Dreieck eines Paares von Dreiecken in einem Dreiecksstreifen. Jedes Dreieck codiert die Information von einem Bit.

Auch beim **Polygon Stencil Pattern – PSP-Algorithmus** ist die Eingabe eine Dreiecksmasche. Ein Muster kann eingebettet werden, indem man einen vieleckigen Streifen S im benötigten Muster aus der Dreiecksmasche herausschneidet. Der MDP-Algorithmus ist ein weiterer einfacher Muster-Einbettungs-Algorithmus. Er generiert auch wieder vieleckige Maschen-Modelle. Er benötigt jedoch als Eingabe Modelle gekrümmter Oberflächen (Splines). Er tesseliert die gegebene Eingabe und bringt visuell sichtbare Muster ein, indem er die Größen der Dreiecke in der Ausgabemasche moduliert. Hierzu berechnet man aus der Eingabe geeignete Scheitelpunkt-Normalenvektoren. Diese Muster sind kaum sichtbar, wenn sie mit einer leichten Dunkeltönung (z. B. Gouraud-Schattierung) angezeigt werden. Sie werden erst dann sichtbar, wenn die Daten in Drahtgitter-Modell-Darstellung gerendert werden.

Benedens benutzt ebenfalls Dreiecksmaschennetze, wobei Teilbereiche ihrer Oberfläche herausgegriffen und verändert werden. Er nutzt Normalen der Oberfläche, die verändert werden. Das Verfahren ist robust gegen Vereinfachungsalgorithmen. Begrenzt ist die Robustheit gegen Skalierung des 3D-Modells.

Den vorgestellten Methoden ist gemein, daß sie sich für dreidimensionale polygonale (vieleckige) Computergrafik-Modelle auf Basis von Dreiecksmaschennetzen oder Splines eignen. Die Ansätze sind sehr allgemeine Beschreibungen, und zusammenfassend erfolgt das Einfügen von Wasserzeichen meist auf drei Arten, basierend auf den Darstellungskomponenten der 3D-Modelle:

- Modifikation der Scheitelpunkt-Koordinaten
- Modifikation der Scheitelpunkt-Topologie (Verbindung der Punkte)
- Kombination von Modifizierung der Geometrie und der Topologie

Die Algorithmen unterscheiden sich in der Robustheit auf Veränderungen der Geometrie bzw. der Topologie ihrer bearbeiteten Grafikelemente. Die Änderungen kann man in drei Gruppen einteilen. Die erste Gruppe G1 umfaßt allgemeine Transformationen wie Operationen zur Rotation, zur Skalierung und zur Translation von Objekten. In der zweiten Gruppe G2 befinden sich Funktionen wie Ausschnittsbildung und lokale Deformationen. In die dritte Gruppe G3 ordnen sich Aktionen für topologische Modifikationen ein, wie z. B. Polygon-Vereinfachungs-Algorithmen.

Die angegebenen Beispiele in [OMA1997a/b, OMA1998a/b, Ben1999] zeigen, wogegen die verschiedenen Algorithmen robust sind. Die folgende Tabelle faßt die Ergebnisse der Robustheitsbetrachtung zusammen.

Tabelle 25: Zusammenfassung der Robustheitsaussagen

Operationen	Algorithmus					
	Ohbuchi TSQ	Ohbuchi TVR	Ohbuchi TSPS	Ohbuchi PSP	Ohbuchi MDP	Benedens-verfahren
G1: allgemeine Transformationen	ja	ja	ja	ja	ja	teilweise
G2: Ausschnittsbildung und lokale Deformationen	ja, teilweise	ja, teilweise	ja	ja, teilweise	ja, teilweise	ja, teilweise
G3: topologische Modifikationen	nein	nein	nein	ja	ja, teilweise	ja, vor allem gegen Vereinfachung

Robustheit erreicht man im wesentlichen durch mehrfaches Einbringen derselben Nachricht und durch eine indizierte Anordnung der einzubringenden Information. Nachteilig an den Verfahren ist, daß bei weniger umfangreichen Modellen die Anzahl der Primitiven, die Wasserzeichen enthalten, geringer wird und Angreifer somit in die Lage versetzt werden, mittels Durchprobieren (Brute Force), mögliche Wasserzeichenkombinationen zu finden, zu löschen oder zu manipulieren. Bei umfangreichen Modellen tritt dieses Problem weniger auf, da sich die Komplexität des Angriffs erhöht.

Zusammenfassend nehmen wir folgende Bewertung der Verfahren vor:

Tabelle 26: Bewertung der existierenden 3D-Verfahren

Wasserzeichen für 3D	Qualitätsmerkmale bestehender Verfahren
Verfahren zur Urheberidentifizierung (Authentifizierung): Robust Authentication Watermark	• Sichtbarkeit: Geometrien werden nur sehr leicht verändert • Robustheit: teilweise Probleme bei topologischer Modifikationen oder nicht-linearer Transformation • Kapazität abhängig von der Komplexität der Szene bzw. des Objektes • Komplexität: je nach Verfahren unterschiedlich • Security: bei Kenntnis des Verfahrens und bei kleinen Modellen können meist die Einbettungsprimitiven gefunden und das Wasserzeichen zerstört werden

VRML [VRML1997] ist eine Beschreibungssprache für die Art und Weise der Darstellung der einzelnen Primitiven und der VRML-Browser nimmt die Interpretation der beschriebenen Elemente in eine 3D-Grafik vor. Somit können die einzelnen Primitive wie Dreiecksmaschen oder Splines aus den Ohbuchi-oder Benedens-Verfahren in VRML nicht direkt angesprochen werden. Das Ziel ist es, einen geeigneten Ansatz zu finden, auf VRML Objekte direkt zu arbeiten, um VRML-Beschreibungen markieren zu können.

Aufbauend auf den Ideen der existierenden Verfahren zeigen wir erste Ansätze, wie man VRML-Modelle markieren kann, indem wir Scheitelpunkte modifizieren, ohne auf Dreiecksmaschen aufzubauen, da auf sie in VRML direkt nicht zugegriffen werden kann. Zuerst wollen wir jedoch kurz zeigen, inwieweit bestehende Wasserzeichenverfahren für Bild- und Tondaten benutzt werden können, um VRML-Daten zu markieren.

4.4.2 3D-Szenen-Markierungen auf Basis von Bild- und Tonwasserzeichen

In VRML-Szenen können digitalisierte Bild-, Video- und Soundsequenzen integriert werden. Es bietet sich an, die integrierten Bild- oder Sounddaten mit den bereits beschriebenen Wasserzeichenverfahren aus Kapitel 4.1, 4.2 und 4.3 zu markieren. Werden die Daten jedoch von einem Angreifer durch andere Texturen oder Tondaten ausgewechselt, können keine Rückschlüsse auf den Urheber gezogen werden. Diese Vorgehensweise hat denselben Nachteil wie digitale Signaturen, die abgeschnitten oder ausgetauscht werden können, so daß wir ein Verfahren benötigen, das das Wasserzeichenmuster direkt in das 3D-Datenmaterial einfügt. Im folgenden Abschnitt analysieren wir die VRML-Dokumente in Anlehnung an die existierenden Verfahren nach Möglichkeiten, robuste Wasserzeichen auch ohne Dreiecksmaschen oder Splines einzufügen.

4.4.3 Markierungsverfahren von VRML-Knoten

Sollen VRML-Knoten markiert werden, stellt sich uns wie bei den Bild- und Tondaten die Frage, wo das Wasserzeichenmuster robust eingefügt werden kann. VRML-Dokumente beschreiben Aggregationen von dreidimensionalen Objekten, indem sie einen hierarchischen Szenengraphen verwenden (scene graph). Die Entitäten im Szenengraphen sind Knoten (nodes) als fundamentale Bausteine einer VRML-Datei. Eine VRML-Datei ist die textuelle Beschreibung der zu modellierenden virtuellen Welt. Sie spezifiziert und organisiert die Struktur der Szene, beschreibt, wie die einzelnen Objekte aussehen sollen, wo sie plaziert werden, in welchen Farben sie dargestellt werden und wie sie sich verhalten sollen.

Eine Knotendefinition besteht aus dem

– Typ des Knotens
– Feldern mit Feldwerten, die die Attribute der Knotentypen definieren.

Die Felder, die in VRML definiert sind, sind am interessantesten für die Betrachtung von Markierungsmöglichkeiten. Die Knoten in VRML definieren die Syntax und die Semantik der Sprache, während in den Feldern die Daten gespeichert sind. Diese Informationen können schützenswert sein.

Zur Beschreibung von Geometrien stehen mehrere Knoten bereit. Sie unterteilen sich in drei Gruppen [VRML1997]:

• Knoten zur Darstellung einfacher Geometrien
• Knoten zur Definition komplexer Geometrien
• Knoten zur Anzeige von Text

Einfache Geometrien oder Textknoten eignen sich nicht zur Markierung, da die vorhandene Datenbasis zu gering ist.

4.4.3.1 Erweiterung der Wasserzeichen auf VRML-Geometriedaten

Da die Informationsmenge groß genug sein muß, um Wasserzeichen einbringen zu können, wählen wir für den zu beschreibenden Algorithmus beispielhaft den IndexedFaceSet-Knoten von VRML aus [DiWi1999]. Er beschreibt polygonale 3D-Geometrie-Modelle, die entsprechend komplex sein können. Die Geometrie ist, wie auch die existierenden Verfahren belegen, ein geeigneter Kandidat zum Einbringen der Information, und zusätzlich ist die Wahrscheinlichkeit, daß sie innerhalb von optimierten VRML-Welten gelöscht wird, ziemlich gering. Der Algorithmus darf die geometrischen Werte des Modells nicht stören und soll das Wasserzeichen in die Punktkoordinaten des Objektes integrieren.

4.4.3.2 Der IndexedFaceSet-Knoten

Wir wählen den IndexedFaceSet-Knoten (siehe Anhang), der eine dreidimensionale Gestalt repräsentiert. Er wird aus Flächen (Polygonen) konstruiert, die durch Scheitelpunkte geformt werden, welche im coord-Feld des Knotens aufgelistet sind. Das coord-Feld enthält einen Coordinate Knoten, der die dreidimensionalen Scheitelpunkte definiert, die vom coordIndex-Feld referenziert werden. Dies ist eine Art der Darstellung von polygonalen Maschen-Modellen in der Computergrafik.

IndexedFaceSets benutzen die Indizes in ihren coordIndex-Feldern, um die polygonalen Flächen zu spezifizieren, indem sie die Koordinaten im Coordinate Knoten indizieren. Ein Index von "-1" bedeutet dabei, daß die aktuelle Fläche zu Ende ist und daß die nächste Fläche beginnt. Die letzte zu beschreibende Fläche kann von einem "-1" Index gefolgt werden. Wenn der größte Index im coordIndex-Feld N ist, enthält der Coordinate Knoten N+1 Koordinaten. Sie sind indiziert von 0 bis N. Der VRML-Browser interpretiert diese Coordinaten und baut das polygonale Maschen-Modell auf.

Es werden zwei polygonale Maschen dargestellt, die sich aus den Punkten der Scheitelpunktmenge $V = \{V_1, V_2, V_3, V_4\}$ bilden.
Zur besseren Darstellung:
$V = (V_1, V_2, V_3, V_4)$ mit
$V_1 = (x_1, y_1, z_1)$, $V_2 = (x_2, y_2, z_2)$, $V_3 = (x_3, y_3, z_3)$ und $V_4 = (x_4, y_4, z_4)$.
$V = ((x_1, y_1, z_1), (x_2, y_2, z_2), (x_3, y_3, z_3), (x_4, y_4, z_4))$.
Diese Repräsentation entspricht der Darstellung der Scheitelpunkte im Coordinate Knoten von VRML.

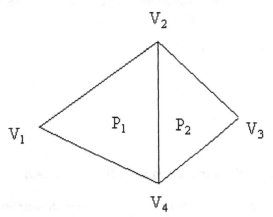

Abbildung 19: Polygonales Maschennetz mit Zeigern auf eine Scheitelpunktsliste

Die zwei Maschen P_1 und P_2 ergeben sich aus $P_1 = (1, 2, 4)$ und $P_2 = (4, 2, 3)$, was dem Inhalt der coordIndex-Felder von VRML entspricht. P_1 entsteht durch die Verbindung der Scheitelpunkte V_1, V_2 und V_4 und P_2 durch Verbindung von V_4, V_2 mit V_3 (siehe folgende Abbildung, [Wie1998]). Der Vorteil dieser Art der Implementierung ist, daß jeder Scheitelpunkt nur einmal gespeichert werden muß und auch nur einmal in der Menge der Punktwolke in der VRML-Datei auftaucht. Außerdem kann man die Koordinaten eines solchen Punktes einfach verändern, ohne denselben Punkt in der Menge suchen zu müssen.

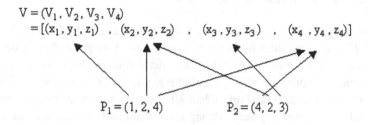

$$V = (V_1, V_2, V_3, V_4)$$
$$= [(x_1, y_1, z_1) \ , \ (x_2, y_2, z_2) \ , \ (x_3, y_3, z_3) \ , \ (x_4, y_4, z_4)]$$

$$P_1 = (1, 2, 4) \qquad P_2 = (4, 2, 3)$$

Abbildung 20: Beispiel zur Referenzierung der Scheitelpunkte

4.4.3.3 Erläuterung des Verfahrens zum digitalen 3D-Watermarking

Die Wasserzeichenbits werden wir in die Koordinaten der IndexedFaceSet Knoten einbringen. Zur Markierung eines VRML-Objekts benötigen wir eine Ordnung über die Geometrie. Bild- oder Audiodaten besitzen von Natur aus eine implizite Ordnung. Ein Bild wird z.B. durch ein zweidimensionales Array von einzelnen Pixeln beschrieben. Für das Problem der Ordnung wählen wir beimVerfahren eine eindimensionale Ordnung. Realisiert wird sie durch eine Sortierung der Scheitelpunkte im IndexedFaceSet nach den x, y, z – Koordinaten, nach x, dann y und dann nach z aufsteigend, siehe Erläuterungen zum Einbettungsalgorithmus.

Um das Wasserzeichen auch wieder erfolgreich zu extrahieren, muß man entscheiden können, ob man ein Null-Bit oder ein Eins-Bit eingebracht hat. Daraus folgt, daß die Position und die Wertigkeit von fundamentaler Bedeutung sind. Die Position benötigt man zur Bestimmung der Einbringungs- und Auslesepunkte, und die richtige Wertigkeit ermöglicht es, den Eingabetext richtig zu decodieren. Da eine richtige Interpretation wichtig ist, wird ein Regelwerk benötigt, anhand dessen man eindeutig bestimmen kann, ob eine Kandidatenposition ein Null-Bit oder ein Eins-Bit darstellt. Sind visuelle Störungen zu erwarten, wird an den gezogenen Positionen keine Information eingebracht, sondern dieser als sogenannter Invalid Block gekennzeichnet.

4.4.3.4 Beschreibung des Positionssequenz-Generators

Der Positionssequenz-Generator $G(C, K)$ erzeugt zuerst eine Positionssequenz aus dem 3D-Modell C und einem Schlüssel K. Die generierte Positionssequenz wird vom Einbettungsalgorithmus benutzt, um den Wasserzeichentext in das 3D-Modell C einzubringen. Für einen späteren Extraktionsprozeß benötigt man die Positionssequenz, um den Wasserzeichentext aus dem markierten Modell C_w extrahieren zu können. G liefert den Startknoten und die entsprechenden Folgeknoten, bei denen wir das Wasserzeichen einbringen bzw. auslesen.

4.4.3.5 Genereller Einbettungsprozeß

Der Wasserzeichentext wird binär codiert und vor dem Einbringen mit dem geheimen Schlüssel verschlüsselt. Der Einbettungsprozeß ist zuständig für die Einbringung des Wasserzeichens. Das Problem der Ordnung lösen wir durch eine eindimensionale Anordnung aller Coordinate Knoten, in dem die Scheitelpunkte gespeichert sind. Sie wird erreicht, indem alle Scheitelpunkte aufsteigend sortiert werden. Bei der Aufstellung der Ordnung muß man beachten, daß man keine absoluten Merkmale der Scheitelpunkte benutzt, sondern relative Eigenschaften berücksichtigt, da der Algorithmus sonst bei kleinsten Änderungen an den Daten versagen würde. Wir verwenden dazu die Ordnung der Scheitelpunkte und Nachbarschaftsbeziehungen unter ihnen und benutzen die Erkenntnisse der analytischen Geometrie des Raumes.

Der euklidische Abstand zweier in kartesischen Koordinaten gegebenen Punkte $P_1 = (x_1, y_1, z_1)$ und $P_2 = (x_2, y_2, z_2)$ berechnet sich wie folgt:

$$d = \sqrt{(x_2 - x_1)^2 + (y_2 - y_1)^2 + (z_2 - z_1)^2} \quad (4.14)$$

Die Idee ist, daß das Wasserzeichen diesen Abstandswert modifiziert, ähnlich dem Ansatz im Audiobereich, der ein Differenzmuster einbringt und sucht. Durch Modifikation dieses Abstandes werden wir die zugehörigen Koordinaten leicht modifizieren und die Geometrie leicht verändern, was der Veränderung von Dreiecksmaschen entspricht.

Eingebracht werden soll entweder das Informationsbit Eins oder Null. Ein Sync-Bit wird nicht benötigt, da wir keine zeitliche Komponente haben.

Wir definieren drei Bereiche auf den Abstand d zwischen dem Kandidaten-Punkt und seinem Vorgänger in der eindimensionalen Anordnung der Punkte:

- Repräsentation der Information Eins: $(k_2 ... k_3]$
- Repräsentation der Information Null: $[k_1 ... k_2)$
- Repräsentation der Information Ungeeignet (invalid point), alle anderen Abstände

D.h. wir verwenden Distanzen d zwischen $k_1 \leq$ distanz $(P_{predecessor}, P_{candidate}) \leq k_3$, um Informationsbits einzubringen. Da jedes Modell unterschiedliche Distanzen aufweist. Bestimmen wir vor dem Einbettungsprozeß, welche Distanzen für das Modell in Frage kommen. Man kann k_1, k_2 und k_3 bestimmen, indem man die Verteilung der Distanzen des Modells ermittelt und in Bereiche aufteilt.

In den Tests und den folgenden Betrachtungen verwenden wir Distanzen zwischen $3 \leq$ distanz ($P_{predecessor}$, $P_{candidate}$) ≤ 9, da Wertänderungen an den Testmodellen in diesem Bereich die geringsten visuellen Verzerrungen in der Geomentrie verursacht haben:

- Repräsentation der Information Eins: (6...9]
- Repräsentation der Information Null: [3..6)
- Repräsentation der Information Ungeeignet (invalid point)

Alle anderen Abstände definieren den Kandidaten-Punkt zu einem invalid point, der nicht modifiziert werden kann, da sonst visuelle Artefakte auftreten oder erzeugt werden, damit die Ordnung nicht verloren geht.

Das Wasserzeichenmuster verändert die z-Koordinaten zweier benachbarter Punkte zueinander. Um minimale Änderungen zu erzielen und die Ordnung der Punkte im Ausleseprozeß nicht zu stören, verändern wir nur diese z-Koordinate des Kandidaten. Veränderung an den x- und y-Koordinaten wäre auch möglich, wobei dann jedoch exakter abgeschätzt werden muß, daß im Ausleseprozeß die Ordnung über den Punkten erhalten bleibt.

4.4.3.6 Einbettungsalgorithmus

Der detaillierte Einbettungsalgorithmus sieht wie folgt aus:

1. Lesen des IndexedFaceSet-Objektes
2. Auslesen der Scheitelpunkte aus dem Coordinate Knoten,
3. Aufstellung einer eindimensionalen Anordnung aus den erhaltenen Scheitelpunkten aus 2., die wir Punktewolke nennen, durch Sortierung der Scheitelpunkte a_i nach ihren x_i, y_i, z_i - Koordinaten mit folgender Funktion, die bestimmt, ob zwei beliebige Scheitelpunkte a_i, a_j in der richtigen Reihenfolge sind:

SortOrder(a_i, a_j)
{
  If $a_{i\,x} < a_{j\,x}$ { return true }
  else if $a_{i\,x} = a_{j\,x}$ {
    if $a_{i\,y} < a_{j\,y}$ {return true }
    else if $a_{i\,y} = a_{j\,y}$ {
      if $a_{i\,z} < a_{j\,z}$ {return true }
      else if $a_{i\,z} = a_{j\,z}$ {
        Fehlermeldung /* kann aber nicht passieren, da sonst zwei gleiche
        Scheitelpunkte gespeichert wären */
      }
      else { return false }/* $a_{i\,z} > a_{j\,z}$ */
    }

$$else \ \{return \ false \ \}/* \ a_{i_y} > a_{j_y} \ */$$

$$\}$$

$$else \ \{ \ return \ false \ \}/* \ a_{i_x} > a_{j_x} \ */$$

$$\}$$

4. Ein Wasserzeichenbit wird nach dem folgenden Regelwerk in die Punktwolke eingebracht: Ziehe einen Punkt/Kandidaten i (i>1) aus der Punktewolke mit dem Positionssequenz-Generator *G(C, K)*, betrachte diesen Kandidaten *i* und seinen unmittelbaren Vorgänger *i-1* in der Punktwolke (Hinweis: es muß darauf geachtet werden, daß die Punkte nicht doppelt gezogen werden, man kann das vermeiden, indem beispielsweise nur aufsteigende Positionen gezogen werden, insgesamt werden n Wasserzeichenbits eingebracht):

- Einbringen der Information 1:
- – wenn invalid point, dann Versuch beim nächsten Kandidaten, nächsten Punkt ziehen
- – wenn Information Eins schon vorhanden, dann Einbringen des nächsten einzubringenden Informationsbits bei dem nachfolgenden Kandidaten
- – wenn Information Null vorhanden, dann Umwandlung von Null in Eins durch Approximation von z_i durch Herstellung des Eins-Abstandes:

$$z_i = \sqrt{81 - (x_i - x_{i-1})^2 - (y_i - y_{i-1})^2} + z_{i-1}$$

Die Ordnung darf dabei nicht verändert werden, d.h. sollte das der Fall sein, dann muß invalid erzeugt werden, indem man zum Beispiel den Abstand über z_i verringert (d<3).

- Einbringen der Information 0:
- – wenn invalid point, dann Versuch beim nächsten Kandidaten
- – wenn Information Eins vorhanden, dann Umwandlung von Eins in Null durch Approximation von z_i durch Herstellung des Null-Abstandes:

$$z_i = \sqrt{36 - (x_i - x_{i-1})^2 - (y_i - y_{i-1})^2} + z_{i-1}$$

Die Ordnung darf dabei nicht verändert werden, d.h. sollte das der Fall sein, dann muß invalid erzeugt werden, indem man zum Beispiel den Abstand über z_i verringert (d<3).

- – wenn Information Null schon vorhanden, dann Einbringen des nächsten einzubringenden Informationsbits bei dem nachfolgenden Kandidaten

5. Rücksortierung der in 3. sortierten Punktwolke in die ursprüngliche Anordnung. Speichern der veränderten Daten in die VRML-Datei durch Überschreiben des Originalobjektes.

Hinweis: Wenn die Ordnung zwischen den beiden Punkten nicht erhalten werden kann, muß invalid erzeugt werden. Es kann sein, daß man dadurch in der Ordnung mit benachbarten Punkten in Konflikt gerät. Ist das der Fall, müssen auch die benachbarten Punkte korrigiert werden. Insgesamt kann es passieren, daß es nicht möglich ist, in das IndexFaceSet Objekt Abstände für 0 oder 1 zu erzeugen. Sollte das passieren, kann versucht werden, den Parameter d anzupassen.

4.4.3.7 Abfragealgorithmus

Der Algorithmus zum Auslesen der Information benutzt einzelne Teilschritte des Einbettungsalgorithmus, um ein eingebrachtes Wasserzeichen zu extrahieren.

1. IndexedFaceSet Objekt einlesen
2. Auslesen der Scheitelpunkte aus dem Coordinate Knoten
3. Aufstellung der eindimensionalen Anordnung der erhalten Scheitelpunkte aus 2. durch Sortierung der Scheitelpunkte a_i nach ihren x_i, y_i, z_i - Koordinaten nach dem Algorithmus wie beschrieben im Einbettungsprozeß
4. Extraktion des eingebrachten Wasserzeichens unter Benutzung des Regelwerkes im Einbettungsprozeß und unter Ausnutzung des bei der Einbettung generierten Schlüssels für alle Kandidaten:
   - ziehe alle n Kandidatenpunkte
   - für jeden Kandidaten i, i>1, prüfe Abstand d zu seinen Vorgänger i-1
     - wenn d im Bereich (6...9]: Repräsentation der Information Eins
     - wenn d im Bereich [3...6): Repräsentation der Information Null
     - wenn d außerhalb des Bereiches [3...9]: Repräsentation der Information Ungeeignet (invalid point)
5. Entschlüsseln des Wasserzeichens, um Klartext zu erhalten

4.4.3.8 Bewertung des Verfahrens

Mit dem vorgestellten Verfahren wird es möglich, Informationen direkt in die Geometrien eines VRML-3D-Modells, des IndexFaceSet-Knoten, zu integrieren. Wir benötigen keine Maschengitter und der Nachteil, daß die Markierungen in Bild- oder Tonkomponenten ausgetauscht werden können, wird umgangen. Das wird erreicht, indem wir die Wasserzeicheninformation im wesentlichen Teil, den Geometrien, die den eigentlichen Wert des Modells ausmachen, einbinden. Mit Hilfe des Intervalls von d kann beeinflußt werden, wie stark visuelle Veränderungen in der Geometrie erfolgen. Je höher der Wert ist, desto robuster ist das Wasserzeichen gegen Änderungen an den Koordinaten der Scheitelpunkte. Allerdings treten dann verstärkt sichtbare visuelle Veränderungen auf. In unseren Tests hat sich gezeigt, daß die Wasserzeichen robust gegen Skalierung, Rotation oder Formatkonvertierung sind. Durch Hinzufügen von gezielten Redundanzen könnten sogar Ausschnittbildungen gehandhabt werden. Problematisch erweisen sich jedoch Vereinfachungsalgorithmen, da sich die Scheitelpunkte ändern können.

Problematisch erweist sich auch die Markierung von IndexFaceSet Modellen, die eine geringe Anzahl von Scheitelpunkten aufweisen. Hier kann ein Angreifer versuchen, mögliche Abstände, die sich durch die Wahl von d ergeben, zu finden, zu manipulieren oder auszulesen. Das Problem tritt nicht auf, wenn genügend umfangreiche Scheitelpunkte vorliegen und der Angriff zu komplex wird. Um den

Algorithmus sicherer zu machen, ist es außerdem denkbar, daß die Abstände nicht direkt von aufeinanderfolgenden Punkten verändert werden, sondern zufällige Punktekonstellationen gewählt werden, die ebenfalls abhängig vom Schlüssel K sind.

Insgesamt stellt der Ansatz eine erste Möglichkeit dar, in VRML Wasserzeichenbits in IndexFaceSet-Knoten zu integrieren. Generell zeigt er, daß durch Modifikationen in den Geometrieinformationen, Wasserzeichen eingebracht werden können. Der Ansatz muß auf weiter VRML-Objekte ausgebaut und experimentell evaluiert werden.

Tabelle 27: Bewertung des VRML-Verfahrens

Wasserzeichen für 3D	Qualitätsmerkmale des vorgestellten Verfahrens
Verfahren zur Urheberidentifizierung (Authentifizierung): Robust Authentication Watermark	• Sichtbarkeit: über den Parameter d können die Veränderungen gesteuert werden, er muß vor der Markierung bestimmt werden • Robustheit: hohe Robustheit gegen Transformationen sowie Formatkonvertierung, die nicht die Ordnung zerstören • Kapazität: blindes Verfahren, abhängig von Anzahl der Scheitelpunktkoordinaten • Komplexität: gering • Security: da nur Scheitelpunkte mit einem definierten Mindestabstand genutzt werden, kann bei kleinen Punktwolken, deren Komplexität gering ist, auf die veränderten Punkte geschlossen werden

5 Digitale Fingerabdrücke zur Kundenidentifizierung

Neben dem Einbringen von Urheberinformationen kann es von Interesse sein, auch Informationen über den Empfänger der Daten, den Kunden oder den Abnehmer der Daten in das Datenmaterial einzufügen. Das Einbringen von solchen eindeutigen, kundenspezifischen Markierungen in das Datenmaterial als Wasserzeichen wird als digitaler Fingerabdruck (digital Fingerprinting) bezeichnet und erlaubt zum Beispiel die Rückverfolgung einer illegalen Kopie zum Verursacher der Urheberrechtsverletzung. Verwendet man digitale Fingerabdrücke zur kundenspezifischen Kennzeichnung des Datenmaterials entstehen unterschiedliche Kopien des Datenmaterials. Angreifer, auch als Piraten bezeichnet, die die Markierung zerstören wollen, um eine Verfolgung der illegalen Kopien unmöglich zu machen, können ihre unterschiedlichen Kopien vergleichen und die gefundenen Unterschiede manipulieren (Koalitionsangriff, Vergleichsangriff). In den meisten Fällen wird dadurch die eingebrachte Information zerstört. Das Problem wurde bereits von D. Boneh und J. Shaw [BoSh1995] beschrieben. Bis heute wurden jedoch noch keine erfolgreichen Wasserzeichenalgorithmen entwickelt, die gezielt ein mathematisches Modell zur Erkennung und Auswertung von Koalitionsangriffen umsetzen.

5.1 Lösungsansatz

In diesem Kapitel wird ein Wasserzeichenalgorithmus auf Basis von speziellen Markierungspositionen vorgestellt, mit dem kundenspezifische Kennzeichnungen eingebracht und Angreifer nach einem Koalitionsangriff immer noch erkannt werden können. Die Erzeugung der Fingerabdrücke für jeden Kunden basiert auf dem mathematischen Modell endlich projektiver Geometrien, vorgeschlagen von Schwenk und Ueberberg [DBS+1999]. Der Wasserzeichenalgorithmus ist so entworfen, daß bei einem Vergleichsangriff auf mehrere kundenspezifische Kopien die Angreifer nur die Unterschiede in den Markierungspunkten feststellen können, in denen der eingebrachte Fingerabdruck nicht identisch ist, d.h., identische Bereiche des Fingerabdrucks können nicht erkannt werden und bleiben deshalb beim Vergleichsangriff erhalten. Die verbleibende Schnittmenge der Fingerabdrücke bleibt erhalten und liefert Informationen über die Angreiferkunden. Die Technik zur Erzeugung von kundenspezifischen Fingerabdrücken von Schwenk/Ueberberg kann dann bis zu d Piraten aus der Schnittmenge von maximal d Fingerabdrücken identifizieren, siehe dazu auch Anhang 2.

Die Ausführungen zum Thema basieren auf den gewonnenen Erfahrungen und Ergebnissen bei der Entwicklung des FingerprintEditors, der im Rahmen eines Projektes mit der Deutschen Telekom Darmstadt und der Universität Gießen von uns erstellt wurde. Im folgenden Unterkapitel wird der verwendete Algorithmus zur Erzeugung und Prüfung kollisionssicherer Fingerabdrücke von Schwenk/ Ueberberg [DBS+1999] beschrieben. Anschließend folgt die Beschreibung des Wasserzeichenverfahrens, welches es erlaubt, die erstellten kollisionssicheren Fingerabdrücke robust in Bildmaterial zu integrieren, so daß bei einem Vergleichsangriff zwar die Unterschiede im Fingerabdruck sichtbar werden, die Schnittmenge der Fingerabdrücke aber zur Auswertung erhalten bleibt.

5.2 Algorithmus zur Erstellung von kollisionssicheren Fingerabdrücken

Das digitale Fingerprinting-Schema besteht aus:

- einer Anzahl von Markierungspositionen im Datenmaterial
- einem Wasserzeichenalgorithmus, der die Buchstaben eines definierten Alphabetes (im allgemeinen binär) an den Markierungspositionen in das Datenmaterial einbringt
- einem Fingerprinting-Algorithmus, der die Buchstaben, die an jeder Markierungsposition eingebracht werden sollen, bestimmt. Die Anzahl der notwendigen Markierungspositionen hängt von der Anzahl der zu erstellenden Kopien und dem Sicherheitsgrad ab, der angibt, wieviel Angreifer zusammenarbeiten dürfen und trotzdem noch entdeckt werden können
- einem Angriffserkennungstool, das die bei einem Vergleichsangriff beteiligten Angreifer detektiert. Dies bedeutet, daß auf der Grundlage des modifizierten Dokumentes die Angreifergruppe durch die restlichen Markierungsstellen bestimmt werden kann

Unterschiedliche Kopien eines Dokumentes, die Fingerabdrücke enthalten, unterscheiden sich an bestimmten Markierungspositionen, je nachdem, welcher Wert mit dem Wasserzeichenverfahren dort eingebettet wurde. Ein möglicher Angriff auf den Fingerabdruck besteht darin, daß zwei oder mehr Kunden ihre Dokumente vergleichen und an den Positionen, die einen Unterschied aufweisen, eine zufällige Änderung einbringen. Werden drei oder mehr Dokumente verglichen, kann eine Majoritätsentscheidung darüber getroffen werden, welche Werte in das manipulierte Dokument übernommen werden sollen: Aus den verglichenen Dokumenten werden diejenigen Werte der Markierungspositionen in das manipulierte Dokument übernommen, die in den meisten Dokumenten vorhanden sind (Koalitionsangriff). Ein anderer Angriff könnte auch alle entdeckten Differenzen versuchen zu manipulieren, um direkt die Wasserzeicheninformation zu löschen.

Die einzigen Markierungspositionen, die die Angreifer nicht entdecken können, sind Positionen an denen in allen verglichenen Dokumenten der gleiche Buchstabe eingebracht wurde. Wir nennen diese Markierungspositionen die *Schnittmenge* der unterschiedlichen Fingerabdrücke.

Der von Jörg Schwenk und Johannes Ueberberg [DBS+1999] vorgeschlagene Fingerprinting-Algorithmus legt genug Informationen in die Schnittmenge von bis zu d markierten Dokumenten, so daß daraus eindeutig bis zu d Piraten bestimmt werden können. Ein Fingerprinting-Schema mit dieser Eigenschaft wird als *d-detektierend* bezeichnet. Ein weiterer wichtiger Parameter ist die Anzahl von verschiedenen Kopien, die mit diesem Schema generiert werden können. Schwenk und Ueberberg benutzen in ihrem Ansatz eine Technik aus der endlichen projektiven Geometrie [BeRo1998, Hir1998], um ein d-detektierendes Fingerprinting-Schema mit q+1 möglichen Kopien zu konstruieren (PG(d,q)). Dieses Schema benötigt $n=q^d+q^{d-1}+...+q+1$ Markierungspositionen in einem Dokument.

Im Schwenk-Ueberberg-Ansatz wird das Binäralphabet benutzt. Ist eine Markierungsposition im Fingerprint einer „1" zugeordnet, so wird sie markiert, bei einer „0" wird sie nicht markiert. Die Werte nicht markierter Positionen sind identisch mit den entsprechenden Werten der Positionen im Originaldokument.

Das Problem kollisionssicherer Fingerabdrücke wurde zuerst von D. Boneh und J. Shaw [BoSh1995] beschrieben und gelöst. Der Schwenk-Ueberberg-Ansatz unterscheidet sich vom Ansatz aus [BoSh1995], da die Informationen, um die Piraten zu identifizieren, in die Schnittmenge der bis zu d Fingerabdrücke abgelegt wird. Im besten Fall (zum Beispiel im Angriffsfall, welcher in einer automatisierten Attacke den Durchschnittswert der markierten Bilder bildet und ersetzt) erlaubt uns dieses Verfahren, alle Beteiligten zu identifizieren. Im schlechtesten Fall (wenn individuell gewählte Markierungspunkte aus den erkannten Unterschieden gewählt werden) identifizieren wir die Piraten mit einer vernachlässigbar kleinen einseitigen Fehlerwahrscheinlichkeit, d.h. wir werden niemals Kunden beschuldigen, die nicht beteiligt waren.

5.2.1 Zwei einfache Beispiele

Das kleinste mögliche Beispiel eines Fingerprinting-Schemas (da der kleinste projektive Raum verwendet wird) ist in der folgenden Abbildung aus [DBS+1999] zu sehen. Der projektive Raum PG(2,2) der Dimension 2 (d.h. eine Ebene) und Ordnung 2 (d.h. es gibt 2+1=3 Punkte auf jeder Geraden) hat 7 Punkte und 7 Geraden (die Verbindungen durch die Punkte 2, 4 und 6 zählen als Gerade).

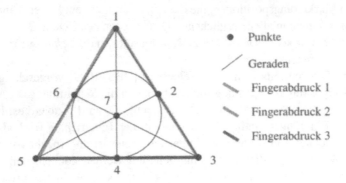

Abbildung 21: Eine 2-detektierendes Fingerprinting-Schema

Um dieses Schema zu implementieren, brauchen wir 7 Markierungspositionen im Dokument, jede ist verknüpft mit einem Punkt des PG(2,2). Diese Verknüpfung muß nicht-linear sein, um alle rein geometrischen Informationen im Dokument zu zerstören. Im folgenden werden wir Punkte und Markierungspunkte nicht mehr explizit unterscheiden. Jeder Fingerabdruck besteht aus 3 markierten und 4 nicht markierten Punkten. Zum Beispiel werden im Fingerabdruck 2 die Punkte 1, 2 und 3 in einem Dokument markiert, der Rest wird nicht verändert.

Das beschriebene Schema ist 2-detektierend und kann maximal 3 Kunden bedienen, da sich je zwei der Geraden {1,2,3}, {3,4,5} und {1,5,6} sich in einem einzigen Punkt schneiden.

Ein möglicher Angriff könnte der folgende sein:
Kunde 1 kauft ein Dokument mit Fingerabdruck 1, und Kunde 2 bekommt eine Kopie mit Fingerabdruck 2. Beide vergleichen ihre Dokumente mit dem Ziel, eine Piratenkopie zu erstellen, aus der nicht mehr auf die Kunden geschlossen werden kann. Die beiden Dokumente unterscheiden sich an den Markierungspositionen 2, 3, 5 und 6. Die Markierungen an diesen Positionen können sie löschen. Aber sie können nicht die Markierungsposition 1 entdecken, wenn wir einen guten Wasserzeichenalgorithmus, wie im nachfolgenden Kapitel beschrieben, benutzen.

Verkaufen oder nutzen die Piraten die entstandene Kopie lizenzwidrig, so ist der Urheber in der Lage, nach Beschaffung dieser Kopie das Angriffserkennungstool zu nutzen. Die Auswertung wird ergeben, daß Punkt 1 noch enthalten ist, und vom Punkt 1 aus kann auf die Angreifer 1 und 2 geschlossen werden (siehe Abbildung 21).

Anmerkung: Andere Angriffsstrategien sind nicht ausgeschlossen. So ist es z.B. für die Piraten mit einer Wahrscheinlichkeit von ¼ möglich, ein Dokument zu generieren, für das das Angriffserkennungstool keine Aussage mehr machen kann. Dies kann geschehen, wenn aus den vier erkannten Punkten die Markierungspositionen 5 bzw. 3 richtig geraten werden. Wenn die Angreifer diese Positionen dann markieren lassen, ist es für den Schwenk-Ueberberg-Algorithmus unmöglich zu entscheiden, ob Kunde 1 und 2, oder 2 und 3, oder 1 und 3 zusammengearbeitet haben, um die Piratenkopie zu erstellen. Dieses Problem wurde bereits in

[BoSh1995] beschrieben. Wenn d und q erhöht werden, wird die Wahrscheinlichkeit vernachlässigbar gering, daß dieser Fall auftritt.

Wie kann das eben beschriebene Vorgehen verallgemeinert werden? Die folgende Abbildung zeigt die prinzipielle Idee des Schwenk-Ueberberg-Ansatzes.

Abbildung 22: Ein Tetraeder als ein Beispiel für 3-detektierendes Fingerprinting-Schema

Wir betrachten Tetraeder im 3-dimensionalen Projektivenraum. Ein Tetraeder hat die Eigenschaft, daß sich je zwei Ebenen in einer eindeutigen Gerade schneiden und je drei Geraden in einem eindeutigen Punkt. Ein Fingerprinting-Schema wird deshalb alle Punkte der Fläche eines „verallgemeinerten Tetraeders" markieren.

Allgemein basiert das Schwenk-Ueberberg-Schema auf der Verwendung einer dualen rationalen Normkurve R im projektiven Raum PG(d,q). R ist dabei eine Menge von q+1 Hyperebenen (d.h. projektiven Unterräumen der Dimension d-1), von denen sich jeweils d in genau einem eindeutigen Punkt schneiden. Details zum mathematischen Hintergrund können im Anhang nachgelesen werden.

5.3 Wasserzeichenverfahren für kollisionssichere Fingerabdrücke für Bilddaten

Im allgemeinen werden bei Wasserzeichenverfahren die einzubringenden Informationen pseudo-zufällig über das gesamte Bildmaterial gestreut, siehe Kapitel 4. Will man ganz bestimmte Markierungspositionen für ein Dokument erhalten, in denen die Fingerprint-Informationen aus dem Schwenk-Ueberberg-Ansatz enthalten sind, so daß sich unterschiedliche Kopien nur an den Markierungsstellen unterscheiden, muß ein Wasserzeichenverfahren dahingehend speziell entworfen werden.

Es wird ein Verfahren benötigt, welches pro Dokument spezielle Markierungspositionen auswählt, in denen die Fingerprint-Information eingebracht wird. Es unterscheiden sich die Werte (binäres Alphabet) an den einzelnen Positionen, so daß Angreifer bei einem Vergleichsangriff lediglich die Markierungspositionen finden, bei denen Unterschiede in der wertmäßigen Belegung vorliegen. Markierungspositionen mit gleicher Wertbelegung werden nicht erkannt und bleiben als Schnittmenge der Fingerabdrücke für das Fingerprint-Evaluierungswerkzeug erhalten, um die Angreifer herauszufiltern.

Im nächsten Abschnitt erläutern wir allgemein das von uns entwickelte Wasserzeichenverfahren für das vorgestellte Fingerprint-Verfahren von Schwenk-Ueberberg mit einer maximalen Anzahl von d Angreifern und einer maximalen Anzahl q+1 möglicher Kopien. In den darauf folgenden Abschnitten wird das Einbringen und Auslesen der Fingerprint-Information aus dem Bildmaterial detailliert beschrieben.

5.3.1 Wasserzeichenalgorithmus

Der Wasserzeichenalgorithmus soll kundenspezifische Informationen, die durch den Fingerprint-Algorithmus geliefert werden, in das Bildmaterial einbringen. Prinzipiell wurde ein Verfahren gewählt, welches bei der Abfrage der eingebrachten Fingerabdruck-Information das Originalbild benötigt, um das Auslesen exakter durchführen zu können.

Um den generierten binären Fingerprint-Vektor im Bildmaterial pro Kopie an denselben Markierungspositionen einzubringen, benutzt der Wasserzeichenalgorithmus eine fixe Anzahl von Markierungspositionen in jeder Bildkopie eines Originalbildes. Die Markierungspositionen werden pro Originalbild über einen geheimen Schlüssel des Urhebers ausgewählt.

Der Fingerprint-Algorithmus selektiert die Buchstaben des kundenspezifischen Fingerabdrucks FP, wir verwenden hier das binäre Alphabet {0,1}. Der Wasserzeichenalgorithmus bringt diesen binären FP Vektor an den gewählten Markierungspositionen in das Bildmaterial ein.

Der binäre FP-Vektor hat eine Länge von $n=q^d+q^{d-1}+...+q+1$ für jedes Bild. Er ermöglicht, maximal q+1 kundenspezifische Kopien zu erstellen und aus diesen Kopien bis zu d zusammenarbeitende Piraten im Vergleichsangriff zu detektieren. Jeder Kunde erhält dabei seinen persönlichen binären Fingerabdruck zugeordnet, der die Bildkopie an den Markierungspositionen entsprechend verändert. Gleiche Werte im FP-Vektor rufen die gleiche Veränderung an den Markierungspositionen hervor, so daß der Koalitionsangriff zwar die Unterschiede verändert, aber nicht die Schnittmenge der Vektorwerte erkennt, die es möglich macht, auf die Angreifer zu schließen.

Um dem Wasserzeichenverfahren mehr Robustheit zu geben, wird jeder FP-Vektor r_l mal eingebracht, so daß wir eine Redundanz erhalten. Mit dieser Konstruktion benötigen wir $r_l * (q^d+q^{d-1}+...+q+1)$ Markierungspositionen. D.h. jedes Vektorelement des Fingerabdrucks wird r_l mal eingebracht und benötigt dazu auch r_l Markierungspositionen. Die Markierungspositionen werden im Originalbild pseudozufällig mittels eines geheimen Schlüssels gewählt und gelten dann für alle Kopien des Originalbildes.

Das Bild wird in Blöcke unterteilt, wobei jeder Block eine potentielle Markierungsposition darstellt. Das Einbringen der FP-Vektor-Bits erfolgt allerdings nicht im Ortsbereich, sondern nach Anwendung einer diskreten Kosinustransformation (DCT) mit Quantisierung im Frequenzraum. Wird ein Block als Markierungsposition selektiert, werden seine DCT-Koeffizienten entsprechend des Wertes aus dem FP-Vektor-Element modifiziert. Das Auslesen der Informationen aus dem Bild erfolgt unter Zuhilfenahme des Originalbildes. An den Markierungspositionen wird die eingebrachte Information ausgelesen und evaluiert, welcher binäre Wert (0 oder 1) eingebracht wurde. Der Fingerprinting-Algorithmus erhält einen vollständigen Binärvektor als Eingabeparameter und liefert die mögliche Kundenliste zurück. Ist kein Angriff festzustellen, wird der entsprechende Kunde ausgegeben, andernfalls eine Kundenliste, die die Angreifer repräsentiert.

5.3.2 Einbringen des Fingerprints

Das Einbringen des Fingerprinting-Vektors für jede Kundenkopie erfolgt in folgenden groben Schritten, siehe Abbildung 23:

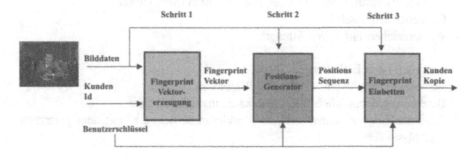

Abbildung 23: Schema Einbringen des Fingerprints

Im ersten Schritt wird der kundenspezifische Fingerabdruck, der binäre FP-Vektor, generiert. Die Anzahl der möglichen Kundenkopien, die mit einem d-detektierenden FP erstellt werden können, hängt von der möglichen Anzahl der Markierungspositionen des Bildes ab und ist durch die Bildgröße und Struktur des Bildes beschränkt. Das Bild stammt aus dem Film Hitchcock: North by Northwest, MGM/U.A., USA, 1995. Im zweiten Schritt werden die Markierungspositionen pseudozufällig mit dem geheimen Schlüssel als Initialparameter generiert. In der Reihenfolge der generierten Markierungspositionen werden im dritten Schritt die dazugehörigen Bildblöcke DCT transformiert, quantisiert und das FP Vektor-Bit wie folgt eingebracht:

Parameter:
- Bild I mit Höhe h und Breite b
- Binärer FP-Vektor v aus dem Fingerprint-Algorithmus aus Schritt 1 mit Länge $n = q^d + q^{d-1} + ... + q + 1$, $v = (x_1, x_2, x_3, ..., x_n)$. Zum Beispiel ergeben sich für die Parameter n=13 (13 benötigte Markierungspositionen), d=2 (2-detektierend), q=3 (3 Kunden) die drei Vektoren v_1=(0001001010100), v_2=(0010001100010) und v_3=(0100100100100).
- Redundanz für den FP-Vektor: zum Beispiel $r_1 = 3$
- Redundanz für die Wasserzeichenintensität für die einzelnen Markierungsblökke r_2: zum Beispiel $r_2 = 10$
- Einzubringende Sequenz in den Markierungsblock für jedes Vektorelement x_i: $R_i = (R_{i1}, ..., R_{ir1})$, $R_{ij} \in \{-k, -k+1, ..., k-1, k\}$, $1 \le k \le 4$. Der Parameterwert k beeinflußt die Robustheit und visuellen Eigenschaften (Sichtbarkeit).
- Geheimer Schlüssel: K
- Wasserzeichenstärke: WMStrength

Vorgehen beim Einbetten
1. Berechnung der Anzahl m aller 8x8 Bildblöcke.
2. Berechnung der möglichen Redundanz r_1, maximal $n*r_1=m$
3. Pseudozufällige Ziehung von r_1*n Markierungsblöcken $x_{i,j}$ mit dem geheimen Schlüssel K

Tabelle 28: n*r1 Markierungspositionen mit Redundanz r1

FP-Vektor-Bits an den Positionen 1...n (x_1, x_2, ...x_n)	*Redundanz r_1*			
	1	*2*	..	r_1
1	$x_{1,1}$	$x_{1,2}$	...	$x_{1,r1}$
2	$x_{2,1}$	$x_{2,2}$	...	$x_{2,r1}$
...	...	...	...	...
n	$x_{n,1}$	$x_{n,2}$	...	$x_{n,r1}$

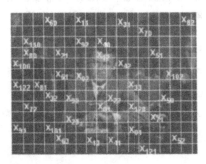

Abbildung 24: Bild mit Markierungsblöcken und Redundanz r1

Bevor das binäre Vektorbit in die DCT Koeffizienten des Markierungsblocks eingebracht wird, erhöhen wir die Signaldifferenz, indem wir pseudozufällig eine Zufallsfolge $R_i = (R_{i1}, ..., R_{ir1})$ für jedes Bit x_i des FP-Vektors generieren und einbringen. Statt nur binäre Werte $\{0,1\}$ einzubetten, erweitern wir jedes Bit auf eine ganzzahlige Zufallsfolge (Initialparameter K) zwischen $-k$ und k. Jedes Vektorbit wird somit insgesamt r_1 (z.B. 3) mal eingebracht und modifiziert dabei r_2 (z.B. 10) DCT Koeffizienten mittels R_{ij}, so daß jedes Vektorbit $r_1 * r_2$ (30) mal vorhanden ist:

Tabelle 29: Zufallsmarkierungsfolgen Ri,j

FP Vektorbits $x_i = (x_1, x_2, x_3, ...x_n)$	*Zufallssequenz für diePositionen n * r_1*			
	$x_{i,1}$	$x_{i,2}$	...	$x_{i,r1}$
1	$R_{1,1}$	$R_{1,2}$	...	$R_{1,r1}$
2	$R_{2,1}$	$R_{2,2}$	...	$R_{2,r1}$
...	...	...	...	...
n	$R_{n,1}$	$R_{n,2}$	...	$R_{n,r1}$

Zum Beispiel, $r_1 = 3$, $r_2 = 10$, n=13:
$R_1 = (R_{1,1}, R_{1,2}, R_{1,3}) = ((3,0,3,-1,1,1,0,3,-4,1),\ (4,2,2,3,-4,1,-1,-4,0,1),\ (3,1,-1,-4,1,0,0,0,3,1))$,
...

$R_{13} = (R_{13,1}, R_{13,2}, R_{13,3}) = ((4,0,-4,-1,1,1,0,2,-4,1),\ (2,3,2,-1,1,-2,-4,3,0,1),\ (-4,1,-1,-2,1,0,3,4,3,1))$

4. Transformationen vor dem Einbringen der Zufallsfolge R_{ij} in die Markierungsblöcke:
   1. Extraktion der RGB-Werte
   2. Extraktion der Luminanzwerte
   3. DCT-Transformation der Luminanzwerte pro Block
   4. Quantisierung der DCT-Luminanzwerte mit der gewichteten Quantisierungsmatrix

Tabelle 30: Quantisierungsmatrix

Niedrig	16	11	10	16	24	40	51	61	
	12	12	14	19	26	58	60	55	
	14	13	16	24	40	57	69	56	
	14	17	22	29	51	87	80	62	
	18	22	37	56	68	109	103	77	
	24	35	55	64	81	104	113	92	
	49	64	78	87	103	121	120	101	
	72	92	95	98	112	100	103	99	hoch

Die Matrix wird mit dem Parameter WMStrength (z.B. [0,2]) gewichtet und beeinflußt die Sichtbarkeit und Robustheit der eingebrachten Informationen (Fingerabdruck) in das Bildmaterial.

5. Einbringen des FP Vektors $v = (x_1, x_2, x_3...x_n)$ mit Redundanz r_1, z.B. $r_1=3$: (x_{11}, $x_{12}, x_{13},....,x_{n1}, x_{n2}, x_{n3}$) unter Nutzung der Zufallsfolge R_{ij}. Für jedes Vektorbit benutzen wir $R_i = (R_{i1}, R_{i2}, R_{i3})$ um $v_i=(x_{i1}, x_{i1}, x_{i3})$ mit Redundanz r_2 einzubringen und addieren $R_{i, 1(....3)}$ auf die DCT Koeffizienten, falls $x_i = 1$. Andernfalls werden keine Änderungen im Bildmaterial vorgenommen. Insgesamt erhalten wir $n*r_1*r_2$ Zufallsfolgen.

6. Rücktransformation der Luminanzwerte, inverse Quantisierung, inverse DCT und Ersetzung der Originalluminanzblöcke mit den modifizierten.

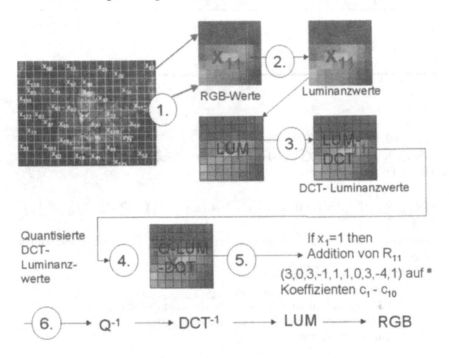

Abbildung 25: Einbringen des Informationsbits x1 in die DCT Koeffizienten für x11

Das Bild hat nun modifizierte Luminanzblöcke, falls das FP-Vektor-Bit eine 1 war, im Falle einer 0 wurden keine Änderungen am Original vorgenommen. Angreifer können nun einen Koalitionsangriff starten und Differenzbilder generieren, ohne die Schnittmenge der FP-Vektor-Information angreifen zu können, die bei der Abfrage später auf die Tätergruppe führen wird.

5.3.3 Fingerprint-Abfrage

Die Abfrage der Fingerprint-Informationen wird auf dem Prüfbild unter Zuhilfenahme des Originalbildes durchgeführt, um die eingebrachten Wasserzeichensequenzen an den Markierungspunkten (Blöcken) wiederzufinden. In der folgenden Abbildung können die groben Schritte abgelesen werden:

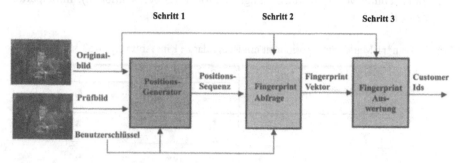

Abbildung 26: Abfrageschema

In drei grundsätzlichen Schritten wird die eingebrachte Information aus dem Bild zurückgewonnen: die Positionsgenerierung, das Auslesen der Wasserzeicheninformationen (Fingerabdruck) und die Auswertung des zurückgewonnenen Fingerabdrucks, um die Kundenliste zu erhalten. Als Eingabeparameter benötigen wir den geheimen Schlüssel K, das Originalbild und das Prüfbild.

Zuerst berechnen wir das Differenzbild zwischen Original- und Prüfbild. Die folgenden Schritte arbeiten auf dem daraus entstandenen Differenzbild. Es wird in RGB-Werte gewandelt und eine Positionsgenerierung erfolgt mit dem Initialparameter, dem geheimen Schlüssel K. Anschließend werden aus den so berechneten Bildblöcken die Luminanzwerte extrahiert, DCT transformiert und quantisiert. Ebenfalls werden die Zufallsmarkierungssequenzen R_i mittels des geheimen Schlüssels generiert, welche nun in den Luminanzwerten der Markierungsblöcke des Differenzbildes gesucht werden. Finden wir eine Übereinstimmung, interpretieren wir an der entsprechenden Markierungsposition eine 1, andernfalls eine 0. Die Parameter und detaillierten Abfrageschritte sehen wie folgt aus:

Parameter:
– d und q für den Fingerprint-Algorithmus
– Redundanzfaktor r_1, z.B. $r_1 = 3$
– Redundanz für die Intensität der einzelnen Markierungspunkte im Block r_2: z.B. $r_2 = 10$
– Suchsequenz (Zufallssequenz) im Markierungsblock: $R_i=(R_{i1}, ..., R_{irl})$, $R_{ij} \in \{-k, -k+1, ..., k-1, k\}$, $1 \leq k \leq 4$. Der Parameterwert k beeinflußt die Robustheit und visuellen Eigenschaften (Sichtbarkeit).
– Geheimer Schlüssel: K
– Toleranzwert t

Vorgehen beim Auslesen

1. Berechnung des Differenzbildes zwischen Original und Prüfbild
2. Zufallsziehung von r_1*n Markierungspositionen (Blockpositionen), Initialparameter K

Tabelle 31: n*r1 Markierungspositionen mit Redundanz r1 im Abfrageprozeß

FP-Vektor-Bits an den Positionen 1...n $(x_1, x_2, ...x_n)$	Redundanz r_1			
	1	2	..	r_1
1	$x_{1,1}$	$x_{1,2}$	...	$x_{1,r1}$
2	$x_{2,1}$	$x_{2,2}$	...	$x_{2,r1}$
...	...	...	...	...
n	$x_{n,1}$	$x_{n,2}$	...	$x_{n,r1}$

3. Erzeugung der Zufallsfolgen R_i [-k,k], k=4, Initialparameter K:

Tabelle 32: Zufallsmarkierungsfolgen Ri,j

FP Vektorbits $x_i = (x_1, x_2, x_3, ...x_n)$	Random $x_{i,1}$	Sequenz für $x_{i,2}$	Positionen ..	$n * r_1$ $x_{i,r1}$
1	$R_{1,1}$	$R_{1,2}$	...	$R_{1,r1}$
2	$R_{2,1}$	$R_{2,2}$	...	$R_{2,r1}$
...	...	...	...	...
n	$R_{n,1}$	$R_{n,2}$	...	$R_{n,r1}$

Im Beispiel für n=13:

$R_1 = (R_{1,1}, R_{1,2}, R_{1,3}) = ((3,0,3,-1,1,1,0,3,-4,1), (4,2,2,3,-4,1,-1,-4,0,1), (3,1,-1,-4,1,0,0,0,3,1))$,

...

$R_{13} = (R_{13,1}, R_{13,2}, R_{13,3}) = ((4,0,-4,-1,1,1,0,2,-4,1), (2,3,2,-1,1,-2,-4,3,0,1), (-4,1,-1,-2,1,0,3,4,3,1))$

4. Vergleich der generierten R_{ij} mit den dazugehörigen DCT-Koeffizienten an den Markierungspositionen, bei Gleichheit Ausgabe von 1, andernfalls 0. Siehe schematisches Vorgehen in der folgenden Abbildung.

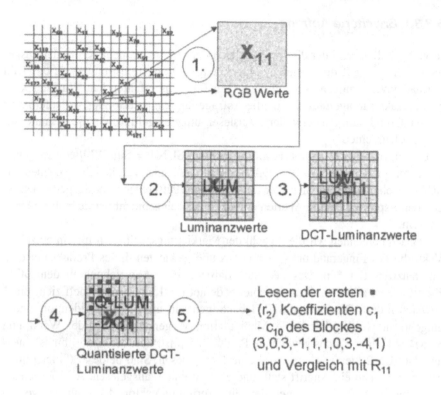

Abbildung 27: Abfrage aus den DCT-Koeffizienten

Beim Einbringen der Fingerprint-Informationen benutzen wir den Parameter WMStrength zur Beeinflussung der Eigenschaften des Wasserzeichens hinsichtlich Robustheit und Sichtbarkeit. Um verbesserte Abfrageergebnisse zu erhalten, ist es notwendig, den Parameter zu kennen, so daß eine exakte Quantisierung auf dem Differenzbild durchgeführt werden kann, die der Originalquantisierung beim Einbringen der Informationen entspricht. Da der Parameter variabel ist, muß er im Abfrageprozeß geschätzt bzw. angenähert werden:

Zuerst werden die Blöcke mit 1 Prozent der Originalquantisierungsmatrix quantisiert, womit wir hohe Werte für die Wasserzeichensequenz R aus dem Differenzbild auslesen. Es werden nun alle Werte der zufällig generierten Sequenz R_{ij} in SumOrgSequence summiert und alle ausgelesenen R-Werte in SumWMSequence addiert.

Nun quantisieren wir die Blöcke mit dem Quantisierungsfaktor: 100/(SumWMSequence/SumOrgSequence).

Mit diesem neuen Faktor schätzen wir die Wasserzeichenstärke des Einbettungsprozesses.

5.3.3.1 Erweiterte Abfrage

In vielen Fällen wird der direkte Vergleich der Originalsequenz R_{ij} mit der ausgelesenen Sequenz R des Differenzbildes nicht exakt übereinstimmen, da das Bild Formatkonvertierungen, Kompression oder Filterung erfahren hat. Wird der Vergleich exakt durchgeführt, würde die Abfrage fast immer erfolglos verlaufen. Aus diesem Grund wird eine erweiterte Ausleseroutine eingeführt, die die gesamte Sequenz R betrachtet.

Es wird dazu von uns die absolute Summe, SUM1 = SumWMSequence, von jedem ausgelesenen R_{ij} aus dem Differenzbild berechnet. Zusätzlich berechnen wir SUM2, welches die Summe über alle absoluten Differenzen der ausgelesenen R_{ij} und der ursprünglichen R_{ij}-Werte ist. Falls eine 1 eingebracht wurde, sollte SUM2 = 0 sein.

Danach berechnen wir die Anzahl der Markierungspositionen für ein einzelnes Vektorbit des Fingerabdrucks: $p = r_1 * r_2$ und gewichten dieses Produkt mit dem Toleranzwert t: t * p. Das bedeutet, daß wir eine Abweichung in den DCT-Koeffizienten erlauben. Zum Beispiel bedeutet t = 1, daß jeder Koeffizient um 1 abweichen darf. Die Summe SUM1 benötigen wir, um zu entscheiden, ob eine 0 eingebracht wurde, d.h. keine Manipulation vorgenommen wurde. Wenn nun SUM1*2 kleiner als das gewichtete Produkt t * p ist, liest der Algorithmus eine 0 aus. Ist SUM2 kleiner als tp, wird eine 1 ausgelesen. Sind beide Prüfungen nicht erfolgreich, fand ein Angriff statt, und es wird eine 0 ausgelesen. Alle ausgelesenen Bitwerte bilden zusammen den Fingerprinting-Vektor, der evaluiert werden kann.

5.3.4 Testergebnisse

In diesem Abschnitt präsentieren wir die Testergebnisse, die zuerst die Robustheit des Wasserzeichenverfahrens evaluieren und anschließend das Erkennen von Koalitions- bzw. Vergleichsangriffen verschiedener Kunden untersuchen. Zehn ausgewählte Beispielbilder sollen die Möglichkeiten und Grenzen des Ansatzes demonstrieren.

Die folgende Tabelle zeigt die Testergebnisse des Robustheitstests auf das Wasserzeichenverfahren nach Kompression und dem Angriffswerkzeug StirMark.

In der Tabelle Testergebnisse wird die Bildcharakteristik dargestellt, die Tabelleneinträge geben die Wasserzeichenparameter an, bei denen erfolgreich der Kunde erkannt wurde, dem das Bild ausgestellt wurde. Ist kein Eintrag vorhanden, konnte keine Parameterkombination gefunden werden, die eine erfolgreiche Abfrage bei noch akzeptabler Bildqualität liefert (Minimum der Sichtbarkeitsgüte 4). Die Sichtbarkeitsgüte Q ist ein wesentlicher Qualitätsparameter und reicht von ausgezeichnet (1), gut (2), befriedigend (3), noch akzeptabel (4) bis unakzeptabel (5).

Folgende Parameter werden in der Tabelle verwendet:

- WMStrength W
- Toleranzwert t
- Visuelle Qualität (Sichtbarkeitsgüte): $Q \in \{1,...5\}$
✔ korrekt erkannt
- nicht korrekt erkannt

In unsere Tests konnten wir feststellen, daß bei Bildern mit wenigen homogenen Flächen die Bildqualität ausgezeichnet bleibt. Bilder mit vielen homogenen und glatten Bildbereichen weisen leichte visuelle Veränderungen in den Markierungsblöcken auf. Diese werden bei großer Wasserzeichenstärke (um starker Kompression zu widerstehen) für das menschliche Auge sichtbar und können angegriffen werden. Etwa 30% der Bilder überstehen hohe Kompression bis zu 90%. 90% der Bilder überstehen 50% Kompression mit guter visueller Qualität nach der Wasserzeichenmarkierung.

Bei Anwendung des StirMark-Angriffs konnte der korrekte Fingerprint detektiert werden, wenn auch das Originalbild StirMark unterzogen wird. Andernfalls war keine erfolgreiche Abfrage möglich. Ursache dafür ist die Rotation und Verschiebung von einzelnen Bildbereichen, so daß die korrekten Markierungspunkte nicht wiedergefunden werden konnten. Die Abfragen waren nach der Behandlung des Originals mit StirMark erfolgreich (falls die Markierungsposition nicht verschoben wurde, sondern nur gefiltert oder verzerrt wurde), weil dann ein besserer Vergleich im Differenzbild entsteht und die StirMark-Veränderungen gemessen werden. 70% der Bilder konnten damit exakt erkannt und die Kundeninformation ausgelesen werden. Die verbleibende Fehlerrate von 30% wird vor allem durch Rotation und Verschiebung der Bildpunkte und somit der Markierungspositionen selbst verursacht.

Tabelle 33: Testergebnisse grundlegender Angriffe bzw. Bildtransformationen

Testbild	JPEG Faktor					StirMark	
	25%	50%	75%	85%	90%	ohne	mit
Segelboot	✔ W=0,1 T=1,5 Q=1	✔ W=0,4 T=1,5 Q=1	✔ W=0,7 T=1,5 Q=2	✔ W=2,0 T=1,5 Q=3	-	-	✔ W=0,8 T=1,0/1,5 Q=2
Computer-geniertes Bild eines Autos	✔ W=0,2 T=1,5 Q=1	✔ W=0,4 T=1,5 Q=2	✔ W=0,6 T=1,5 Q=2-3	-	-	-	✔ W=0,8 T=1,0/1,5 Q=2-3
Land-schaft	✔ W=0,2 T=1,5 Q=1	✔ W=0,5 T=1,5 Q=1	✔ W=0,6 T=1,5 Q=3	-	-	-	- W=0,6 T=1,0/1,5 Q=3
Gesicht	✔ W=0,1 T=2,0 Q=1	✔ W=0,4 T=1,5 Q=1	✔ W=0,8 T=1,0 Q=1	✔ W=1,0 T=2,0 Q=2	✔ W=1,2 T=2 Q=2-3	-	✔ W=1,0 T=1,0 Q=2
Tiernah-aufnahme	✔ W=0,2 T=1,0 Q=1	✔ W=0,4 T=1,0 Q=1,5	✔ W=0,6 T=1,0 Q=2	-	-	-	✔ W=0,6 T=1,0 Q=2
Scientific	✔ W=0,2 T=2,0 Q=1	✔ W=0,6 T=1,5 Q=1	✔ W=1,0 T=1,5 Q=1-2	✔ W=1,0 T=2,0 Q=1-2	✔ W=1,5 T=2,0 Q=3	-	✔ W=1,0 T=1,5 Q=1-2
Gemälde	✔ W=0,1 T=2,0 Q=1	✔ W=0,4 T=2,0 Q=2	✔ W=0,5 T=1,5 Q=3	-	-	-	- W=0,5 T=2,5 Q=3
Tier-aufnahme	✔ W=0,2 T=1,5 Q=1	✔ W=0,4 T=2,0 Q=2	✔ W=0,6 T=2,5 Q=2	✔ W=1,0 T=2,5 Q=3	✔ W=1,6 T=2,5 Q=4	-	✔ W=0,6 T=1,0/1,5 Q=2
Weltraum-aufnahme	✔ W=0,2 T=1,5 Q=1	✔ W=0,6 T=1,5 Q=2-3	-	-	-	-	- W=0,6 T=1,0/1,5 Q=2-3
Stilleben	✔ W=0,2 T=1,5 Q=1	✔ W=0,3 T=2,0 Q=2	✔ W=0,6 T=2,0 Q=2-3	-	-	-	✔ W=0,5 T=2,0 Q=2

Die folgende Tabelle 34 enthält die Erkennungsraten nach verschiedenen Koalitions- bzw. Vergleichsangriffen. Aus einer sehr großen Anzahl möglicher Angriffe wurden folgende signifikante Angriffe ausgewählt:

- Koalitionsangriff von 2 Kunden: Ersetzung der gefundenen Differenzen durch den Durchschnitt der Differenzwerte.
- Koalitionsangriff von 2 Kunden: Ersetzung der gefundenen Differenzen mit Werten aus benachbarten Farbwerten.
- Koalitionsangriff von i Kunden: Ersetzung der gefundenen Differenzen durch die am häufigsten auftretenden Werte in allen i Kopien.
- Koalitionsangriff von i Kunden: Ersetzung der gefundenen aus benachbarten Farbwerten aller i Kopien.

Tabelle 34: Testergebnisse der Fingerprint-Angriffe

	Koalitionsangriff von 2 Kunden		Koalitionsangriff von mehr als 2 Kunden (maximal d)	
	Durchschnittsberechnung	Ersetzung durch umliegende Werte	Häufigste Werte	Ersetzung durch umliegende Werte
Korrekte Angreifererkennung	70%	100%	55%	100%

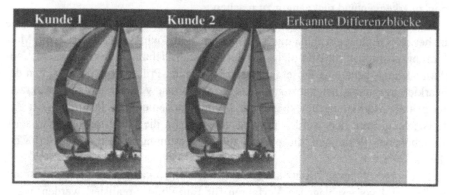

Abbildung 28: Berechnung der Differenzansicht von zwei markierten Bildern

Abbildung 28 zeigt zwei Bilder (Segelboot, http://serioussports.com/) mit dem Fingerabdruck für den Kunden 1 und den Kunden 2 sowie das daraus resultierende Differenzbild, wie es bei einem Koalitionsangriff von beiden Kunden entstehen würde. Der Angriff, bei dem die erkannten Differenzblöcke durch den Durchschnittswert ersetzt werden, produziert ein Bild, aus dem im Abfrage-Algorithmus ein Fingerabdruck ausgelesen wird, der zusätzliche Einsen ausweist. Im Evaluierungsschritt wird keine Kundenliste erkannt. Ursache: Die derzeitige Implementierung des Fingerprint-Evaluierungswerkzeuges von Schwenk-Ueberberg unterstützt bisher nur die Strategien des maximalen Entfernens: es müßten an allen Unterschieden Nullen entstehen und interpretiert werden, so daß die beteiligten Kunden identifiziert werden können. Der Angriff des Ersetzens der erkannten Differenzen durch umgebende Farbwerte kann erkannt und evaluiert werden. Das Originalbild wird an den Differenzstellen fast identisch nachgebildet und erzeugt beim Auslesen Null-Werte im Fingerprint-Vektor, so daß maximales Entfernen simuliert und erkannt wird.

Offene Probleme

Wie wir in unseren Tests festgestellt haben, hat der Wasserzeichenalgorithmus in der vorgestellten Form Robustheitsprobleme nach geometrischen Veränderungen wie Skalierung, Rotation, Verschiebung oder Ausschnittbildung. Um diese Medienoperationen zu berücksichtigen, haben wir den Abfragealgorithmus erweitert. Das Prüfbild wird dazu zuerst mit dem Original verglichen und auf etwaige Veränderungen überprüft. Wir verfolgen hier den Ansatz, Manipulation rückgängig zu machen und dann den normalen Abfrageprozeß zu starten. Werden zum Beispiel Skalierungen wahrgenommen, erfolgt eine Rückskalierung mit Orientierung am Original. Wird eine Ausschnittbildung festgestellt, wird im Originalbild der dazugehörige Bildanteil gesucht und der Abfragealgorithmus wird lediglich die Markierungspunkte aus diesem Bildteil berücksichtigen. Da wir Redundanz benutzt haben, um die einzelnen Vektorbits über das Bild zu verteilen, ist mit großer Wahrscheinlichkeit davon auszugehen, daß von jedem Vektorbit Informationen im Bildausschnitt vorhanden sind, um den Fingerabdruck zu rekonstruieren, der im Bild noch enthalten ist. Probleme bereitet es jedoch, kombinierte Transformationen zu erkennen und rückgängig zu machen.

Die Abfrage nach einer StirMark-Attacke kann verbessert werden, indem wie bisher das Original ebenfalls mit StirMark bearbeitet wird und zusätzlich die Markierungspositionen im Bild nicht nur durch Zufallsziehung ermittelt werden, sondern auch das generierte Differenzmuster (=Original-Prüfbild) zum Feststellen der Markierungspunkte herangezogen wird. Das hat den Vorteil, daß starke Verzerrungen der Markierungsblöcke erkannt werden können und die Positionen der Zufallsziehung korrigiert werden können. Somit kann die Fehlerrate aus den stark verschobenen Positionen, die pseudo-zufällig bestimmt werden, verbessert werden.

Der vorgeschlagene Ansatz auf DCT-Koeffizienten kann auch mit dem von uns in Kapitel 4 vorgeschlagenen Verfahren für Einzelbilder realisiert werden, wenn dieses vollständig implementiert ist, um erhöhte Robustheit gegenüber geometrischen Veränderungen zu erreichen. Das einfache und effiziente Verfahren auf DCT-Koeffizienten zeigt die Möglichkeiten des Wasserzeichenansatzes, feste Markierungspunkte im Bild zu suchen, um die Schnittmenge nach einem Koalitionsangriff zu bewahren und auswerten zu können.

Der Prototyp des Fingerprint-Algorithmus ist derzeit nur in der Lage, in der Evaluierung des Fingerprint-Vektors einen Angriff mit maximalem Entfernen zu handhaben. Alle anderen Angriffe, wie teilweises Manipulieren der erkannten Differenzblöcke, können nicht erfolgreich ausgewertet werden, so daß der Täterkreis nicht erkannt wird. In den weiteren Entwicklungen werden wir versuchen, auch diesen Angriffen zu begegnen.

Zusammenfassend kann man folgende Bewertung des Verfahrens vornehmen:

Tabelle 35: Bewertung des Wasserzeichenverfahrens für Fingerabdrücke

Wasserzeichen für Bildmaterial	Qualitätsmerkmale des Verfahrens
Verfahren zur Kundenidentifizierung (Authentifizierung), Einfügen von Fingerabdrücken, eindeutigen Kundenidentifizierungen: Fingerprint Watermark	• Sichtbarkeit: Prototyp nicht adaptiv • Robustheit: kombinierte geometrische Transformationen sind schwer zu handhaben • Kapazität: abhängig von Bildmaterial • Komplexität: Komplexität gering, nicht-blindes Verfahren • Security: erfüllt, keine Probleme mit der Invertierbarkeit und Koalitionsangriffen

5.4 Bewertung und Verallgemeinerung des Verfahrens auf andere Medienströme

Der Fingerprint-Algorithmus von Schwenk-Ueberberg und das von uns dazu entwickelte Wasserzeichenverfahren dient der Erzeugung von kundenspezifischen Kopien, die robust gegen Koalitionsattacken sind. Das Einbringen von kundenspezifischen Informationen in das Bildmaterial produziert unterschiedliche Kopien des Originalmaterials. Möchte ein Kunde die eingebrachte Kundenkennung entfernen, um beispielsweise illegal diese Kopie zu vertreiben, ohne einen Verweis auf sich zu haben, kann er einen Koalitionsangriff mit einem anderen Kunden starten, indem die unterschiedlichen Kopien verglichen und die erkannten Unterschiede manipuliert werden. Die eingebrachte Information über den Kunden ist dann seitens des Urhebers aus dem manipulierten Datenmaterial nicht mehr zu erkennen. Die vorgestellte Technik erlaubt die Generierung eines Fingerabdrucks nach dem Schwenk-Ueberberg-Ansatz. Der von uns entwickelten Wasserzeichenalgorithmus bringt den kundenspezifischen Vektor so ein, daß bei einem Koalitionsangriff zwar Unterschiede erkannt werden, aber in der Schnittmenge der verbleibenden Informationen im Bildmaterial genügend Informationen enthalten sind, um auf die Kunden zu schließen.

Angreifer können nach einem Koalitionsangriff mit der Strategie des maximalen Entfernens erkannt werden. Die verbleibende Schnittmenge an Informationen erlaubt das korrekte Erkennen der Angreiferkunden.

In weiteren Arbeiten sollte der Parameter *WMStrength* angepaßt werden, der bei hoher Wasserzeichenstärke und großer Robustheit stärkere visuelle Artefakte in homogenen Bildbereichen verursacht. Durch eine Anpassung der Blockselektion im Wasserzeichenverfahren können Bildbereiche, bei denen Änderungen zu visuellen Schäden führen, von der Auswahl ausgeschlossen werden, wie sie von uns im Kapitel 4 beschrieben sind. Um die Robustheit gegen kombinierte geometrische Transformationen zu erhöhen, könnte der vorgeschlagene SSP-Ansatz adaptiert werden.

Insgesamt stellt das diskutierte Wasserzeichenverfahren eine pragmatische Möglichkeit dar, Kundeninformationen, die mit dem Fingerprint-Algorithmus generiert wurden, in Bildmaterial einzubringen und das illegale Kopieren sowie Vertreiben von Bildmaterial zu demotivieren. Das vorgestellte Verfahren kann auf anderen Mediendaten wie Video, Audio und 3D-Modelle und auf andere Wasserzeichenverfahren angewendet werden. Basis ist das prinzipielle Vorgehen, spezielle Markierungspunkte zu wählen, die für alle Kopien des Datenmaterials identisch sind und die Markierungspunkte wertmäßig zu unterscheiden, entsprechend dem generierten Fingerprintvektor aus dem Fingerprintalgorithmus. Der konkrete Algorithmus zum Einbinden und Auslesen an den Markierungsstellen muß an das entsprechende Medienformat angepaßt werden und kann auf den in Kapitel 4 vorgestellten Verfahren aufbauen.

6 Nicht-wahrnehmbare fragile Wasserzeichen zur Integritätsprüfung

Die in Kapitel 4 und 5 besprochenen robusten Wasserzeichen werden zur Gewährleistung der Authentizität der Daten benutzt, um die Identität des Besitzers oder Senders zu garantieren, so daß beispielsweise Urheberrechte durchgesetzt werden können. Der Nachweis der Unverfälschtheit (Unversehrtheit, Integrität), um Manipulationen zu erkennen, kann mit diesen Verfahren nicht erbracht werden. Robuste Wasserzeichen bleiben selbst bei Ausschnittbildung, Datenkombinationen (Collagen) oder bei Manipulationen, welche die Aussage des Datenmaterials verfälschen können, präsent und lassen keinen Rückschluß auf Manipulationen zu, da diese Art von Wasserzeichen aufgrund der Designansprüche sehr robust gestaltet sind.

Prinzipiell bieten fragile Wasserzeichen oder digitale Signaturen die Möglichkeit des Integritätsnachweises.

Digitale Signaturen werden an das Datenmaterial angefügt, können jedoch von Angreifern entfernt oder durch andere Signaturen, die mit einem anderen Schlüssel erstellt wurden, ersetzt werden. Außerdem sind sie so entworfen, daß sie selbst bei Kompression, Formatkonvertierung, Skalierung oder kleinen Übertragungsfehlern eine Manipulation anzeigen. Da sich aber der Inhalt der Mediendaten dadurch meist nicht ändert, kann man keinen Rückschluß ziehen, ob die Aussage der Mediendaten durch diese leichten Veränderungen tatsächlich verfälscht wurden ist.

Die Forschung zum Einbringen von nicht-wahrnehmbaren, fragilen Wasserzeichen, die anzeigen, wann und wo Dateninhalte verändert wurden, steckt in den Anfängen. Erste Ansätze bestehen für Bilddaten, andere Medienformate wurden bisher meist nicht berücksichtigt. Fragile Wasserzeichen sollten Datenmanipulationen anzeigen bzw. nicht mehr präsent, wenn Manipulationen erfolgt sind. Aus dieser Eigenschaft leitet sich auch die Bezeichnung fragil, zerbrechlich, ab.

Die Wichtigkeit des Entwurfs und der Realisierung von fragilen Wasserzeichen zeigt sich in folgendem Beispiel, das in der Ausstellung „Bilder, die lügen" im Haus der Geschichte der Bundesrepublik Deutschland gezeigt wurde [Hdg1998]: Eine Fotografie vom 14. Mai 1998 zeigt die damals amtierenden Regierungsmitglieder: US-Präsident Bill Clinton, Bundeskanzler Helmut Kohl und Ministerpräsident Bernhard Vogel anläßlich ihres Besuches im thüringischen Eisenach vor einer großen Menschenmenge. Auf dem Originalbild der Agentur Reuters befindet sich in der Menschenmenge ein Plakat mit der Aufschrift „Ihr habt auch in schlechten Zeiten dicke Backen". Unmittelbar nach dem Besuch des amerikanischen Präsidenten veröffentlicht die Thüringer Landesregierung eine Broschüre, in der das Foto publiziert wird, diesmal ohne Plakat. Versuche seitens der Hdgs, die

Fälschung aufzudecken und über die Hintergründe der Manipulation zu kommen, führen nicht zum Ziel. Es bleibt unklar, wer für die nachträgliche Bearbeitung des Bildes verantwortlich ist. Fazit: durch die digitalen Verarbeitungsmöglichkeiten können geeignete Abbildungen konstruiert werden.

Abbildung 29: Manipulationen in der Darstellung

In der Abbildung 29 ist links Reuters-Original und rechts das retuschierte Bild aus der Broschüre „Für den mutigen werden Träume wahr", herausgegeben von der Landesregierung, 1998, zu sehen.

6.1 Lösungsansatz

Die existierenden Verfahren fragiler Wasserzeichen arbeiten meist auf Schwellwertbasis. Sie bringen ein Wasserzeichen mit geringer Stärke ein und evaluieren auf der Basis des Vorhandenseins von Restinformationen aus dem Wasserzeichen, ob Manipulationen aufgetreten sind. Kann das eingebrachte Wasserzeichen gefunden werden, ist mit großer Wahrscheinlichkeit keine Manipulation erfolgt, [Fri1998e]. Kann das Wasserzeichen nicht mehr gefunden werden, wurde das Wasserzeichen durch Angriffe zerstört und eine Manipulation kann nachgewiesen werden.

Die exakte Manipulationsdetektion unter Filterung von Bearbeitungsoperatoren, die den Inhalt nicht beeinflussen (wie Kompression, Skalierungen, Rauschen, Filterung) ist bisher nicht möglich. Die Wasserzeichen sind meist nicht nur gegen Manipulationen, sondern auch gegen allgemeine Verarbeitungsoperationen fragil.

Wolfgang und Delp [WoDe1999] stellen beispielsweise ein Verfahren vor, das auf Bildern arbeitet und diese in Blöcke unterteilt. In einem ersten Schritt benutzen sie einen Hashwert pro Block auf den Pixelwerten, der als Wasserzeichen eingebracht wird, im Abfrageprozeß wird der aktuelle Bildhashwert mit dem eingebrachten Hashwert verglichen. In einem zweiten Schritt erweitern sie diesen Ansatz, indem statt des Hashwertes ein pseudo-zufälliges Wasserzeichenmuster generiert wird, welches pro Block im Abfrageprozeß verifiziert wird. In beiden Fällen können Manipulationen zwar erkannt werden, jedoch weisen beide Methoden eine starke Anfälligkeit gegenüber allgemeinen, den Inhalt des Bildes nicht verändernden Operatoren, wie Kompression und Skalierung, auf, welche ebenfalls als Bildmanipulationen erkannt werden.

Wichtigster Schritt ist eine klare Definition von Merkmalen, die Manipulationen von gängigen Verarbeitungsoperationen wie Kompression, Skalierung oder Filterung abgrenzen lassen.

Auf Basis dieser Merkmale können inhaltsbezogene Algorithmen zur Manipulationsdetektion entwickelt werden, die entweder digitale Signaturen nutzen oder Wasserzeichentechniken, welche die Integritätsinformation direkt in das Datenmaterial selbst einbinden.

Die Idee ist, auf Basis der Merkmalsvektoren und unter Nutzung von bekannten robusten Wasserzeichenverfahren ein inhaltsbasiertes fragiles Wasserzeichen zu entwerfen. Es soll robust gegen zugelassene Veränderungen sein und fragil bezüglich des Inhalts, d.h., es kann bei Inhaltsveränderungen nicht wiedergefunden werden. Dadurch entstehen inhaltsbasierte fragile Wasserzeichen (content-fragile Watermark), die nicht auf dem Prüfen von Restinformationen aus dem schwach (zerbrechlich) eingebrachten Wasserzeichen bestehen, sondern gar kein Wasserzeichen finden, wenn der Inhalt verändert wurde.

Im folgenden werden wir am Beispiel für Bildmaterial zeigen, welche Merkmalsvektoren relevant sind, um Manipulationen zu erkennen. Aufbauend auf diesen Merkmalsvektoren, die einen Inhaltsauszug darstellen, stellen wir ein Wasserzeichenverfahren für Bilddaten auf Basis von Bildkanten vor, welches in einem dritten Schritt auf andere Medienströme verallgemeinert wird.

6.2 Merkmalsvektoren für Bildmaterial zur Integritätsprüfung: der Inhaltsauszug

Heute wird Bildmaterial nur sehr selten in der Form, wie es die digitale Kamera aufzeichnet oder ausgibt, längere Zeit gespeichert oder übertragen. Um Kosten zu sparen und um vorhandene Ressourcen nutzen zu können, wird das Bildmaterial je nach Anwendungsfall in unterschiedlichen Formaten (JPEG, H.261, MPEG-1 oder -2, etc.) codiert und komprimiert. Auch werden Bilder häufig skaliert, um sie besser in Beiträge einbinden zu können oder um verschiedenen technischen Anforderungen gerecht zu werden. Von diesen Veränderungen des Bildmaterials sind zwar die Bilddaten in ihrer binären Darstellung betroffen, doch nimmt ein Betrachter diese Veränderungen nur bedingt als Störung war, da sich die erfaßte Bildaussage nicht verändert hat. Digitale Signaturen oder bisherige fragile Wasserzeichen auf diesen veränderten Bilddaten würden bei der Prüfung keine Übereinstimmung feststellen, obwohl die Bildaussage unverändert bleibt.

Um verschiedenen Anwendungsfällen gerecht zu werden, ist es sinnvoll, sich an der Bildwahrnehmung des Menschen zu orientieren und inhaltsbezogene Bildmerkmale, die Semantik des Bildes, zu erfassen und für die Integritätsprüfung zu nutzen. Diese Bildmerkmale, die für den Bildinhalt spezifisch sind und durch zugelassene Bildveränderungen (z.B. Kompression und Skalierung, vergl. Tabelle 37) nicht verändert werden, bezeichnen wir als Merkmalsvektoren. In der Literatur sind verschiedene Merkmalsvektoren zu finden, die oft im Englischen als feature code bezeichnet werden, siehe Tabelle 36.

Folgende Merkmalsvektoren können für die Bildaussage relevant sein:

Tabelle 36: Auswahl relevanter Merkmalsvektoren

Merkmalsvektor	Bildeigenschaft
DCT- Koeffizienten des Bildes	Beschreiben die vom Menschen wahrgenommenen Helligkeiten und Farbwerte eines Bildes im Frequenzbereich
Histogramme eines Bildes	Beschreiben die Verteilung der Helligkeits- oder Farbwahrnehmung über das Bild über die Bildpixel
Auswahl von Bits pro Bildblock	Beschreiben die wichtigsten Bildelemente
Beschreibung der relevanten Bildobjekte über Vordergrund und Hintergrund	Auf Basis von MPEG-4 Objektselektion werden relevante Bildbereiche selektiert, ihre Beziehung zueinander und ihre visuellen Eigenschaften, wie Farbe und Helligkeit

Tabelle 37: Zugelassene und zu erkennende Bildveränderungen und deren Auswirkungen

zulässige Bildveränderungen	zu erkennende Manipulationen
leichte Übertragungsfehler Rauschen Fehler im Speichermedium Quantisierungsfehler (Kompression) Veränderungen durch eine verlustbehaftete Kompression, z.B. Reduktion der Farbsignalauflösung Auflösungsverringerung Skalierung Farbformatkonvertierung γ-Vorverzerrung Änderung der Lichttemperatur	Entfernen von Bildelementen (Personen, Gegenstände, Gebäude, etc.) Verschieben von Bildelementen im Bild, Veränderung der Position der Bildelemente zueinander Hinzufügen neuer Bildelemente Veränderung der Eigenschaften der Bildelemente, wie z.B. Farbe, Textur, Struktur, Größe, Form, etc. Veränderungen des Bildhintergrunds: Helligkeit (Tageszeit der Bildaufnahme), Hintergrundmotive (Meer, Wald, Stadt, ...), etc. Veränderung der Szenenlichtverhältnisse (Hinzufügen und Entfernen von Schatten, Lichteinfällen, etc.)
Auswirkungen auf das Bild:	
Verlust an Detailgenauigkeit, Unschärfe Verlust der Farbauflösung, Farbverschiebungen Überwiegend Veränderungen, die das gesamte Bild betreffen (Ausnahme: spezielle Übertragungsfehler, die nur in einzelnen Bildbereichen Veränderungen bewirken)	meist kein Verlust an Bildschärfe überwiegend Veränderungen, die nur einzelne Bildbereiche betreffen alle Veränderungen betreffen die Bildaussage

Hinweis: Verwendet man den Ansatz der digitalen Signatur, muß die Signatur auf denjenigen Merkmalsvektoren arbeiten, die Manipulationen erkennen lassen. In der Literatur werden diese Signaturen als inhaltsbasierte Signaturen bezeichnet, da sie auf den Bildinhalt ausgerichtet sind. Ansätze dazu sind unter [LiCh1998] oder [Dit1999] zu finden. Im folgenden werden Wasserzeichentechniken betrachtet, da sie die Möglichkeit bieten, die Integritätsinformation direkt in das Datenmaterial zu integrieren.

Das mit Hilfe von Merkmalsvektoren erstellte fragile Wasserzeichen enthält für die Bildaussage relevante Bildeigenschaften und wird nicht durch eine zugelassene Bildveränderung beeinflußt, gegenüber Manipulationen muß es fragil sein. In der Auswahl dieser Vektoren unterscheiden sich die heute verwendeten Ansätze. Ihre Empfindlichkeit gegenüber Manipulationen und ihre Robustheit gegenüber den zugelassenen Bildveränderungen stellen die Kriterien für eine Beurteilung ihrer Verwendbarkeit zur Integritätsprüfung dar. Bei der Beurteilung der Robustheit eines Verfahrens sind Quantisierung und Skalierung die wichtigsten Aspekte, da es die am häufigsten verwendeten Bildveränderungen sind und zudem die stärksten Effekte auf das Bildmaterial haben, aber das Bild nicht im Inhalt verändern.

Bisher existieren inhaltsbezogene, fragile Wasserzeichenverfahren auf Basis einer Auswahl von relevanten Bildpunkten, [Fri1998c, Fri1998d]. Auf Basis der Eigenschaften dieser selektierten Bildpunkte wird eine Korrelation im Bildmaterial als Wasserzeichenmuster eingebracht. Diese Verfahren arbeiten mit Schwellwerten, wobei das Problem in der Wahl eines geeigneten Schwellwertes liegt, der bildabhängig ist. Der Schwellwert muß so gewählt werden, daß einerseits bei zugelassenen Bildoperationen das Wasserzeichen abgefragt werden kann, andererseits bei Manipulationen die Wasserzeicheninformation nicht vorhanden ist. Da die Verfahren nur ausgewählte Bildpunkte nutzen, die beliebig gewählt werden, kann es passieren, daß die relevante Bildaussage nicht erfaßt wird.

Ideal wäre es, wenn man die gesamten Bildinformationen für das Wasserzeichen nutzen könnte. Im folgenden stellen wir dazu einen Ansatz vor, der auf der Basis der in einem Bild enthaltenen Kanten ein Wasserzeichen generiert, welches anzeigt, ob Manipulationen erfolgt sind.

6.3 Wasserzeichen zur Integritätsprüfung über die Kantencharakteristik von Bildern

Die Idee ist, die Semantik des Bildes in ein fragiles Wasserzeichen zu kodieren. Wie bereits in [DSS1999a/b], [DiJa1998], [DJS1998] vorgeschlagen, verwenden wir die Kantencharakteristik des Bildes oder eines einzelnen Videobildes als Merkmalsvektor, um ein inhaltsbasiertes, fragiles Wasserzeichen zu entwerfen. Die Kantencharakteristik repräsentiert in geeigneter Weise, was auf einem Bild wahrgenommen wird, Objektstrukturen und homogene Bereiche. Jedes Einfügen von neuen Objekten würde auch das Kantenschema beeinflussen und den Nachweis dafür bringen, daß eine Manipulation vorliegt. Aus einer Vielzahl von Kantendetektoren erwies sich der Canny-Detektor in Kapitel 4.2 als geeignet, [Can1983], der im folgenden benutzt wird.

Wir verfolgen einen Ansatz, der nicht die Kantencharakteristik selbst in das Bildmaterial einbringt, sondern ein robustes Wasserzeichen aus der Kantencharakteristik ableitet. In der Überprüfung wird das aktuelle Kantenschemata erneut berechnet und das abgeleitete Wasserzeichen gesucht. Kann es nicht gefunden werden, ist von einer Manipulation auszugehen, da offensichtlich nicht die korrekte Kantencharakteristik benutzt wurde.

Im folgenden beschreiben wir zuerst den Algorithmus zur Bildung eines kantenbasierten Merkmalsvektors, danach erfolgt die Beschreibung des Wasserzeichenverfahrens, welches auf dem bereits vorgestellten Ansatz für Einzelbilder über einer Mustergenerierung arbeitet.

6.3.1 Die Kantenextraktion: Bildung des Merkmalsvektors

Der Canny-Kantendetektor liefert keine Konturen, sondern ein Kantenbild, das aus weißen, grauen bis zu schwarzen Werten für die Kanten und aus der Farbe weiß als Hintergrund besteht, welches im folgenden als Kantencharakteristik EC (Edge Characteristic) bezeichnet wird. Um EC als Merkmalsvektor verwenden zu können, muß sie in ein binäres Kantenmuster EP (Edge pattern) umgewandelt werden. Die Kantencharakteristik EC wird dazu wie folgt transformiert:

Filterung der relevanten Kanten: Die Kantencharakteristik EC besteht aus schwarzen, grauen und weißen Werten. Grauwerte nahe Schwarz repräsentieren intensive Kanten und werden durch die Farbe Schwarz ersetzt. Grauwerte nahe Weiß werden durch Weiß ersetzt. Mit dem Parameter Detail d *[0...1]* kann die Detailgenauigkeit beeinflußt werden, standardmäßig wird d = 0.5 gewählt. Als Ergebnis dieses Schrittes entsteht eine Kantencharakteristik EC, welche nur noch schwarz/weiß Werte mit den relevanten Kanten beinhaltet.

Die transformierte Kantencharakteristik EC wird pixelweise durchlaufen und das binäre Kantenmuster EP aufgebaut. Ist der Pixelwert Schwarz, wird im EP eine 1 gesetzt, sonst an weißen Werten eine 0, wodurch eine binäre Repräsentation der Kanten entsteht.

Eine Möglichkeit ist, das Binärschema des Originals als Wasserzeichen versteckt in das Bild einzubringen. Man braucht nur das Binärschema der Fälschung zu bilden und sie mit den eingebrachten Informationen über den Originalzustand zu vergleichen. Leider ist die Datenmenge zu groß, um als Wasserzeicheninformation aufgenommen zu werden. Daher benutzen wir das binäre Blockschema als Initialparameter wie den Benutzerschlüssel zur Generierung eines robusten Wasserzeichenmusters, wie das unter 4.1.3 beschriebene Wasserzeichenmuster.

6.3.2 Erstellung des kantenabhängigen Wasserzeichens

Dazu werden wir die folgenden Schritte durchlaufen, wobei I das Bild darstellt:

1. Merkmalsextraktion: Bildung der Kantencharakteristik: $EC_I = E(I)$
2. Erstellung des binären Kantenmusters: $EP_{cI} = f(EC_I)$
3. Erstellung des inhaltsbezogenen Wasserzeichenschlüssels mittels einer Hashfunktion, wodurch eine Datenreduktion auftritt: $Hash(EP_{cI})$
4. Erstellung eines robusten Wasserzeichenmusters $M_{Content}$, welches dem Zufallsmuster aus dem in Kapitel 4 entwickelten SSP-Verfahren in Bildgröße entspricht, Verwendung des Hashwertes der binären Kantencharakteristik als Initialparameter: Erstellung eines robusten inhaltsbasierten Musters
5. Addition des Zufallsmuster $M_{Content}$ auf das Bild, so daß eine eindeutige Korrelation entsteht, die im Abfrageprozeß gesucht werden kann

Der Abfrageprozeß läuft wie folgt ab, dabei soll das Bild I' überprüft werden:

1. Bild I' in Originalgröße bringen

2. Merkmalsextraktion: Bildung der Kantencharakteristik des Prüfbildes $I':EC_{I'}$ = $E(I')$

3. Erstellung des binären Kantenmusters: $EP_{CI'} = f(EC_{I'})$

4. Erstellung des inhaltsbezogenen Wasserzeichens über die Hashfunktion: $Hash(EP_{CI'})$

5. Erstellung des Wasserzeichenmusters $M_{Content'}$, welches dem Zufallsmuster aus dem in Kapitel 4 entwickelten SSP-Verfahren in Bildgröße entspricht, Verwendung des Hashwertes der binären Kantencharakteristik des Prüfbildes I' als Intialparameter

6. Überprüfung, ob im Prüfbild das Zufallsmuster $M_{Content'}$ vorhanden ist, d.h. Feststellung, ob eine entsprechende Korrelation vorliegt, siehe Vorgehen von 4.1.3 für die 1-Bit-Abfrage. Wird eine Korrelation festgestellt, ist das Bild unverändert, ansonsten ist nicht die korrekte Kantencharakteristik verwendet worden, die das richtige Suchmuster $M_{Content}$ erzeugt und somit das Bild wurde verfälscht.

6.3.3 Toleranz gegen zugelassene Bildverarbeitung

In den Tests hat sich herausgestellt, daß die Kantencharakteristik auf Bildmanipulationen reagiert, jedoch zu sensibel auf zugelassene Bildverarbeitungsoperationen wie Skalierung und Kompression ist. Die Kanten des Prüfbildes werden nach starken Skalierungen und hoher Kompression leicht verschoben, so daß eine Toleranz, ein Schwellwert, bei der Bildung der Kantencharakteristik eingeführt werden muß. Gewählt wird ein block-basiertes Verfahren. Das binäre Kantenschema wird dazu in Blöcke der Größe *kxk* aufgeteilt, wobei *k* die Toleranzschwelle darstellt, siehe folgende Abbildung [Jan1998]. Ist im Block eine durchgehende Kante vorhanden, wird in das blockbasierte Kantenschemata eine 1 geschrieben, ist keine Kante vorhanden, eine 0.

Je größer k ist, desto weniger sensibel wirken zugelassene Veränderungen auf die Kantencharakteristik und desto weniger können auch Manipulationen erkannt werden. Ein k-Wert zwischen 4 und 8 zeigt sehr gute Ergebnisse, Skalierungen und Kompression bis zu 50% wurden akzeptiert. Bei starken Skalierungen über 50% und starker Kompression verändert sich das Kantenschema so stark, daß das inhaltsbasierte Wasserzeichen nicht gefunden werden kann. Durch eine Erhöhung des k-Wertes kann man diesen Nachteil zwar ausgleichen, wird dadurch jedoch gegen echte Manipulationen und Verfälschungen toleranter.

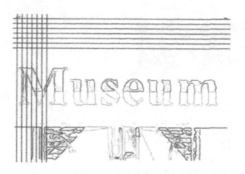

Abbildung 30: Blockstruktur über die Kantencharakteristik EC

Die folgende Abbildung 31 zeigt ein Beispiel, in dem das Wort „Museum" manipuliert ist [Jan1998]. Hierzu wurden aus dem Originalbild und dem gefälschten
Bild jeweils das binäre Blockschema gebildet. Danach wurde aus den beiden
Blockmatrizen die Differenzmatrix gebildet. An ihr kann man die vorgenommenen Manipulationen ablesen. Bei größeren Veränderungen, wie dem Einbringen
von völlig neuen Objekten, würden die Manipulationen noch deutlicher werden.

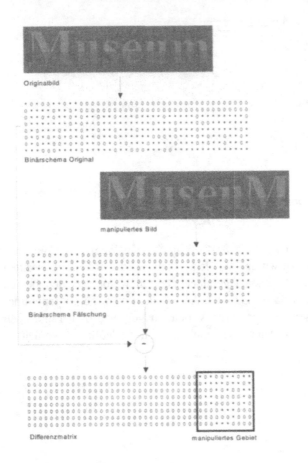

Abbildung 31: Erkennen von Manipulationen mit Hilfe des binären Blockschemas

Wird nun mit dem modifizierten Blockschema das Wasserzeichenmuster gebildet und gesucht, kann es im Prüfbild nicht gefunden werden und das Bild wird als manipuliert erkannt.

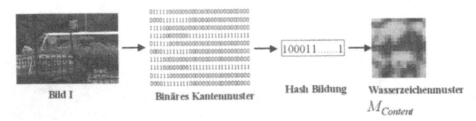

Abbildung 32: Schematische Vorgehensweise bei der Mustererzeugung mit EC

6.3.4 Sicheres inhaltsbezogenes fragiles Wasserzeichen

Bisher wurde der Algorithmus so entworfen, daß keine geheimen Informationen notwendig sind. Bei Kenntnis des Verfahrens kann ein Angreifer jedoch nach einer Manipulation eine weitere Markierung mit der manipulierten Kantencharakteristik aufbringen, so daß die Prüfung wieder erfolgreich verläuft. Um das zu vermeiden, kann wie in Kapitel 4 und 5 ein geheimer Benutzerschlüssel verwendet werden, der ebenfalls als Initialparameter verwendet wird. Erst wenn die richtige Kantencharakteristik und der korrekte geheime Schlüssel verwendet werden, kann das Muster erzeugt und die Korrelation überprüft werden.

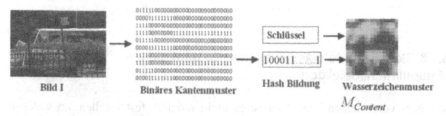

Abbildung 33: Sicheres inhaltsbasiertes fragiles Wasserzeichen

6.3.5 Nachweis der Urheberrechtsverletzung auf Basis doppelter Muster unter Verwendung robuster Wasserzeichen

Um nach Copyrightverletzungen zum Beispiel im Internet suchen zu können, muß das Bild mit zwei Mustern geschützt werden. Das erste Muster ist eine Copyrightinformation, das mit Hilfe eines Benutzerschlüssels K eingebracht wurde (M_{owner}). Es dient als Anker, nach dem automatisch gesucht werden kann. Das zweite Muster ist das aus dem Inhalt des Bildes gewonnene Muster ($M_{Content}$). Sowohl Muster 1 (M_{owner}) als auch Muster 2 ($M_{Content}$) werden in das Bild eingebracht.

Beim automatischen Suchen, z.B. im Internet, wird nach dem ersten Muster gesucht (siehe folgende Abbildung). Ist es gefunden worden, so ist auch bekannt, daß das 2. Muster in dem Bild untergebracht sein muß. Es wird nun das in 6.3.1 und 6.3.2 beschriebene Verfahren mit dem gefundenen Bild durchgeführt: Um die Originalgröße des Bildes festzustellen, kann die Größeninformation im ersten Wasserzeichen enthalten sein.

Es wird das Binärschema aus der Kantencharakteristik gebildet, daraus eine Bitsequenz, aus der sich dann ein Muster generieren läßt. Nach diesem Muster wird in dem entsprechenden Bild gesucht. Wurden keine Veränderungen an dem Bild vorgenommen, so ist das Muster mit dem Originalmuster ($M_{Content}$) identisch und es kann im Bild gefunden werden.

Bildveränderungen ändern auch das Binärschema. Somit wird in der Mustergenerierung aus Kapitel 4.1.3 ein anderes Muster erzeugt. Wird nach diesem Muster innerhalb des Bildes gesucht, so kann keine Übereinstimmung festgestellt werden. Es besteht der Verdacht dafür, daß das Bild verändert worden ist.

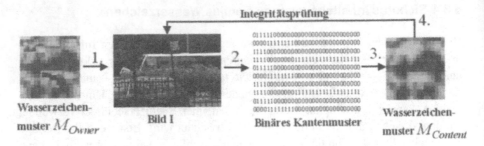

Abbildung 34: Vorgehensweise: Suche nach Veränderungen des Inhalts

6.3.6 Blockbasierte Wasserzeichen zur punktuellen Manipulationsdetektion

Mit dem vorgestellten Verfahren ist es nicht möglich festzustellen, an welchen Stellen das Bild verändert wurde. Das Verfahren kann dahingehend geändert werden, daß nicht nur ein Muster für das gesamte Bild zur Integritätsaussage benutzt wird. Wir können dazu das Bild in mehrere Teile gliedern, in denen das zugehörige Kantenschema erzeugt und daraus ein Wasserzeichenmuster für den entsprechenden Teilbereich generiert und aufgebracht wird. Die Größe der Bereiche muß jedoch in der Abfrage bekannt sein.

6.3.7 Bewertung der Farbe

Bisher werden keine Farbinformationen berücksichtigt. Farbänderungen wirken sich meist als Kantenänderung aus. Allerdings besteht folgender Angriff:

Werden die Farben so geändert, daß keine Kanten betroffen sind, kann diese Farbänderung nicht festgestellt werden.

Relevant ist dieser Angriff zum Beispiel, wenn die Farben einer Staatsflagge geändert werden, wodurch eine falsche Nationalität vorgespielt werden soll. Die Streifenform bleibt erhalten, die Farbe jedoch verändert die inhaltliche Aussage. Als Lösung ist die Berücksichtigung der Farbwerte der Kanten zu nennen, so daß jeder binäre Block statt 0 oder 1 Farbwerte erhält. Im einfachsten Fall gibt man lediglich den Kanten, den Einsen, zwei Farbwerte, die den Farbübergang kennzeichnen.

6.3.8 Problem bei vielen Kanten im Bild

Sind im Bild viele Kanten vorhanden, dann hat das binäre Kantenmuster EP fast in allen Blockpositionen eine 1. Da wir bisher nicht zählen, wieviel Kanten in einem Block enthalten sind, könnte ein Angreifer geschickte Manipulationen am Bild vornehmen, so daß zum Beispiel Objekte, die in diesem Bereich hinzukommen, nicht bemerkt werden. Auch das Ausschneiden oder Ersetzen von Objekten, die eine Kante in diesem Bereich belassen, würde nicht erkannt werden, wenn die 1 erhalten bleibt.

In unseren Tests hat sich herausgestellt, daß dieser Angriff schwieriger wird je kleiner die Blockgröße k gewählt wird. Allerdings werden dann auch oft zugelassene Veränderungen als Manipulation detektiert.

Als Lösung können wir die Anzahl der Kanten im Block berücksichtigen. Problematisch sind solche Kanten, die genau durch die Blockgrenzen zu benachbarten Blöcken verlaufen, sie können entweder nicht berücksichtigt oder müssen beiden Blöcken zugeordnet werden. Weitere Anpassungen des Verfahrens zu dieser Problematik werden erfolgen.

6.4 Verallgemeinerung auf andere Medienströme

Das vorgestellte Verfahren ermöglicht es, mit Hilfe robuster Wasserzeichenmuster, wie unter Kapitel 4 im SSP-Verfahren vorgestellt, inhaltsbezogene Merkmale zu berücksichtigen, indem das Muster auf Basis der Kantencharakteristik gezogen wird. Dadurch entsteht ein Verfahren, das bei Veränderung des Inhaltes das Wasserzeichen nicht auffindet, so daß auf eine Manipulation geschlossen werden kann. Diese Art von Wasserzeichen werden als content-fragile Wasserzeichen bezeichnet, da sie das Wasserzeichen nur finden, wenn sich der Inhalt nicht geändert hat. Will man den Ansatz auf andere Medienströme erweitern, stellt sich die Frage, ob der Inhaltsauszug, das Kantenmuster, die geeignete Charakteristik bietet.

Video kann mit derselben Methode bearbeitet werden. Ein weiterer spezieller Aspekt der fragilen Wasserzeichen ist der Schutz der Bildreihenfolge bei Videos. Der bisherige Ansatz für Bilddaten ermittelt die Merkmalsvektoren pro Einzelbild. Um zusätzlich die Bildreihenfolge zu schützen, müssen die Merkmalsvektoren aufeinanderfolgender Frames berücksichtigt werden. Die so entstehenden Merkmalsvektoren gestatten es, die Integrität sowohl des gesamten Videos (Verwendung aller Hashwerte zur Mustergenerierung) als auch von einzelnen Videoausschnitten zu überprüfen.

Für Audio und 3D-Modelle sind uns bisher keine Untersuchungen bekannt, um deren Integrität nachzuweisen. Verfahren dafür sollten prinzipiell auf dem vorgestellten Verfahren aufsetzen. Die Extraktion von Merkmalsvektoren und das Aufbringen der Wasserzeichenmuster muß angepaßt an das entsprechende Datenformat erfolgen.

Im Audiobereich können Merkmale der Lautstärke und Frequenzübergänge (Midi-Parameter) als Inhalt bezeichnet werden. Im 3D sind ebenfalls Kanten und Farbinformationen relevant, so daß man einen speziell angepaßten Kantendetektor verwenden könnte.

Prinzipiell ist zu sagen, daß in die vorgestellten Verfahren die Merkmalsvektoren, auf denen sich das inhaltsbasierte Wasserzeichen berechnet, austauschbar sind. Um den Nachteil starker Skalierung und Kompression bei Bildmaterial nachzukommen, könnten beispielsweise detaillierte Objektbeschreibungen, die noch genauer auf die Semantik des Bildes eingehen, genutzt werden.

7 Offene Probleme und Herausforderungen

Die digitale Wasserzeichentechnik ist eine junge Forschungsdisziplin, die bereits eine Vielzahl von unterschiedlichen Ideen und Verfahren aufweist. Wie wir in den Ausführungen zu nicht-wahrnehmbaren robusten Wasserzeichen, zu Wasserzeichen als Fingerabdrücke für kundenbezogene Markierungen sowie zu inhaltsbasierten fragilen Wasserzeichen gezeigt haben, konnten wir Verfahrensfortschritte verzeichnen. Es gibt jedoch weiterhin erheblichen Forschungsbedarf, um Wasserzeichen der Anwendungsreife nahezubringen und breit einsetzen zu können. Prinzipiell gilt es, auf Basis der vorgestellten Qualitätsparameter die Verfahren zu evaluieren oder verbesserte Verfahren anhand der Anforderungen zu entwerfen. In diesem Kapitel stellen wir die wichtigsten offenen Probleme und die Herausforderungen für die zukünftige Forschung dar.

7.1 Wasserzeichenverfahren mit einem sicheren öffentlichen Detektor

Die bisher beschriebenen Verfahren verwenden einen geheimen Schlüssel zum Einbringen und Auslesen des Wasserzeichens. Das Design eines sicheren öffentlichen Wasserzeichendetektors ist extrem schwierig. Es ist bisher prinzipiell ungeklärt, ob es sichere öffentliche Wasserzeichendetektoren geben kann, welche Public-Key-Verfahren verwenden, wie sie in der Kryptographie bekannt sind. Selbst ein Blackbox-Detektor ist anfällig für Angriffe [Fri1998e]. Arbeitet er linear, so kann ein Angriff erfolgen, indem eine Sequenz von Bildern getestet wird. Aus dem Verhalten der Blackbox kann auf die Arbeitsweise und den geheimen Schlüssel geschlossen werden [Fri1998e].

7.2 Laufzeiteffizienz und Robustheit gegen kombinierte Angriffe

Das vorgestellte blinde Verfahren für unsichtbar-robuste Wasserzeichen auf Bilddaten zeigt, wie durch eine geeignete Wahl von Markierungspunkten über inhärente Bildeigenschaften, wie Bildkanten, erhöhte Robustheit gegenüber kombinierten und nicht linearen Angriffen erreicht werden kann. Die Laufzeiteffizienz wurde bei diesem Verfahren und auch bei den meisten in der Literatur zu finden den Verfahren im Zusammenhang mit Robustheitsverbesserungen nicht optimiert.

Außerdem muß untersucht werden, ob es weitere Bildeigenschaften gibt, die verwendet werden können.

7.3 Security Betrachtungen der Verfahren

Neben der Robustheit der Verfahren gegen blinde Angriffe muß der Security-Aspekt betrachtet werden, um auch nach gezielten Angriffe auf das Wasserzeichenverfahren selbst, eine verläßliche Detektion der Wasserzeicheninformation zu erreichen. Eine StirMark ähnliche Zusammenstellung von Angriffen auf die Security der Verfahren ist wünschenswert, um auch hier Testmöglichkeiten zu haben.

7.4 Wasserzeichen für Audio und 3D-Modelle

Prinzipiell sind Wasserzeichen für Bilddaten am intensivsten weiterentwickelt worden und konnten in breiter Front evaluiert werden Die Bereiche Audio und 3D-Modelle stehen erst am Anfang der Entwicklung. Die meisten Audioverfahren sind bisher nicht öffentlich und können somit auch nicht evaluiert oder verbessert werden. Auch sind uns bisher keine Forschungsergebnisse zum Einbringen von fragilen Wasserzeichen bekannt, die anzeigen, wann und wo Inhalte bei Audio oder 3D-Modellen verändert wurden.

7.5 StirMark für Audio und 3D

Die aufgestellten Qualitätsparameter für Wasserzeichenverfahren lassen sich für Bilddaten sehr gut mit dem automatischen Angriffswerkzeug StirMark testen. Da dieser Angriff nicht auf der Kenntnis der einzelnen Verfahrensgrundlagen beruht, kann er exzellent als Referenztest für die Robustheit eines Verfahrens herangezogen werden. Verfahren werden vergleich- und bewertbar. Um eine Vergleichbarkeit der Verfahren für andere Medienformate hinsichtlich Robustheit erreichen zu können, müssen StirMark-Verfahren oder Standardangriffe für Audio und 3D erstellt werden, auf deren Grundlage die Verfahren getestet werden können.

7.6 Evaluierung von fragilen Wasserzeichentechniken

Der StirMark-Angriff zielt auf robuste Wasserzeichentechniken ab und testet deren Robustheit. Ein vergleichbares Werkzeug, um fragile Wasserzeichen zu prüfen, fehlt. In solch einen Test muß einfließen, ob das Wasserzeichen fragil auf Inhaltsveränderung reagiert und ob es bei nicht den Inhalt verändernde Transformationen unverändert abfragbar ist. An dieses Werkzeug werden allerdings größere

Implementierungsansprüche gestellt, da die Semantik des Datenmaterials berücksichtigt werden muß.

7.7 Messung des visuellen Qualitätsverlustes

Es fehlen automatisierte Tests, die den Qualitätsverlust auf der Basis der menschlichen Wahrnehmung messen. Es fehlt ein Modell visueller und akustischer Wahrnehmung, aus dem unmittelbar Anforderungen an die Wahrnehmbarkeit abgeleitet werden kann.

Bisher werden dazu meist subjektive Testversuche durchgeführt. Um Objektivität und Vergleichbarkeit zu erreichen, muß ein Testverfahren wie bei dem Robustheitstest (StirMark) entwickelt werden. Ein von Alexander Braun [Bra1998] vorgestelltes Programm für Qualitätskriterien für Video stellt einen ersten Ansatz dar.

7.8 Verfahrenstransparenz: Einordnung der Verfahren in das Qualitätsschema

Auf Basis der aufgestellten Qualitätsparameter und Verfahrensanforderungen müssen die bestehenden und zukünftigen Verfahren in das Schema eingeordnet werden, so daß eine Verfahrenstransparenz und somit eine höhere Anwenderakzeptanz erreicht wird. Auf der Grundlage der Veröffentlichungen ist eine Einordnung der Verfahren von Dritten bisher schlecht möglich, da die Angaben meist unvollständig sind. Beispielsweise beziehen sich jüngere Verfahren meist auf den StirMark-Angriff, ältere Verfahren jedoch nicht.

7.9 Kombination von Medienströmen: Copyright und Integrität

Wasserzeichen werden direkt in das Datenmaterial eingebracht und sichern Copyrights und Integrität des Datenmaterials selbst. Multimediaanwendungen arbeiten jedoch meist auf einer Kombination von mehreren Medienströmen. Zum Video gehört meist ein Audio und innerhalb MPEG-4 existieren sogar noch 3D-Animationen. Die Sicherung der Copyrights und der Integrität muß über ein einziges Medium hinausgehen. Der Wert eines Multimedia-Dokumentes liegt vielleicht gerade in der Kombination der Medien. Beispielsweise gehört zum Video meist auch Ton. Der einzelne Schutz der beiden Medien ist unzureichend, da nicht geprüft werden kann, ob der Ton auch tatsächlich zum Bild gehört oder nachträglich manipuliert wurde. Wichtig ist dieser Aspekt zum Beispiel im Zusammenhang mit Überwachungskameras, die als Beweismaterial genutzt werden sollen. Ein einfacher Angriff wäre das Vertauschen der Stereokanäle, so daß der Schuß nicht aus Richtung der Einbrecher, sondern aus dem Gebäude kam. Die Wasserzeichen mehrerer Medien müssen einander ergänzen und Authentizität sowie Integrität des Gesamtwerkes sichern. Erste Überlegungen sind unter [DFR+2000] zu finden.

7.10 Wasserzeichenverfahren als Urheber- und Integritätsnachweis für biometrische Merkmale

Ein weiteres Anwendungsgebiet sind Wasserzeichen zur Kennzeichnung von biometrischen Merkmalen. Bei der Prüfung und Erhebung des biometrischen Merkmales im Computer kann ein Wasserzeichen dazu genutzt werden, genau festzuhalten, wo, wann und von welchem Gerät das Merkmal aufgenommen wurde. Somit wird später nachvollziehbar, ob das Merkmal von zuverlässigen und sicheren Geräten aufgezeichnet wurde. Ein erster Ansatz kann in [PaYe1999] gefunden werden, der Wasserzeichen als Verification Watermarks für digitale Fingerabdrücke erstellt.

7.11 Notwendigkeit und Umsetzungsmöglichkeiten von Copyrightinfrastrukturen

Neben dem Entwurf von Wasserzeichenverfahren besteht folgender Klärungs- und Handlungsbedarf.

7.11.1 Robustheitsgarantien: Zertifizierte Wasserzeichenverfahren

Die derzeitige Vielfalt von unterschiedlichen Wasserzeichenverfahren wirft die Notwendigkeit von Robustheitszertifikaten auf, um die Verfahren vergleichbar und für den Anwender transparent zu machen. Basierend auf den vorgeschlagenen Verfahrensparametern müssen die Verfahren offengelegt und die Robustheit evaluiert sowie bewertet werden, um eine Vertrauensbasis beim Anwender zu schaffen. Die somit erfolgte Zertifizierung der Robustheit anhand der aufgestellten Kriterien schafft eine Grundlage für die Vergleichbarkeit und erhöht die Akzeptanz.

7.11.2 Schlüsselverwaltung

Wasserzeichenverfahren arbeiten auf Basis von geheimen Schlüsseln, die sicher aufbewahrt und verwaltet werden müssen. Man könnte sich überlegen, daß nur ein personenspezifischer Schlüssel verwendet werden kann, so daß sich das Verwaltungsproblem auf diesen einen Schlüssel bezieht. Da Wasserzeichenverfahren aber nur dann sicher sind, wenn pro Werk ein neuer Schlüssel verwendet wird, da sonst Vergleichsangriffe und statistische Analysen über die Dokumente mit identischen Schlüsseln möglich werden, treten eine Vielzahl von Schlüsseln auf. Sie müssen geheim gehalten und dem jeweiligen Original zugeordnet werden. Es sind somit Infrastukturen nötig. Soll das Invertierbarkeitsproblem, das Problem des rechtmäßigen Besitzers bei Mehrfachmarkierung, gelöst werden, sind bei blinden Wasserzeichenverfahren Zeitstempeldienste nötig. Eine Standardisierung, welche Informationen zum Urheberschutz notwendig sind, steht ebenfalls aus.

7.11.3 Standardisierung der einzubringenden Copyrightinformationen

Wesentlich ist auch die Standardisierung der einzubringenden Wasserzeicheninformation. Welche Daten sind erforderlich, um Copyrightansprüche durchzusetzen. Zum Beispiel sind das eindeutige Nummern für das Werk wie ISBN-Nummern bei Büchern oder eindeutige Urheberkennzeichnungen, unter Nutzung von Trustcenter Funktionen (Daten- und Urheberauthentisierung und -authentifizierung, Zeitstempelvergabe).

Ist festgelegt, welche Informationen in das Datenmaterial zur Sicherung der Urheberrechte eingebracht werden müssen, stellt sich die Aufgabe, den Urheber, den Kunden und das Datenmaterial eindeutig zu authentisieren. Hier sind Trustcenter-Funktionen, wie sie auch im Rahmen der digitalen Signaturgesetzgebung entstehen, notwendig. Sie identifizieren Urheber und Kunden eindeutig, erstellen Zeitstempel für die Wasserzeicheninformation und stellen die Verbindung dieser Informationen an das ihnen vorliegende Original sicher.

Um die Akzeptanz der Wasserzeichentechnik zu erhöhen, sind neben dem Design der Wasserzeichenverfahren ebenfalls organisatorische Rahmenbedingungen zu schaffen, [DiSt1999]. Das sind zum Beispiel Standardisierungen hinsichtlich Copyrightinformationen, eindeutige Urheberkennzeichnung, Zeitstempelproblematik. Dadurch erst wird es neben dem Design von robusten und sicheren Wasserzeichenverfahren möglich, den Nachweis der Urheberschaft zu garantieren und auf eine einheitliche verifizierbare Basis zu stellen. Diese Fragen des weiteren Kontextes können jedoch in diesem Buch nicht behandelt werden. Wir beschränken uns vielmehr auf die technischen Fragen zum Verfahrensdesign selbst.

8 Anwendungen

In diesem Kapitel beschreiben wir beispielhaft drei Anwendungs- und Einsatzgebiete digitaler Wasserzeichen. Neben dem Entwurf und der Umsetzung von digitalen Wasserzeichentechniken zeigen wir, daß in der Anwendung von Wasserzeichen die Voraussetzungen geschaffen werden müssen, die den Anwendungsbedürfnissen gerecht werden. Wir zeigen, daß die Sicherheit und Robustheit der Wasserzeichen nicht nur von den Wasserzeichenverfahren, sondern auch vom Systemdesign und von der Sicherheit des Systems abhängt, wie vor allem im DVD-Szenario deutlich wird.

8.1 DVD

Die Digital Versatile Disc (DVD) ist ein Speichermedium für ein weites Spektrum von Multimediaanwendungen. Im Vergleich zu herkömmlicher Hard- und Software aus dem CD-Bereich stellt die DVD eine Weiterentwicklung der Datenträger und Digitaltechnik dar. Es gibt DVDs für Video mit Bild, Ton und zusätzlichen Datenströmen sowie DVDs für reines Audio ohne Bildbegleitung.

Mit der DVD-Technik können Video und Audio in hervorragender Bild- und Tonqualität abgespeichert werden. Urheber, Produzenten und Verleger haben deshalb ein großes Interesse, Urheberrechte durchzusetzen. Prinzipiell sind drei Schutzmechanismen vorgesehen, [MCB1998]:

- **Content Scrambling System (CSS)**: eine Verschlüsselungsmethode für MPEG-2 Video, entwickelt von Matsushita, [MCB1998]. Das Video wird verschlüsselt auf der DVD abgelegt. Um es zu entschlüsseln, benötigt das Abspielgerät ein Schlüsselpaar. Ein Schlüssel ist der Disk und der andere Schlüssel ist dem MPEG-Video selbst zugeordnet, welches entschlüsselt werden soll. Die Schlüssel sind im lead-in Bereich der Disk gespeichert und können nur von einem DVD-genormten Abspielgerät ausgelesen werden. Der Schlüsselaustausch zwischen dem Abspielgerät und der Entschlüsselungseinheit erfolgt über ein sicheres Handshakeprotokoll. Zweck des Systems ist, illegale Kopien eines MPEG-Daten nicht abspielbar zu machen, da die Schlüssel nicht mitkopiert werden können. Mit der Nutzung von CSS wird erreicht, daß Hersteller vorrangig DVD-genormte Abspielgeräte mit allen Copyright Schutzmechanismen produzieren, da andere Abspielgeräte die CSS verschlüsselten MPEG-Daten nicht abspielen könnten. Anfang 2000 wurde CSS bereits von Angreifern gebrochen, so daß derzeit Verbesserungen anstehen.
- **Analog Protection System (APS)**: entwickelt von Macrovision ist eine Methode das NTSC-Signal zu modifizieren, daß es zwar auf dem Fernseher ausge-

geben, aber nicht von Videorekordern aufgenommen werden kann, [MCB1998]. Die automatische Ansteuerung des VHS-Rekorders wird gestört, so daß die Aufnahme nur ein unangenehmes Flimmern erzeugt. Da das Datenmaterial einer DVD nicht dem NTSC-Format entspricht, mußte das Verfahren angepaßt werden. In den MPEG Header Informationen wird eingetragen, ob APS aktiv ist oder nicht.

- **Copy Generation Management System (CGMS)**: regelt mit einigen Steuerbits im Header der MPEG-Daten, ob das Datenmaterial kopiert werden kann. Folgende Zustände sind vorgesehen: Kopierschutz, ohne Kopierschutz, Einmalkopie erlaubt, [MCB1998].

Zusätzlich zu diesen Mechanismen gibt es das sichere Übertragungsprotokoll 5C [MCB1998], welches den sicheren Austausch der Schlüssel zwischen zwei Abspielgeräten garantiert, ohne daß ein Angreifer auf die entschlüsselten Daten zugreifen kann, wenn er den Bus abhört.

Legale Disks, verschlüsselt mit CSS, können nur auf DVD-genormten Abspielgeräten wiedergegeben werden. Das DVD-genormte Gerät hält die Schlüssel geheim. Werden Kopien erstellt, sind diese MPEG-Daten auf keinem Abspielgerät abspielbar, da die Schlüssel nicht mitkopiert werden konnten.

Folgende Schwächen hat das System:

CGMS versucht illegales Kopieren einzuschränken. Werden jedoch Abspielgeräte benutzt, die die Copy Control Bits aus dem Header entfernen oder nicht beachten, sind die Kopierrestriktionen unwirksam. Zusätzlich wirken die Mechanismen für APS nur auf VCR. Ist die Ausgabe des Abspielgerätes ein analoges RGB-Gerät, kann der Datenstrom in ein Abspielgerät umgeleitet werden und eine unverschlüsselte Kopie erzeugt werden. Die zugehörigen CGMS Bits werden ebenfalls nicht aufgenommen und übergangen. Außerdem kann das CSS nicht öffentlich evaluiert werden, so daß dessen Sicherheit zu bezweifeln ist.

Diese Schwächen zeigen, daß illegale Kopien entstehen können, die uneingeschränkt abspielbar sind. Weitere Mechanismen sind nötig, um Copy Control Informationen in das Datenmaterial zu integrieren, somit illegale Kopien auf DVD-genormten Geräten nicht abspielbar zu machen und somit Piraterie zu erschweren.

Digitale Wasserzeichen bieten eine Lösungsmöglichkeit. Über Wasserzeicheninformationen, die direkt mit dem Datenmaterial verwoben sind und auch beim Kopieren erhalten bleiben, können Kopier- und Abspielkontrolle umgesetzt werden. Die Kopierkontrolle der CGMS-Reglementierungen übernimmt das Wasserzeichen: copy-once, copy-no-more, copy-never Watermark. Für die Abspielkontrolle muß das Schutzsystem erweitert werden. Werden illegale Kopien aus CSS geschützten DVDs erzeugt, bleibt das Wasserzeichen mit den Schutzinformationen erhalten. Dieses Wasserzeichen erlaubt es, daß DVD-genormte Abspielgeräte illegale Kopien erkennen: ein unverschlüsseltes MPEG wird gelesen mit einem copy-never Watermark, was einen Widerspruch darstellt, und das Abspielen wird verweigert.

Durch Abspielkontrolle über Wasserzeichen können nur noch solche DVD-Geräte illegale Kopien abspielen, die die Wasserzeicheninformation nicht prüfen. Der Markt für illegale Kopien wird begrenzt auf Kunden mit speziellen Abspiel-

geräten. Diese speziellen Geräte sind aber nicht lizensiert und können legal ge-
kaufte DVDs nicht abspielen, da CSS nicht unterstützt werden kann. Will man
diese legalen geschützten DVDs abspielen und gleichzeitig auch illegale Kopien,
werden zwei Geräte benötigt.

Im Sommer 1997 gründete sich die Data Hiding SubGroup (DHSG), um verschiedene Wasserzeichenverfahren für DVD Sicherheitsmechanismen zu erweitern, die durch einen Call für Proposals im Juli 1997 eingegangen waren, zu evaluieren und zu bewerten. Aus 11 Vorschlägen werden momentan noch zwei genauer evaluiert [Kal1999].

Neben den allgemeinen Anforderungen an digitale Wasserzeichen für Videomaterial wie Unsichtbarkeit, Robustheit, spielen weitere Aspekte eine wichtige
Rolle, [MCB1998]:

- **Kombinierte Abspielgeräte**: um illegale Kopien abspielen zu können, könnten
  Anbieter Geräte vertreiben, die DVD-genormte und nicht DVD-genormte
  Funktionalität bereitstellen, die einfach umschaltbar sind, um die Wasserzeichenprüfung zu aktivieren oder zu deaktivieren. Aus diesen Gründen wird die
  Lizenz beinhalten, daß ein lizensiertes Gerät immer nur die vollständige DVD
  genormte Funktionalität bereit halten darf, die nicht abschaltbar ist. Ziel ist es,
  den Aufwand zu erhöhen, illegale und legale Kopien abspielen zu können, indem zwei Abspielgeräte erworben werden müßten.
- **Angriffe auf die Wasserzeichendetektion**: neben Angriffen auf die Robustheit des Wasserzeichens (siehe StirMark) könnten Hardwaremodifikationen dazu führen, die Wasserzeichenprüfung zu deaktivieren.
- **Detektorplazierung**: Die Plazierung des Wasserzeichendetektors ist relevant
  für die Sicherheit des Verfahrens und dessen Schnelligkeit. Die Plazierung direkt im MPEG-Decodierer ist sehr laufzeiteffizient, hat aber den Nachteil, daß
  Piraten sehr leicht eine kombinierte Variante eines MPEG-Decodierers anbie-
  ten könnten. Außerdem muß bei neuen Decodern jedesmal die Wasserzeichen-
  funktionalität neu codiert werden. Die Plazierung des Detektors direkt im Abspielgerät erhöht die Sicherheit und macht es schwieriger, die Detektion zu
  umgehen. Allerdings muß dazu der DVD Hardware Standard verändert werden.
  Um die Kosten zu reduzieren, muß die Wasserzeichendetektion in nicht benutzen Chipbereichen ausgeführt werden. Diese Restriktion geht auf Kosten des
  Wasserzeichendetektors. Er darf auf dem Chip nur sehr beschränkten Speicher-
  platz einnehmen. Eine weitere wichtige Einschränkung ist, daß der Detektor
  bisher keinen Framebuffer benutzen kann und das Video in Echtzeit parsen
  muß, ohne Rückbezug auf vorherige Frames. Das Einfügen der Wasserzeicheninformation kann annähernd beliebig lange dauern. Die Abfrage muß jedoch effizient an die Hardware angepaßt werden.
- **Geometrische Operationen**: DVD-Geräte haben die Möglichkeit, das Video
  geometrisch zu verändern, indem das Bildseitenverhältnis einstellbar ist: 4:3
  oder 16:9 und das größte Bild ausgeschnitten werden kann. Das Wasserzeichen
  muß gegen diese Transformationen neben weiteren, die Angreifer ausführen
  könnten, robust sein. Wie wir in den vorgestellten Verfahren aus Kapitel 4 gesehen haben, können diese Angriffe berücksichtigt werden. Da aber in der Im-

plementierung keine Framebuffer benutzt werden können, wird das Problem erschwert.

- **Datenratenerhöhung durch die Wasserzeicheninformation**: das Wasserzeichen muß robust gegen Kompression sein, muß unsichtbar sein und es darf die Datenrate nicht erhöhen. Damit das Wasserzeichen nicht von der Kompression erreicht wird, muß es in sichtbare Bereiche eingefügt werden, um jedoch unsichtbar zu bleiben, wird es schwer, die Effizienz der Kompression nicht zu beeinträchtigen.

- **False Positive Rate**: Die korrekte Wasserzeichendetektion ist wesentlich im DVD Szenario. Der Detektor darf keine Wasserzeichen anzeigen, wenn keine Wasserzeicheninformationen vorhanden sind. Ansonsten würde ein legaler Kunde, der alle Rechte besitzt, auf Grund der falschen Detektion die DVD-Daten nicht ansehen können. Beispielsweise könnte man sich eine aufgenommene Fußballsendung nicht ansehen, da das Wasserzeichen anzeigt, daß angeblich eine Verschlüsselung vorliegt, oder man hat während des Abspielens wiederholt Aussetzer. Das würde die Akzeptanz von Schutzmechanismen verringern und sichere DVDs würden nicht den breiten Massenmarkt erreichen.

- **Umwandlung von Copy-once in Copy-no-more Wasserzeichen**: Um ein copy-once Wasserzeichen in ein copy-no-more Wasserzeichen umzuwandeln, bedarf es ebenfalls einiger Überlegungen. Zu überlegen ist, ob ein Ansatz gewählt werden kann, der das Wasserzeichen beim Kopieren ändert. Allerdings muß dazu die komplette Wasserzeicheneinbettung in die Abspielfunktionalität implementiert und alle aufgeführten Anforderungen beachtet werden, wie zum Beispiel Komplexität oder Datenratenerhöhung. Nachteilig ist auch, daß dieser Mechanismus von Angreifern ausgenutzt werden könnte, um das Wasserzeichen auszuschalten. Als Alternative könnte man ein separates Wasserzeichen aufbringen, welches zusätzlich gilt. Allerdings hemmen auch hier die Implementierungseinschränkungen, ein robustes und sicheres Wasserzeichen einzubringen. Ein anderer Ansatz könnte mit sogenannten fragilen Wasserzeichen arbeiten, so daß das copy-once Wasserzeichen beseitigt wird und somit auch die Berechtigung. Das DVD-Gerät muß dazu allerdings ebenfalls erweitert werden.

Da kein Interesse besteht, die copy-once Markierung zu löschen, könnte man als weitere Alternative ein unabhängiges Merkmal, welches die copy-once Markierung beinhaltet, zusätzlich zum Wasserzeichen einsetzen. Ist das Wasserzeichen plus Merkmal vorhanden, gilt Kopierbarkeit. Ist es entfernt, gilt Kopierschutz. Problematisch erweist sich allerdings die Geheimhaltung des Einfügen des Merkmals, da es von Unbefugten nicht eingebracht werden darf.

Am DVD-Szenario wird deutlich, welche Probleme beim Einsatz von Wasserzeichen bestehen, Sicherheitsmechanismen in eine bestehende Applikation zu integrieren und Wasserzeichen in die Anwendungsreife zu führen. Die Anforderungen sind sehr applikationsspezifisch und nicht immer werden solche hardwarebedingten Einschränkungen vorhanden sein. Bisher wird an der konkreten Wahl und Umsetzung der Sicherheitsmechanismen gearbeitet und es steht noch nicht exakt fest, wie die Wasserzeichentechnologie im DVD-Szenario angewendet werden wird. Ein sicheres und robustes Wasserzeichen reicht im Szenario nicht aus, es muß auch in die Anwendung integriert werden können, ohne daß Angreifer den Sicherheitsmechanismus umgehen können. Unter [MCB1998] und [Kal1999] können weitere Ausführungen zum DVD-Wasserzeichen nachgelesen werden.

8.2 Security-Gateways

In Electronic Commerce Anwendungen, welche Mediendaten über öffentliche Netze zur Verfügung stellen und verkaufen, spielen ebenfalls Wasserzeichen eine wesentliche Rolle. Mit Wasserzeichen kann nachgewiesen werden, wer der rechtmäßige Besitzer oder Kunde ist. Da bei einer Verkaufsabwicklung oder Übertragung der Daten auch Sicherheitsaspekte, wie Gewährleistung von Vertraulichkeit, eine Rolle spielen können und die Sicherheitsmechanismen transparent für den Anwender ablaufen sollen, schlagen [NaQi1998] ein Multimedia-secure Gateway vor. Die Sicherheitsmechanismen sind je nach Sicherheitsbedürfnis konfigurierbar und werden automatisch über das Gateway transparent für den Nutzer in die Übertragung der Daten eingeschaltet. Das Gateway unterstützt die folgenden wesentlichen Dienste und Protokolle:

- Ownership Protection Services: Nutzung von Wasserzeichenverfahren
- Customer-Rights Protection Services: Nutzung eines Customer-Right Protokolls mit einem Wasserzeichenverfahren
- Encryption Services: Nutzung von Verschlüsselungsverfahren
- Key Generation, Key Management (Schlüsselerzeugung, -verwaltung und -verteilung)

Das von [NaQi1998] vorgestellte Secure-Gateway enthält weiterhin einen Security Manager, der die individuellen Dienste koordiniert, um die gewünschten Sicherheitsbedürfnisse zu garantieren. Beispielsweise stehen verschiedene Optionen zur Verfügung, die beschreiben, wie generell alle ausgehenden Daten zu schützen und eingehenden Daten zu behandeln sind: sollen die Daten mit einem Wasserzeichen versehen werden, sollen sie zusätzlich verschlüsselt oder soll lediglich verschlüsselt werden.

Das Secure Gateway zeigt, wie Wasserzeichen für den Anwender transparent in ein Gateway integriert werden können, um automatisch bei Abfrage der Mediendaten das Authentication Watermark und ein Fingerprint Watermark aufzubringen. Optional kann die Prüfung der Authentizität der Kommunikationspartner und die Verschlüsselung eingeschaltet werden, bevor zum Beispiel in einem Electronic-Commerce-Szenario die Daten übertragen werden. Die folgende Abbildung, nach [NaQi1998], zeigt dazu beispielhaft, wie in 10 Schritten ein komplett gesichertes und mit Wasserzeichen versehenes Dokument verschickt und empfangen wird. Der Vorteil dieses Ansatzes ist, daß die Mechanismen für den Benutzer transparent im Gateway ablaufen.

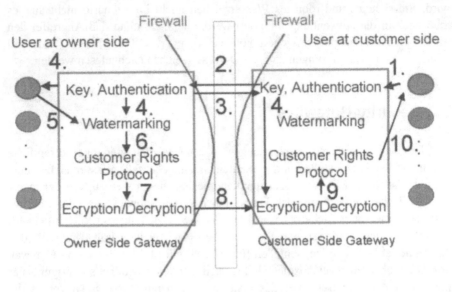

Abbildung 35: Ablauf im Gateway in 10 Schritten

Am Beispiel sehen wir, daß neben den Wasserzeichenverfahren auch andere Sicherheitsmechanismen benötigt werden, um eine sichere und Copyright-geschützte Übertragung der Daten zu erreichen.

8.3 MPEG-7-Applikationen

MPEG-7 ist in der Reihe der MPEG-Standards (MPEG-1/2/4/7) der vierte, welcher sich mit der Beschreibung der Inhalte von Audio- und Videomaterial beschäftigt. MPEG-7 soll im September 2001 als internationaler Standard beschlossen werden. Der Standard wird eine einheitliche Methodik für die Beschreibung der Inhalte multimedialer Daten festlegen. Die drei wesentlichen angestrebten Ziele sind nach [NaSt1999]:

• Inhaltsbeschreibung von Multimediadaten
• Flexibilisierung des Datenmanagements
• Globalisierung der Datenhaltung

Das wichtigste Ziel für die MPEG-7 Arbeitsgruppe ist die Bereitstellung von Strukturen und Mechanismen zur **Inhaltsbeschreibung von Multimediadaten**. Unter Multimediadaten versteht die Arbeitsgruppe vor allem audio-visuelles Material, dessen Inhalt wie folgt aufgebaut sein kann:

• natürlicher und synthetischer auditiver Inhalt in Form von Musik, Geräuschen und gesprochener Sprache und

- natürlicher und synthetischer visueller Inhalt in Form von Einzelbildern, Bewegtbildern (Film und Video), Graphiken, 2D und 3D Darstellungen und animierte 3D Darstellungen, etc.

Ein wichtiges Anliegen der Mitglieder der Arbeitsgruppe ist die **Flexibilisierung des Datenmanagements**. Der wachsende Umfang audio-visueller Daten erzwingt effektive Multimediasysteme, welche den Zugriff, die Interaktion und die Darstellung von komplexer inhomogener Information erlauben. Einige wichtige Anwendungsbereiche für MPEG-7, die Beschreibungen ihrer multimedialen Inhalte benötigen, sind zum Beispiel:

- Digitale Bibliotheken (z.B. für Bild- oder Videokataloge, Film-, Video- und Radioarchive, Musikarchive, etc.)
- Multimediale Informationssysteme (z.B. die gelben Seiten)
- Video-on-Demand
- Multimediale Systeme zur Vermittlung von Wissen (Lehre)
- Journalismus
- Medizinische Anwendungen
- TeleShopping
- Videokonferenzen
- Überwachungssysteme

MPEG-7 liefert die Strukturen, auf denen nach Medieninhalten gesucht werden kann. Die Suchmechanismen liegen jedoch außerhalb des Rahmens dieses Standards. Prinzipiell kann jede Art von audio-visuellem Material über jeder Art von Material aufgefunden werden. Dies bedeutet, daß zum Beispiel Videomaterial über anderes Videomaterial, aber ebenso über Musik, Sprache, Text, etc. ermittelt werden kann. Es liegt an den Mechanismen der Suchmaschine, die Anfrage mit der MPEG-7 Inhaltsbeschreibung abzugleichen.

Neben der Suchproblematik ergeben sich zusätzlich Sicherheitsanforderungen:

Wird zum Beispiel das Eisenach-Beispiel aus Kapitel 6 in eine MPEG-7-Struktur gebracht, die den Hergang der Erstellung des Bildes dokumentiert, könnte es seitens der Landesregierung von Interesse sein, die Manipulation zu vertuschen.

Wer garantiert, daß die beschriebenen Inhalte, deren Beziehungen und Verweise zueinander korrekt sind? Ist die Annotation einmal erfolgt, werden die Beschreibungen meistens in Datenbanken gespeichert und verweisen auf die Mediendaten. Um die Bestätigung zu haben, daß die einmal erfaßten inhaltlichen Bezüge zueinander stimmen und vollständig sind, können Verification Watermarks, siehe Kapitel 3.2, verwendet werden. Diese Wasserzeichen können die wichtigsten Informationen über die Inhaltsbeschreibung und den Zusammenhang zu anderen Medien enthalten, um die Integrität der aufgebauten MPEG-7 Inhaltsbeschreibung zu garantieren. Sie sind untrennbar mit dem Datenmaterial verbunden und nach Formatkonvertierung ebenfalls vorhanden.

Will man Verification Watermarks verwenden, muß ein Wasserzeichen aufgebaut werden, welches die Struktur und die Inhalte des MPEG-7-Datenmaterials widerspiegelt. Als problematisch erweist sich, solch eine Struktur mit den Inhalts-referenzen genügend klein zu halten, damit sie als Wasserzeichen eingebracht werden kann. Bisher sind dazu keine Überlegungen erfolgt.

9 Zusammenfassung und Ausblick

Auf der Basis der in der Praxis und Literatur vorgefundenen Verfahren, Konzepte und Ideen haben wir in diesem Buch ein medienunabhängiges Klassifikationsschema aufgestellt. In erster Ebene haben wir nach dem Anwendungsgebiet klassifiziert. In zweiter Ebene haben wir die Verfahrensparameter und in dritter Ebene die Angriffe geordnet, um die Verfahren qualitativ vergleichen zu können. Das Klassifikationsschema legt die Basis dafür, bestehende und neue Verfahren einzuordnen, um eine Verfahrenstransparenz und somit eine höhere Anwenderakzeptanz zu erreichen. Da es bei den Darstellungen der Verfahren in der Literatur und auch Praxis meistens an der Detailgenauigkeit der Beschreibungen und Testszenarien fehlt, konnte nicht für alle existierenden Verfahren eine exakte Bestimmung der Verfahrensparameter durchgeführt werden. Wichtig ist deshalb, daß das Klassifikationsschema gerade für neue Verfahren als Grundlage dient, die in der Wasserzeichen-Fachwelt benutzt werden kann, um neue Verfahren zu präsentieren.

Wir haben uns in Kapitel 4 mit robusten Wasserzeichen zur Urheberidentifizierung befaßt. Für Bildmaterial haben wir einen neuen Ansatz vorgestellt, der Bildinvarianten, beispielhaft die Bildkanten, für die Markierungspositionen benutzt. Wir haben dadurch Fortschritte erreicht, auch nach kombinierten geometrischen Transformationen die Wasserzeicheninformation zuverlässig zu detektieren, indem wir sogenannte selbstspannende Wasserzeichenmuster (SSP Self Spanning Pattern) verwenden. Dieser Ansatz wurde prototypisch implementiert und zeigt vielversprechende Ergebnisse, die wir verfeinern und weiterverfolgen müssen. Prinzipiell sind weitere Tests mit unterschiedlichen geometrischen Transformationen sowie Parametern notwendig, um allgemeingültige Aussagen über die Robustheit des vorgeschlagenen Verfahrens machen zu können. Die Testergebnisse reichen ebenfalls nicht aus, um auf generelle Robustheit zu schließen. In den Tests wurden nur ausgewählte geometrische Figuren und Markierungspositionen benutzt, die in weiteren Implementierungen erweitert und generalisiert werden müssen.

Im Audiobereich haben wir ein neues Verfahren entwickelt, das direkt auf MPEG arbeitet, wodurch das Wasserzeichen nicht von der Kompression beeinflußt wird. Nachteil ist jedoch, daß bei Formatkonvertierung das Wasserzeichen verloren geht. Weitere Arbeiten müssen hier neben den Skalenfaktoren auch andere Informationen direkt in das Datenmaterial einbringen, um erhöhte Robustheit bei Formatkonvertierung zu garantieren. Eine Verwendung des Verfahrens als fragiles Wasserzeichen kann überlegt werden.

Im Bereich 3D-Modelle haben wir ein Verfahren präsentiert, das keine Dreiecksmaschen braucht, sondern direkt VRML-Wasserzeichen einbringen kann. Die Testergebnisse reichen ebenfalls nicht aus, um auf generelle Robustheit gegen alle möglichen Medienoperatoren für 3D-Modelle zu schließen. Ein StirMark ähnliches Werkzeug zur Qualitätsbewertung der Verfahren steht bisher aus.

Mit den Verfahren konnten Fortschritte erzielt werden. Forschungsbedarf besteht insgesamt in der Anpassung der Algorithmen an weitere Medienoperatoren, Verbesserungen der Laufzeiteffizienz, in Anpassungen an die Wahrnehmung des Menschen sowie in der Security der Verfahren.

Um dem Koalitionsangriff zu begegnen, der bei der kundenspezifischen Kennzeichnung des Datenmaterials mittels Fingerprint-Watermarks möglich ist, haben wir in Kapitel 5 am Beispiel von Bildmaterial ein Wasserzeichenverfahren vorgestellt, das die Auswertung von Koalitionsangriffen ermöglicht. Wir haben erstmals ein mathematisches Modell zur Erkennung von Koalitionsangriffen umgesetzt. Durch geschickte Auswahl von Markierungspunkten konnten wir Angreifer erkennen. Bisher kann der Fingerprint-Algorithmus allerdings nur die Strategie des maximalen Entfernens erkennen, und der Wasserzeichenalgorithmus muß hinsichtlich kombinierten geometrischen Transformationen weiter optimiert werden.

Im Bereich Wasserzeichentechniken für den Integritätsnachweis haben wir in Kapitel 6 einen content-fragilen Ansatz für Bildmaterial vorgestellt. Statt zerbrechliche Wasserzeichen einzubringen, die auf Basis von Schwellwerten arbeiten, arbeitet der Ansatz auf Basis robuster Wasserzeichen, um die Sensibilität gegenüber Kompression oder Skalierung, die keine Bildmanipulationen darstellen, zu verlieren. Über das Bildkantenmuster als Initialparameter wird auf das Nicht- bzw. Vorhandensein eines Wasserzeichenmusters geschlossen. Wird das Muster gefunden, kann Integrität festgestellt werden, ansonsten sind Veränderungen aufgetreten. Weitere Arbeiten müssen hier auf Farbmanipulationen eingehen sowie auf Manipulationsmöglichkeiten in Bildern mit sehr vielen Kanten.

Dieses Buch unterbreitet Vorschläge, wie die Wasserzeichenverfahren klassifiziert und wie Verbesserungen in der Robustheit erreicht werden können. Digitale Wasserzeichen ist ein junges Forschungsgebiet und es stehen viele interessante Entwicklungen aus. In Kapitel 7 haben wir offene Probleme und Forschungsschwerpunkte benannt. Wesentlich erscheint uns, daß neben dem Entwurf von Wasserzeichenverfahren anerkannte Testverfahren entstehen müssen, wodurch die Qualität sowohl robuster als auch fragiler Wasserzeichen verifiziert und ihre Verfahren zertifiziert werden kann. Außerdem sind organisatorische Rahmenbedingungen zu schaffen, die regeln, welche Copyrightinformationen notwendig werden, um den Urheberanspruch durchsetzen zu können. In diesem Zusammenhang werden auch Infrastrukturen für das Schlüsselmanagement und Zeitstempeldienste benötigt.

Ein sehr wesentlicher Punkt ist auch die Analyse öffentlich verifizierbarer Wasserzeichenverfahren. Bisher findet man nur sehr vereinzelt Diskussionen zu diesen Verfahren und es ist nicht geklärt, ob es sichere öffentliche Verfahren geben kann.

Eine weitere Herausforderung an digitale Wasserzeichen besteht im Schutz von kombinierten Mediendaten, wie Video und Audio oder innerhalb MPEG-4 die Verbindung zusätzlich zu 3D-Modellen. Auf diesem Gebiet konnten wir bisher noch keine Forschungsaktivitäten finden. Um jedoch Multimediadokumente absichern zu können, wird dieser Bereich zukünftig ein aktiver Forschungsschwerpunkt werden.

Die Entwicklung und Analyse von verbesserten Wasserzeichenverfahren stellt deshalb zur Zeit ein herausforderndes Forschungsfeld dar, welches interdisziplinäres Wissen und Techniken aus der Kommunikationstheorie, Signalverarbeitung, Kryptologie und Steganographie erfordert. Insgesamt können wir heute zwar bereits eine Vielzahl von Verfahren finden, es scheint jedoch noch kein universelles Verfahren zu existieren, welches alle möglichen Angriffe und Medienverarbeitungen widersteht und somit generell robust und sicher ist. Außerdem ist zu bedenken, daß, wenn ein Verfahren sich als sicher gegen bekannte Angriffe erweist, ist es nicht ausgeschlossen, daß ein neuer Angriff bekannt wird, der das Wasserzeichen zerstören oder manipulieren kann. Parallelen findet man hier auch in der Kryptoanalyse. Schaut man sich jedoch die enormen finanziellen Implikationen im Bereich des Urheberrechtes sowie die weltweit intensiven Bemühungen zur Verbesserung der Wasserzeichenalgorithmen an, so ist über kurz oder lang mit effizienteren Lösungen zu rechnen. Durch weitere Entwicklungen und Forschungen im Hinblick auf ein „gutes" digitales Wasserzeichen, werden Möglichkeiten geschaffen werden, die Urheberschaft kontrollierbar, Authentizität und Integrität nachweisbar, und Manipulationen aufspürbar zu machen. Urheber werden besser in die Lage versetzt, ihre Rechte durchzusetzen und Material eindeutig mit den Hersteller- oder Produzenteninformationen zu versehen. Zusätzlich wird das Wasserzeichen auch vielfältige Annotationsmöglichkeiten bieten.

Zusammenfassend zeigen die existierenden und in diesem Buch diskutierten Verfahren die Möglichkeiten und Grenzen dieser neuen Techniken. Um sie in die breite Anwendungsreife zu führen, sind wie bereits erwähnt noch einige Forschungsarbeiten zu leisten und Standardisierungsbemühungen notwendig. Es ist davon auszugehen, daß sich die Anstrengungen lohnen werden, denn dann versprechen Wasserzeichen in der Zukunft Bild- und Tonmaterial so sichern zu können, daß die darin enthaltene Information als Gut von materiell-wirtschaftlichem sowie ideell-politischem Wert geschützt werden kann.

10 Anhang

10.1 (1) VRML IndexedFaceSet Knoten

Tabelle 38: VRML IndexedFaceSet Knoten

```
IndexedFaceSet {
      EventIn MFInt32 set_colorIndex
      EventIn MFInt32 set_coordIndex
      EventIn MFInt32 set_normalIndex
      EventIn MFInt32 set_texCoordIndex
      ExposedField SFNode color NULL
      ExposedField SFNode coord NULL
      ExposedField SFNode normal NULL
      ExposedField SFNode texCoord NULL
      Field SFBool ccw TRUE
      Field MFInt32 colorIndex # [-1,)
      Field SFBool colorPerVertex TRUE
      Field SFBool convex TRUE
      Field MFInt32 coordIndex # [-1,)
      Field SFFloat creaseAngle 0# [0,)
      Field MFInt32 normalIndex # [-1,)
      Field SFBool normalPerVertex TRUE
      Field SFBool solid TRUE
      Field MFInt32 texCoordIndex # [-1,)
}
```

10.2 (2) Details zum mathematischen Modell von Schwenk/Ueberberg

Der endliche projektive Raum

Allgemein basiert das Schwenk-Ueberberg-Schema auf der Verwendung einer dualen rationalen Normkurve R im projektiven Raum PG(d,q). R ist dabei eine Menge von q+1 Hyperebenen (d.h. projektiven Unterräumen der Dimension d-1), von denen sich jeweils d in genau einem eindeutigen Punkt schneiden. Der endliche projektive Raum PG(d,q) kann aus einem Vektorraum über einem endlichen Körper konstruiert werden:

Sei GF(q) ein endlicher Körper (endliche Körper existieren und sind eindeutig für alle Primzahlexponenten q), und sei $V=GF(q)^{d+1}$ ein (d+1)-dimensionaler Vektorraum über GF(q). Dann hat PG(d,q) die folgende Struktur:

Die Punkte von PG(d,q) sind die 1-dimensionalen Unterräume von V. Die Geraden von PG(d,q) sind die 2-dimensionalen Unterräume von V. Allgemein: Die i-dimensionalen Unterräume von PG(d,q) sind die (i+1)-dimensionalen Unterräume von V.

Durch Definition einer Normalform können die Koordinaten aus V für PG(d,q) verwendet werden:

Ein Punkt P aus PG(d,q), der dem 1-dimensionalem Unterraum { $(ta_0,ta_1,...,ta_d)$ | $t \in GF(q)$, $(a_0,a_1,...,a_d) \in V$ } entspricht, hat *homogene Koordinaten* $(0,...,0,1,a_{i+1}/a_i,...,a_d/a_i)$ falls $a_0=a_1=...=a_{i-1}=0$, $a_i \neq 0$.

Eine Hyperebene aus PG(d,q) ist ein (d-1)-dimensionaler Unterraum. PG(d,q) hat $q^d+q^{d-1}+...+q+1$ Punkte und dieselbe Anzahl von Hyperebenen. Die Hyperebenen können als Menge von Punkten beschrieben werden, deren homogene Koordinaten eine lineare Gleichung der Form $b_0x_0 + b_1x_1 + ... + b_dx_d = 0$ erfüllen.

Diese Gleichung kann in Koordinatenschreibweise abgekürzt werden als $[b_0:b_1:...:b_d]$. Die Normalform einer solchen Hyperebenenkoordinate ist auf gleiche Weise definiert wie für die homogenen Koordinaten der Punkte.

Für das Schwenk-Ueberberg Fingerprinting-Schema brauchen wir eine duale rationale Normkurve R, [Hir1998]. Ohne auf die Theorie einzugehen, kann sie einfach über ihre Koordinaten definiert werden. Eine duale rationale Normkurve in PG(d,q) ist die folgende Menge von Hyperebenen (in homogenen Koordinaten angegeben):

$$R = \{ [1:t:t^2:...:t^d] \mid t \in GF(q)\} \cup \{[0:0:0:...:0:1]\}. \quad (A2.1)$$

Diese Menge von Hyperbenen verallgemeinert die Eigenschaft des Tetraeders: Je $i \leq d$ Hyperebenen aus R schneiden sich in einem eindeutigen Unterraum der Dimension d-i.

Das RNC-Schema

Schwenk-Ueberberg nutzen nun R dazu, um das d-detektierende Fingerprint-Schema mit q+1 Kopien zu konstruieren. Jeder Fingerabdruck besteht aus Punkten einer Hyperebene aus R, und in der dazugehörigen Kopie werden diese Punkte markiert. Dieses rationale Normkurven-Schema (RNC-Schema) hat die folgenden Eigenschaften:

Das RNC-Schema ist d-detektierend: Gegeben sind $i \leq d$ Fingerabdrücke mit Hyperebenen $H_1, ..., H_i$ von R, welche sich in einem eindeutigen Unterraum U = $H_1 \cap ... \cap H_i$ schneiden (für i=d ist U ein Punkt). Von diesem eindeutigen Unterraum U können durch die geometrischen Eigenschaften der dualen rationalen Normkurve alle Hyperebenen $H_1, ..., H_i$ und somit alle Piratenkunden rekonstruiert werden.

Das RNC-Schema kann q+1 Kopien generieren: R beinhaltet genau q+1 Hyperebenen.

Schwenk-Ueberberg lassen die Hyperebene [0:0:...:0:1] aus und haben folgenden Algorithmus für die Generierung der Fingerabdrücke und für die Erkennung der Piraten:

Algorithmus 1: Generierung der Fingerabdrücke

- Für Kunde I wähle $i \in GF(q)$ und $H_i := [1:i:i^2:...:i^d]$.
- Markiere alle Positionen, die Punkten mit homogenen Koordinaten folgender Form zugeordnet sind:
  $(a_0, a_1, ..., a_{d-1}, (-a_0 - a_1 i - ... - a_{d-1} i^{d-1})/i^d)$.   (A2.2)

Algorithmus 2: Erkennung der Piraten
- Ermittle alle markierten Positionen in einer Piratenkopie des Dokumentes.
- Bestimme den größten projektiven Unterraum, der ganz in dieser Punktmenge enthalten ist (dies kann ein einziger Punkt sein). Sei f die Dimension dieses Unterraums.
- Für einen Punkt $(1, a_1, ..., a_d)$ des Unterraums löse die Gleichung
  $1 + a_1 t + a_2 t^2 + ... + a_d t^d = 0$ (A2.3)
  für t in GF(q).
- Prüfe, ob es genau d-f unterschiedliche Lösungen für t gibt. Wenn nicht: Fehlermeldung. Die unterschiedlichen Lösungen für t entsprechen den Indizes der Hyperebenen der Kunden, die bei der Erstellung des Piratendokuments mitgewirkt haben.

Algorithmus 2': Erkennung der Piraten
- Ermittle alle markierten Positionen in einer Piratenkopie des Dokumentes.
- Für jeden Punkt $(1, a_1, ..., a_d)$ aus einer zufälligen Auswahl der markierten Punkte, löse die Gleichung
  $1 + a_1 t + a_2 t^2 + ... + a_d t^d = 0$ (A2.4)
  für t in GF(q).
- Für jeden dieser Punkte wird eine Liste von Hyperebenenindizes ausgegeben. Die Indizes der Hyperebenen der Piratenkunden sind in dieser Liste enthalten. Abhängig von der Angriffsstrategie der Piraten müssen unterschiedliche Algorithmen benutzt werden, um die Indizes der Piratenkunden zu berechnen:
- Wenn die Piraten der Strategie gefolgt sind: "Lösche alle erkannten Markierungen", liegt der Piratenindex in der Schnittmenge dieser Listen.
- Haben die Piraten die Strategie: "Lösche nur einige erkannte Markierungspunkte", muß eine Mehrheitsentscheidung getroffen werden.
- Das MH-Schema

Der große Nachteil der RNC-Schemas liegt in der begrenzten Anzahl von Kopien, die erstellt werden können, um eindeutig die Piratenkunden zu identifizieren. Diese Situation wird von Schwenk-Ueberberg verbessert, indem sie zwei oder mehr zufällig gewählte Hyperebenen zu einem Fingerprint kombinieren. Wenn man jede Hyperebene nur einmal nutzt, dann ist dieses Schema d-detekierend und erlaubt ½(q^d+q^{d-1}+...+q+1) Kopien. Das Angriffserkennungstool für dieses Schema ist allerdings komplexer und muß noch genauer untersucht werden.

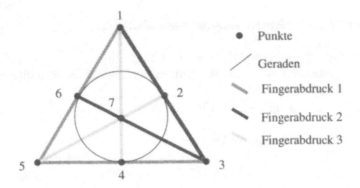

Abbildung 36: Das MH-Schema in PG(2,2)

In Abbildung 36 ist das MH-Verfahren in der kleinstmöglichen projektiven Ebene PG(2,2) beschrieben. Jeder Kunde erhält hier zwei (zufällig gewählte) Geraden, die sich in 2 bis 4 verschiedenen Punkten schneiden. Für den Kunden 1 werden z.B. die Punkte 1, 3, 4, 5 und 6 markiert.

Vergleichen nun zwei Kunden ihre Fingerabdrücke, so finden sie alle markierten Stellen, bis auf die Positionen, die im Schnittpunkt der beiden Fingerabdrücke liegen. Würden z.B. Kunde 1 und Kunde 2 ihre Fingerabdrücke vergleichen, so könnten sie die Stellen finden, die den Punkten 2, 4, 5 und 7 entsprechen, nicht aber die Stellen 1, 3 und 6.

Eine Identifizierung der Kunden ist aber auch dann noch möglich, wenn sich maximal je zwei Kunden verbünden, denn jede Menge von Schnittpunkten kann nur von genau einem Paar von Kunden übersehen werden. Im Beispiel können die Punkte 1,3,6 nur genau von den Kunden 1 und 2 übersehen werden; Kunde 2 und 3 hätten genau die Punkte 1,2,7 übersehen, usw.

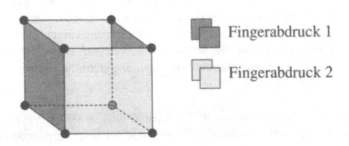

Abbildung 37: Anschauliche Darstellung des Schwenk-Ueberberg-Ansatzes im dreidimensionalen Raum

Das oben beschriebene System kann für höhere Dimensionen d und größere Ordnungen q verallgemeinert werden. Im dreidimensionalen Fall liefert ein Würfel (vgl. Abbildung 37) ein anschauliches Bild der Situation: Ein Fingerabdruck besteht aus den Punkten, die auf zwei gegenüberliegenden Seiten des Würfels liegen; je zwei Fingerabdrücke schneiden sich genau in vier Geraden und je drei in genau acht Punkten. Das bedeutet, daß man aus der Schnittmenge von je zwei (bzw. drei) Fingerabdrücken genau auf die beiden (bzw. drei) Kunden zurückschließen kann, die versucht haben, die Fingerabdrücke zu entfernen.

Im allgemeinen Fall basiert das MH-Verfahren auf der Verwendung von Hyperebenen im projektiven Raum PG(d,q). Jedem Kunden werden dabei mindestens zwei Hyperebenen zugewiesen (es können auch mehr sein). Jede Hyperebene darf nur einmal einem Kunden zugewiesen werden.

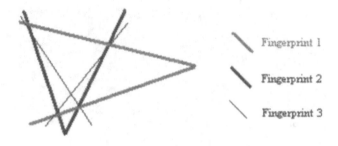

Abbildung 38: Nicht eindeutige Decodierung von Fingerabdrücken

Beim Versuch, einen Angriff zu erkennen, kann das folgende, in Abbildung 38 dargestellte, Problem auftreten: Die Schnittpunkte der Fingerabdrücke 1 und 2 werden in einem Dokument entdeckt. Dann ist es auch denkbar, daß diese Schnittpunkte durch Schneiden von Fingerabdruck 1 und 3, oder durch Fingerabdruck 2 und 3 erzeugt wurden.

Dieses Problem kann allerdings für große Dimensionen d und Ordnungen q vernachlässigt werden: Die Schnittmenge von d Fingerabdrücken ist nur mit vernachlässigbar kleiner Wahrscheinlichkeit mehrdeutig, und in diesem seltenen Fall erkennt der Decodieralgorithmus die Mehrdeutigkeit. Die Gefahr, daß Unschuldige verdächtigt werden, besteht nicht.

Zur Angriffserkennung, d.h. zur Rekonstruktion der Hyperebenen aus den gefundenen Schnittpunkten (bzw. Schnittgeraden, -ebene, ...) versucht man, die gefundene Punktmenge so aufzuteilen, daß jedes Teil vollständig in einer Hyperebene enthalten ist.

Liegen z.B. bei Verwendung von zwei Hyperebenen pro Fingerabdruck in PG(d,q) nur die 2^d Schnittpunkte der d Hyperebenenpaare vor, so sucht man zunächst Teilmengen von je 2^{d-1} Punkten, die in einer gemeinsamen Hyperebene liegen. Hat man eine solche Hyperebene gefunden, so prüft man zunächst, ob auch die übrigen 2^{d-1} Punkte in einer Hyperebene liegen. Ist auch dieser Test erfolgreich, so muß in der Datenbank des Copyrightinhabers noch überprüft werden, ob diese beiden Hyperebenen auch tatsächlich einen Fingerabdruck bilden.

Um dieses Verfahren auch algorithmisch zu beherrschen, verweisen Schwenk-Ueberberg auf weitere Untersuchungen, die notwendig werden.

Literaturverzeichnis

[And1996] R. Anderson (Ed.): *Information Hiding, First International Workshop, Cambridge*, U.K., May/June, 1996, Proc., Lecture Notes in Computer Science, vol. 1174, Springer, 1996

[BaPi1998] P. Bassia, I. Pitas: *Robust audio watermarking in the time domain*, In EUSIPCO 98, Ninth European Signal Processing Conference, 8-11 September 1998, Island of Rhodes, Greece; proceedings published by the European Association for Signal Processing, ISBN 960-7620-05-4, pp. 25-28, 1998.

[BBC1998] M. Barni, F. Bartolini, V. Cappellini: *A M.A.P. identification criterion for DCT-based watermarking*, In EUSIPCO 98, Ninth European Signal Processing Conference, 8-11 September 1998, Island of Rhodes, Greece; proceedings published by the European Association for Signal Processing, ISBN 960-7620-05-4 , pp. 17-20, 1998

[BBCP1998] M. Barni, F. Bartolini, V. Cappellini, A. Piva: *A DCT-domain system for robust image watermarking*, In Signal Processing v 66 no 3 (May 98), pp. 357-372, 1998

[Ben1999] O. Benedens: *Watermarking of 3D-polygon-based models with robustness against mesh simplification, Security and Watermarking of Multimedia Contents*, In Proc. of the SPIE Conference on Electronic Imaging '99, Security and Watermarking of Multimedia Contents, 24-29 January 1999, San Jose USA, Proceedings of SPIE Vol. 3657, [3657-51], pp. 329-340, 1999

[BeRo1998] A. Beutelspacher, U. Rosenbaum: *Projective Geometry.* Cambridge University Press 1998

[BoSh1995] D. Boneh, J. Shaw, *Collusion-Secure Fingerprinting for Digital Data,* In Proc. CRYPTO'95, Springer LNCS 963, pp. 452-465, 1995.

[Bra1998] A. M. Braun: *Qualitätskriterien bei digitalem Fernsehen und Video*, Diplomarbeit WS 1997/98, ETH Zürich, Institut für Kommunikationstechnik, Fachgruppe Nachrichtentechnik, 1998

[BTH1996] L. Boney, A. Tewfik, K. Hamdy: *Digital Watermarks for Audio Signals*, In IEEE Int. Conf. on Multimedia Computing and Systems June 17-23, Hiroshima, Japan, p. 473-480, 1996

[Can1983] J. Canny: *Finding Edges and Lines in Images*, A technical Report, Artificial Intelligence Laboratory, Massachusetts, 1983

[CKLS1996a] I. J. Cox, J. Kilian, F. T. Leighton, T. Shamoon: *A secure, robust watermark for multimedia*, In Proc. of the Information Hiding: First Int. Workshop, Lecture Notes in Computer Science, vol. 1174, R. Anderson, ed., Springer-Verlag, pp. 183-206, 1996.

[CKLS1996b] I. J. Cox, Joe Kilian, T. Leighton, T. Shamoon: *Secure Spread Spectrum Watermarking For Images, Audio and Video*, In Proc of ICIP'96, pp. 243-246, 1996

[CMYY1997] S. Craver, N. Memon, B.-L. Yeo, M. Yeung: *Can invisible watermarks resolve rightful ownerships?* In Proc. of the IS&T/SPIE Conference on Storage and Retrieval for Image and Video Databases V, San Jose, CA, USA, vol. 3022, pp. 310-321, 1997.

[CMYY1996] S. Craver, N. Memon, B. Yeo, M. Yeung: *Can Invisible Watermarks Resolve Rightful Ownerships?* Technical Report RC 20509, IBM Research Division, July 1996.

[Cra1997] S. Craver: *On Public-key Steganography in the Presence of an Active Warden* , IBM Research Report RC 20931, July 1997.

[DCRP1999] F. Deguillaume, G. Csurka, J. J. K. Ó Ruanaidh, T. Pun: *Robust 3D DFT video watermarking*, In Proc. of the SPIE Conference on Electronic Imaging '99, Security and Watermarking of Multimedia Contents, 24-29 January 1999, San Jose USA, Proceedings of SPIE Vol. 3657, [3657-51], pp. 113-124, 1999

[DBS+1999] J. Dittmann; A. Behr, M. Stabenau, P. Schmitt, J. Schwenk, J. Ueberberg: *Combining digital Watermarks and collision secure Fingerprints for digital Images*, In Proc. of the SPIE Conference on Electronic Imaging '99, Security and Watermarking of Multimedia Contents, 24-29 January 1999, San Jose USA, Proceedings of SPIE Vol. 3657, [3657-51], pp. 171-182, 1999

[DFR+2000] J. Dittmann, S. Fischer, I. Rimac, M. Steinebach, R.Steinmetz: *Combined video and audio watermarking: Embedding content information in multimedia data*, to appear in SPIE, Security and Watermarking of Multimedia Contents, Electronic Imaging 2000

[DFS2000] J. Dittmann, T. Fiebig, R. Steinmetz: *A new Approach for Transformation Invariant Image and Video Watermarking in the Spatial Domain: SSP - Self Spanning Patterns*, to appear in SPIE, Security and Watermarking of Multimedia Contents, Electronic Imaging 2000

[DHS+1998] J. Dittmann, P. Horster; R. Steinmetz; P. Wohlmacher (Eds.): *Multimedia and Security, Workshop at ACM MM '98*, Bristol, U.K., GMD-Report 41, 1998

[DiJa1998] J. Dittmann, P. Janovsky: *Objektwatermarking*, GMD Arbeitspapier, 1998

[Dit1999] J. Dittmann: *„Ist den Bildern noch zu trauen?" – Wie kann man Bildmanipulationen erkennen und Integrität und Authentizität sicher nachweisen, um Bilder weiter zur Informationsrecherche zu nutzen?* In Tagungsband der 21. Online-Tagung der DGI, Frankfurt am Main, 18. bis 20. Mai 1999, Hrsg. Ralph Schmidt, DGI, pp. 219-231, 1999

[DiSt1999] J. Dittmann; R. Steinmetz: *Möglichkeiten und Grenzen der versteckten Wissenschaft zur Sicherung von Copyrights für digitales Bild- und Tonmaterial*, Im Tagungsband 6. Deutschen IT-Sicherheitskongress des BSI, 1999, SecuMedia Verlag, Ingelheim, pp. 343-354, 1999

[DiSt1997] J. Dittmann, A. Steinmetz: *A Technical Approach to the Transparent Encryption of MPEG-2 Video*, In Katsikas, Sokratis (Ed.), In Communications and Multimedia Security, Vol.3, pp. 215-226, London, Weinheim, New York: Chapman & Hall, 1997

[DiWi1999] J. Dittmann, F. Wiegand: *Digitales 3D-Watermarking für VRML Szenen*, GMD Arbeitspapier, 1999

[DJS1998] J. Dittmann, P. Janovsky, A. Steinmetz: *Objektverfolgung und Szenenerkennung in Video auf Basis von Kantendetektion*, In Luth, N. (Hrsg.) In Informatik Bericht der Universität Bremen Nr. 6/98, Inhaltsbezogene Suche von Bildern und Videosequenzen in digitalen multimedialen Archiven, Beiträge eines Workshops der KI '98 am 16./17.9.1998, Bremen, pp. 43-58, Universität Bremen FB Mathematik und Informatik, ISSN 0722-8996, 1998

[DNSS1998] J. Dittmann; F. Nack, A. Steinmetz, R. Steinmetz: *Interactive Watermarking Environments*, In Proc. IEEE Multimedia Systems Conference '98, Austin, Texas, pp 286-294, 1998

[DSS1999a] J. Dittmann, A. Steinmetz, R. Steinmetz: *Content-based Digital Signature for Motion Pictures Authentication and Content-Fragile Watermarking*, In Proc. of IEEE Multimedia Systems, Multimedia Computing and Systems, June 7-11, 1999, Florence, Italy, Volume 1, pp. 574-579, 1999

[DSS1999b] J. Dittmann, A. Steinmetz, R. Steinmetz: *Content-fragile Watermarking based on content-based digital Signatures*, to appear in IDMS 1999, Toulouse, France, October 1999

[DSS1999c] J. Dittmann, M. Steinebach, R. Steinmetz: *Digital Watermarking for MPEG Audio Layer 2*, To appear at the Workshop of Multimedia and Security at ACM Multimedia'99, Orlando, Florida

[DSS1998] J. Dittmann, M. Stabenau, R. Steinmetz: *Robust MPEG Video Watermarking Technologies*, In Proceedings of ACM Multimedia'98, The 6th ACM International Multimedia Conference, Bristol, England, pp. 71-80, 1998

[Dur1997] L. Durant: *Konkurrenz für den k-Faktor. Fernseh- und Kino-Technik*, 51. Jahrgang Nr. 3/1997

[Eit1999] B. Eitschenberger: *Safety und Security – Möglichkeiten und Vorteile einer Integration*, IT-Sicherheit: Praxis der Daten- und Netzsicherheit, 2/99, DATAKONTEXT-Fachverlag GmbH, pp. 12-15, 1999

[Fis97] St. Fischer: *Indikatorenkombination zur Inhaltsanalyse digitaler Filme*, Dissertation, Mannheim, 1997

[Fri1998a] J. Fridrich: *Robust digital watermarking based on key-dependent basis functions*, In The 2nd Information Hiding Workshop in Portland, Oregon, April 15-17, 1998.

[Fri1998b] J. Fridrich: *Combining Low-frequency and Spread Spectrum Watermarking*, In Proc. SPIE, Int. Symposium on Optical Science, Engineering, and Instrumentation, San Diego, July 19–24, 1998.

[Fri1998c] J. Fridrich: *Image Watermarking for Tamper Detection*, In Proc. ICIP '98, Chicago, Oct 1998.

[Fri1998d] J. Fridrich: *Methods for Detecting Changes in Digital Images*, In Proc. of The 6th IEEE International Workshop on Intelligent Signal Processing and Communication Systems (ISPACS'98), Melbourne, Australia, 4-6 November 1998.

[Fri1998e] J. Fridrich: *Applications of Data Hiding in Digital Images*, Tutorial for The ISPACS'98 Conference in Melbourne, Australia, November 4-6, 1998.

[Fri1997] J. Fridrich: *Methods for data hidung*, Center for Intelligent Systems & Department of Systems Science and Industrial Engineering, SUNY Binghamton, Methods for Data Hiding", working paper, 1997

[FSBS1998] S. Fischer, A. Steinacker, R. Bertram, R. Steinmetz: *Open Security: Von den Grundlagen zu den Anwendungen*, Springer-Verlag Berlin Heidelberg, 1998

[Gir1989] B. Girod: *The Information Theoretical Significance of Spatial and Temporal Masking in Video Signals*, In Proc. of the SPIE Human Vision, Visual Processing, and Digital Display, vol. 1077, pp. 178-187, 1989

[Gri1999] C. Griwodz: *Video Protection by Partial Content Corruption*, In Multimedia and Security Workshop at the Sixth ACM International Multimedia Conference, September 12-16 1998, Bristol, England; Workshop notes published by GMD - Forschungszentrum Informationstechnik GmbH, GMD Report 41, pp. 37-39, 1998

[Hab1998] M. Haberhauer: *Digitale inhaltsbasierte Signaturen zur Echtheitsprüfung bei digitalem Video*, Diplomarbeit, April 1998, GMD-IPSI, 1998

[Hdg1998] Stiftung Haus der Geschichte der Bundesrepublik Deutschland: *Bilder, die lügen*, Begleitbuch zur Ausstellung im Haus der Geschichte der Bundesrepublik Deutschland, Bonn, 27. November 1998 bis 28. Februar 1999, Bonn Bouvier, 1998

[HEG1998] F. Hartung, P. Eisert, B. Girod: *Digital Watermarking of MPEG-4 Facial Animation Parameters*, In Computer and Graphics, Vol. 22, No. 4, pp. 425-435, Elsevier, 1998

[Hir1998] J.W.P. Hirschfeld: *Projective Geometries over Finite Fields*. Oxford University Press, 2nd Edition 1998

[HMY2000] M. J. Holliman, W. Macy, M. M. Yeung: *Robust frame-dependent Video Watermarking*, to appear in SPIE, Security and Watermarking of Multimedia Contents, Electronic Imaging 2000

[HoMe1998] M. Holliman, N. Memon: *Counterfeitung Attack on Linear Watermarking Schemes*, In Workshop Security Issues in Multimedia Systems, IEEE Multimedia Systems Conference '98, Austin, Texas, 1998

[HRP1998] A. Herrigel, J. Ó Ruanaidh, H. Petersen, S. Pereira, T. Pun: *Secure Copyright Protection Techniques for Digital Images*, Proc. 2nd Int. Information Hiding Workshop, Portland, Oregon, April 15–17, 1998

[HSG1998] F. Hartung, JK. Su, B. Girod: *Digital Watermarking for Compressed Video, Multimedia*, In Workshop at the Sixth ACM International Multimedia Conference, September 12-16 1998, Bristol, England; Workshop notes published by GMD - Forschungszentrum Informationstechnik GmbH, GMD Report 41, pp. 77-79, 1998.

[Jan1998] P. Janovsky: *Object Watermarking*, Diplomarbeit: KOM-D-0055, Juni 1998, GMD-IPSI, 1998

[Kal1999] T. Kalker: *System Issues in digital images an video watermarking for copy protection*, In Proc. of IEEE Multimedia Systems, Multimedia Computing and Systems, June 7-11, 1999, Florence, Italy, Volume1, pp. 562-567, 1999

[Kan1998] S. Kanka, *AKWA. Diplomarbeit Audiowatermarking*, ZGDV, 1998

[KaRa1999] M. Kankanhalli, R. Ramakrishnan: *Adaptive Visible Watermarking of Images*, In Proc. of IEEE Multimedia Systems, Multimedia Computing and Systems, June 7-11, 1999, Florence, Italy, Volume1, pp. 568-573, 1999

[KDHM1999] T. Kalker, G. Depovere, J. Haitsma, M.J. Meas: *Video watermarking system for broascast monitoring*, In Proc. of the SPIE Conference on Electronic Imaging '99, Security and Watermarking of Multimedia Contents, 24-29 January 1999, San Jose USA, Proceedings of SPIE Vol. 3657, [3657-51], pp. 103-112, 1999

[KJB1997] M. Kutter, F. Jordan, F. Bossen, 1997 : *Digital Signature of Color Images using Amplituden Modulation*, In Proc. of SPIE storage and retrieval for image and video databases, San Jose, USA, February 13-14, 1997, 3022-5, pp. 518-526, 1997

[Kob1997] M. Kobayastin: *Digital Watermarking:* Historical roots, Technical Report, IBM Research, Tokyo Research Laboratory, April 1997

[KuHa11997a] D. Kundur, D. Hatzinakos: *A robust digital image watermarking method using wavelet-based fusion* , to appear in Proc. Int. Conference in Image Processing, 1997.

[KuHa1997b] D. Kundur, D. Hatzinakos: *Digital Watermarking Based on Multiresolution Wavelet Data Fusion*, In Proc. IEEE, Special Issue on Intelligent Signal Processing, 1997.

[Kun1998] T. Kunkelmann: *Sicherheit für Videodaten*, Vieweg Verlag, ISBN 3-528-05680-0, 1998

[KuPe1999] M. Kutter, F. Petitcolas: *Fair Benchmark for Image Watermarking Systems*, In Proc. of the SPIE Conference on Electronic Imaging '99, Security and Watermarking of Multimedia Contents, 24-29 January 1999, San Jose USA, Proceedings of SPIE Vol. 3657, [3657-51], pp. 226-239, 1999

[Kut1999] M. Kutter: *Digital Image Watermarking*: Hiding Information in Images, These N° 2054 (1999), EPFL Lausanne, 1999

[Kut2000] M. Kutter: *Watermark copy attack*, to appear in SPIE, Security and Watermarking of Multimedia Contents, Electronic Imaging 2000

[LiCh1998] CY Lin, SF Chang: *Generating Robust Digital Signature for Image/Video Authentication*, In Multimedia and Security Workshop at the Sixth ACM International Multimedia Conference, September 12-16 1998, Bristol, England; Workshop notes published by GMD - Forschungszentrum Informationstechnik GmbH. as v 41 of GMD Report , pp. 49-54, 1998.

[LLB1998] GC Langelaar, RL Lagendijk, J Biemond: *Removing spatial spread spectrum watermarks by non-linear filtering*, In EUSIPCO 98, Ninth European Signal Processing Conference, 8-11 September 1998, Island of Rhodes, Greece; proceedings published by the European Association for Signal Processing, ISBN 960-7620-05-4, pp. 2281-2284, 1998

[LLL1997a] R. L. Lagendijk G. C. Langelaar, J. C. A. van der Lubbe: *Robust Labeling Methods for Copy Protection of Images*, In Proc. of the SPIE Conference on Storage and Retrieval for Image and Video Databases V, vol. 3022, pp. 298-309, San Jose, CA, February 1997.

[LLL1997b] G. C. Langelaar, J. C. A. van der Lubbe, and R. L. Lagendijk: *Robust labeling methods for copy protection of images*, In Sethin and Jain [50], pp. 298-309, 1997.

[LLL1996] G. C. Langelaar, J. C. A. van der Lubbe, J. Biemond: *Copy protection for multimedia data based on labeling techniques*, In 17th Symposium on Information Theory in the Benelux, Enschede, The Netherlands, May 1996.

[Mae1998] M. J. J. Maes: *Twin peaks: The histogram attack to fixed depth image watermarks*, In Proc. of the Workshop on Information Hiding, Portland, April 1998. Submitted.

[MCB1998] M. Miller, I. Cox, J. Bloom: *Watermarking in the real world: an application to DVD*, Workshop Security Issues in Multimedia Systems, In proc. of IEEE Multimedia Systems Conference '98, Austin, Texas, 1998

[MuPf1997] G. Müller, A. Pfitzmann: *Mehrseitige Sicherheit in der Kommunikationstechnik – Verfahren, Komponenten, Integration*, Reihe Informationssicherheit, Addison-Wesley, ISBN 3-8273-1116-0, 1997

[NaQi1998] K. Nahrstedt, L. Qiao: *Multimedia-secure Gateways*, Workshop Security Issues in Multimedia Systems, In Proc. of IEEE Multimedia Systems Conference '98, Austin, Texas, 1998

[NaSt1999] F. Nack, A. Steinmetz: *Der kommende Standard zur Beschreibung multimedialer Inhalte - MPEG 7*, Der Fernmeldeingenieur, Zeitschrift für Ausbildung und Fortbildung, Heft 3/99, Verlag für Wissenschaft und Leben, Georg Heidecker GmbH, Erlangen, 1999

[NiPi1998] N Nikolaidis, I Pitas: *Robust image watermarking in the spatial domain*, Signal Processing Vol. 66 No 3, (May 98), pp. 385-403, 1998.

[NiPi1996] N. Nikolaidis, I. Pitas: *Copyright protection of images using robust digital signatures*, In Proc. IEEE Int. Conf. on Acoustics, Speech and Signal Processing, vol. 4, pp. 2168–2171, May 1996.

[Nil1985] N. B. Nill: *A visual model weighted cosine transform for image compression and quality assessment*, IEEE Trans. Communications, vol. COM-33, No. 6, 1985.

[OMA1998a] R. Ohbuchi, H. Masuda, M. Aono: *Watermarking Three-Dimensional Polygonal Modells Through Geometric and Topological Modifications*, In Proc. of IEEE Journal on Selected Areas in Communications, pp. 551-560, 1998

[OMA1998b] R. Ohbuchi, H. Masuda, and M. Aono: *Geometrical and Non-geometrical Targets for Data Embedding in Three-Dimensional Polygonal Models*, In Computer Communications, Vol. 21, pp. 1344-1354, 1998

[OMA1998c] R. Ohbuchi, H. Masuda, M. Aono: *Watermarking Multiple Object Types in Three-Dimensional Models*, Multimedia and Security Workshop at the Sixth ACM International Multimedia Conference, September 12-16 1998, Bristol, England; Workshop notes published by GMD - Forschungszentrum Informationstechnik GmbH, GMD Report 41, pp. 83-90, 1998

[OMA1997a] R. Ohbuchi, H. Masuda, M. Aono: *Embedding data in 3D Models*, In Proc. of European Workshop on Interactive Distributed Multimedia Systems and Telecommunication Services (IDMS '97), Darmstadt, Germany, September 1997, Lecture Notes in Computer Science 1309, Springer

[OMA1997b] R. Ohbuchi, H. Masuda, M. Aono: *Watermarking Three-Dimensional Polygonal Models*, In Proc. of the ACM Multimedia '97, Seattle, Washington, USA, November 1997, pp. 261-272, 1997

[PAK1998] F. Petitcolas, R. Anderson M. Kuhn: *Attacks on copyright marking systems*, In Proc of Second International Workshop on Information Hiding '98, 14-17 April, Portland, Oregon, USA; proceedings published by Springer as Lecture Notes in Computer Science v 1525, pp. 219-239, 1998.

[PaYe1999] S. Pankanti, M.M. Yeung: *Verification watermarks on fingerprint recognition and retrieval*, In Proc. of the SPIE Conference on Electronic Imaging '99, Security and Watermarking of Multimedia Contents, 24-29 January 1999, San Jose USA, Proceedings of SPIE Vol. 3657, [3657-51], pp. 66-78, 1999

[PBC1997] A. Piva, M. Barni, F. Bartolini, V. *Cappellini: DCT-based watermark recovering without resorting to the uncorrupted original image*, preprint, 1997.

[PeAn1999] F. Petitcolas, R. Anderson: *Evaluation of copyright marking systems*, In Proc of IEEE Multimedia Systems, Multimedia Computing and Systems, June 7-11, 1999, Florence, Italy, Volume1, pp. 574-579, 1999

[PeAn1998] F. Petitcolas, R. Anderson: *Weaknesses of Copyright Marking Systems*, In Multimedia and Security Workshop at the Sixth ACM International Multimedia Conference, September 12-16 1998, Bristol, England; Workshop notes published by GMD - Forschungszentrum Informationstechnik GmbH, GMD Report 41, pp. 55-61, 1998.

[PfWa1997b] B Pfitzmann, M Waidner: *Anonymous Fingerprinting*, In Eurocrypt 97, Held at Konstanz, Germany, 11-15 May 1997; proceedings published by Springer-Verlag as LNCS v 1233, ISBN 3-540-62975-0, pp. 88-102, 1997.

[Pfi1996a] B. Pfitzmann: *Information hiding terminology*, In R. Anderson, editor, Information Hiding, Lecture Notes in Computer Science, vol. 1174, pp. 347-350. Springer-Verlag, Berlin, 1996.

[Pfi1996b] B Pfitzmann, *Trials of Traced Traitors*, In Proc. of First International Workshop on Information Hiding '96, 30 May - 1 June 1996, Isaac Newton Institute, Cambridge UK; proceedings published by Springer as Lecture Notes in Computer Science v 1174, pp. 49-64, 1996.

[PfSc1996] B Pfitzmann, M Schunter, *Asymmetric Fingerprinting*, In Eurocrypt 96, Held at Saragossa, Spain, 12-16 May 96; proceedings published as Springer LNCS v 1070, pp. 84-95, 1996.

[PoZe1997a] C. I. Podilchuk, W. Zeng: *Image Adaptive Watermarking Using Visual Models*, To appear, IEEE Journal on Selected Areas in Communications, 1997.

[PoZe1997b] C. I. Podilchuk, W. Zeng, *Perceptual watermarking of still images*, In Proc. The First IEEE Signal Processing Society Workshop on Multimedia Signal Processing, June 1997, Princeton, New Jersey.

[PoZe1997c] C. I. Podilchuk, W. Zeng, *Watermarking of the JPEG bitstream*, In Proc. of the International Conference on Imaging Science, Systems, and Technology, Las Vegas, Nevada, USA, pp. 253-260, 1997.

[PRP1999] S. Pereira, J.J.K. Ó Ruanaidh, T. Pun: *Secure robust digital watermarking using the lapped othogonal transform*, In Proc. of the SPIE Conference on Electronic Imaging '99, Security and Watermarking of Multimedia Contents, 24-29 January 1999, San Jose USA, Proceedings of SPIE Vol. 3657, [3657-51], pp. 21-30, 1999

[QiNa1999] L. Qiao, K. Nahrstedt: *Noninvertible watermarking methods for MPEG encoded audio*, In Proc. of the SPIE Conference on Electronic Imaging '99, Security and Watermarking of Multimedia Contents, 24-29 January 1999, San Jose USA, Proceedings of SPIE Vol. 3657, [3657-51], pp. 194-202, 1999

[QiNa1998] L. Qiao, K. Nahrstedt: *Watermarking Methods For MPEG Encoded Video: Towards Resolving Rightful Ownership*, In Proc. IEEE Multimedia Systems Conference '98, Austin, Texas, pp 276-285, 1998

[QiNa1997] L. Qiao, K. Nahrstedt: *A new algorithm for MPEG video encryption*, In proc. of 1ˢᵗ International Conference on Image Science, Systems and Technology, Las Vegas, NV, 1997

[Ram1999] M. Ramkumar: *Data Hiding in Multimedia: Theory and Applications*, PhD Dissertation, ECE Dept. NJIT, www.njcmr.org/~mxr0096/diss.ps.gz, Nov. 22, 1999

[RMO1999] P. M. J. Rongen, M.J.J.J.B. Maes, C. W. A. M. van Overveld: *Digital image watermarking by salient point modification: practical results*, In Proc. of the SPIE Conference on Electronic Imaging '99, Security and Watermarking of Multimedia Contents, 24-29 January 1999, San Jose USA, Proceedings of SPIE Vol. 3657, [3657-51], pp. 273-282, 1999

[RuPu1997] J. J. K. Ó Ruanaidh, T. Pun: *Rotation, scale and translation invariant digital image watermarking*, In Proc. of the ICIP, Santa Barbara, California, Oct, vol. 1, pp. 536-539 1997.

[Sch1996] B. Schneier: *Angewandte Kryptographie - Protokolle, Algorithmen und Sourcecode in C*, Addison-Wesley, Bonn; ISBN: 3893198547, 1996

[Sik1997] T. Sikora: *MPEG Digital Video Coding Standards*, In Digital Electronic Consumer Handbook, McGraw Hill Company, 1997

[SPIE1999] Proc. of the SPIE Conference on Electronic Imaging '99, *Security and Watermarking of Multimedia Contents*, 24-29 January 1999, San Jose USA, Proceedings of SPIE Vol. 3657, [3657-51], 1999

[Sta1998] M. Stabenau: *Watermarkingmechanismen für MPEG Video*, Diplomarbeit: KOM-0056, April 1998, GMD-IPSI, 1998

[Ste1999] R. Steinmetz: *Multimedia-Technologie - Grundlagen, Komponenten und Systeme*, Springer-Verlag Berlin, Heidelberg, 1999

[Sto1996] H. S. Stone: *Analysis of Attacks on Image Watermarks with Randomized Coefficients*, NEC Research Institute, Technical Report, 1996.

[SZT1998a] M. Swanson, B. Zhu, A. Tewfik: *Multiresolution scene-based video watermarking using perceptual models*, In IEEE Journal on selected areas in communications, Vol. 16, No. 4, May 1998, pp. 540-550, 1998

[SZT1998b] M. Swanson, B. Zhu, A. Tewfik: *Audio watermarking and data embedding - Current state of the art, challenges and future directions*, In Multimedia and Security Workshop at the Sixth ACM International Multimedia Conference, September 12-16 1998, Bristol, England; Workshop notes published by GMD - Forschungszentrum Informationstechnik GmbH, GMD Report 41, pp. 63-68, 1998

[VHB+2000] S. Voloshynovsky, A. Herrigel, N. Baumgartner, S. Pereira, T. Pun: Generalized watermark attack based on stochastic watermark estimation and perceptual demodulation, to appear in SPIE, Security and Watermarking of Multimedia Contents, Electronic Imaging 2000

[VRML1997] A. L. Ames, D. R. Nadeau, J. L. Moreland: *VRML 2.0 Sourcebook*, John Wiley & Sons, Inc., ISBN 0-471-16507-7, 1997

[VRML1999] Web3D-Consortium: http:///www.vrml.org

[Wat1992] A. B. Watson: *DCT quantization matrices visually optimized for individual images*, In Proc. of the SPIE Conference on Human Vision, Visual Processing and Digital Display IV, pp. 202-216, 1992

[Wie1998] F. Wiegand: *Digitales 3D-Watermarking*, Diplomarbeit: Nr.-KOM-D-0057, Oktober 1998, GMD-IPSI, 1998

[WoDe1999] R. Wolfgang, E. Delp: *Fragile Watermarking Using the VW2D Watermark*, In Proc. of the SPIE Conference on Electronic Imaging '99, Security and Watermarking of Multimedia Contents, 24-29 January 1999, San Jose USA, Proceedings of SPIE Vol. 3657, [3657-51], pp. 204-213, 1999

[ZaKo1995] J. Zhao, E. Koch: *Embedding Robust Labels Into Images For Copyright Protection*, In Proc. of the KnowRight'95 Conference, Intellectual Property Rights and New Technologies, pp. 242-251, 1995.

Index